Marc Rufer
IrrSinn Psychiatrie

Für Rat und Unterstützung danke ich Pia, Beatriz und Pierre. Die Zusammenarbeit mit meinem Lektor Willi Schmid half mir, das Buch objektiver zu sehen und dessen Sinn und Bedeutung besser zu erfassen.

Marc Rufer

IRRSINN PSYCHIATRIE

Psychisches Leiden ist keine Krankheit

Die Medizinalisierung abweichenden Verhaltens – ein Irrweg

Zytglogge

Lektorat: Willi Schmid
Umschlagbild: Heidi Begert
Satz und Druck: Allgäuer Zeitungsverlag GmbH Kempten
ISBN 3 7296 0295 0

Zytglogge Verlag Bern, Eigerweg 16, CH-3073 Gümligen
Zytglogge Verlag Bonn, Cäsariusstrasse 17, D-5300 Bonn 2

Auslieferung BRD: Brockhaus, Kommissionsgeschäft,
Am Wallgraben 127, D-7000 Stuttgart 80
Österreich: Verlagsauslieferung Karl Winter OHG,
Landesgerichtsstrasse 20, A-1010 Wien

Es gibt Menschen, die mit ihrem Verhalten anstossen und stören – Menschen, die leiden, halluzinieren und verwirrt sind. Einige brauchen – für kurze Zeit – Hilfe. Doch diese Menschen sind nicht ‹krank›; sie sind vielmehr Opfer von Lebensumständen, die den ‹Gesunden› in der entsprechenden Härte erspart blieben. (mr)

«Den Ketzer, den Feind der Gesellschaft wird es immer geben, so dass er immer wieder besiegt und gedemütigt werden kann.»

(O'Brian in «1984» von George Orwell)

«Man kann den Menschen als Einzelwesen nicht vom Menschen als gesellschaftlichem Wesen trennen; tut man es dennoch, so hat man sich selbst dazu verurteilt, den Menschen weder in der einen noch in der anderen Dimension zu verstehen.» (Erich Fromm)

Inhalt

Einleitung

Psychiatriekritik ist in der Schweiz praktisch inexistent. Die Psychiatrie ist in unser Leben, in die Gesellschaft integriert. Es ist schon gar nicht mehr möglich, sich eine Welt ohne sie vorzustellen.

Auf eine Quelle der Verwirrung muss zuallererst hingewiesen werden:

Ja, es gibt psychische ‹Störungen›, die auf organische Veränderungen zurückzuführen sind. Dies sind Selbstverständlichkeiten. Dazu gehören die Folgen von Unfällen, schweren Schlageinwirkungen auf den Kopf, Gefässverletzungen, Blutungen, Infektionen, langdauerndem Sauerstoffmangel, Tumoren, Missbildungen. Klar erkennbar und klar diagnostizierbar – kein Geheimnis. Fatal ist, dass die unbestrittene Existenz dieser organisch bedingten psychischen Auffälligkeiten als Modell genommen wird für alle übrigen psychischen Normabweichungen. Diese unglückliche Annahme verhindert, dass viele Menschen verstanden werden können. Und sie rechtfertigt die Medizinalisierung der ‹Diagnostik› und ‹Behandlung› aller psychischen Auffälligkeiten oder ‹Störungen› und deren wissenschafliche Erforschung. Dass die Psychiatrie ein Fach der Medizin ist, wie die innere Medizin oder die Chirurgie, ist eine willkürliche Festlegung – mehr nicht.

Je unangepasster, je ungewohnter sich ein Mensch verhält, je fremder und bedrohlicher seine Erscheinung wirkt, desto beruhigender ist es, ihn – offen oder insgeheim – als organisch oder biologisch ‹krank› zu bezeichnen.

Doch es gibt menschlichere und sinnvollere Möglichkeiten, psychische ‹Störungen› und ihre Ursachen zu verstehen.

Aus dem psychiatriekritischen Ansatz ergeben sich neue Überlegungen über Sinn und Gefahren der Psychotherapie.

Der konsequent psychiatriekritsche Ansatz führt auch zu einer neuen Beurteilung des Werkes von C.G. Jung, dessen starres Festhalten an den psychiatrischen Grundannahmen kaum bekannt ist.

Die beiden Zürcher Professoren August Forel und Eugen Bleuler gehören zu den anerkannten und unantastbaren grossen Männern der Psychiatrie. Sinnvoll, sich im Wortlaut anzuschauen, was für überraschend unmenschliche Ansichten in ihrem Werk Platz hatten.

Unangepasstheit und Aussenseitertum werden nicht nur durch Psychiatrisierung aufgefangen. Die Lebensweise von Menschen, die sich jenseits der üblichen und erlaubten Verhaltensmuster bewegen, bewirkt bei vielen ‹normalen› Bürgern Angst und Wut. Doch es braucht viel Kraft, sich einsam im Abseits zu behaupten. So sind diese Aussenseiter gefährdet, das breit gefächerte Angebot an legalen und illegalen Drogen zu benützen. Die Erlösung, die psychoaktive Substanzen verheissen, wirkt verführerisch. Damit werden jedoch Lebensenergie und Mut weggedämpft. Diese Aussenseiter zu medizinalisieren, sie als drogen-‹krank› zu bezeichnen, ist beruhigend. Dass sie nicht selten den Drogentod erleiden, entlastet viele. Ein längerer Abschnitt des Buches ist dem Drogen-‹Problem› gewidmet.

Psychiatrie

Wie angesehene Psychiater die Begriffe ‹geisteskrank›, ‹psychotisch› und ‹normal› definieren: Wen man nicht mehr dem eigenen Wesen verwandt empfinden kann, empfindet man als ‹geisteskrank› oder ‹psychotisch›

«Er (der Begriff der Geisteskrankheit; mr) ist an der persönlichen Erfahrung der gesunden Menschen mit sich selbst und mit seinen gesunden Mitmenschen gebildet. Wen man von dieser Erfahrung aus nicht mehr begreifen, nicht mehr dem eigenen Wesen verwandt empfinden kann, empfindet man als ‹fremd› (alienus), als aus dem Bereich der menschlichen Gemeinschaft entrückt und in anderen Bereichen festgerückt («verrückt›), als geisteskrank oder psychotisch.» (Eugen Bleuler, ‹Lehrbuch der Psychiatrie›, vierzehnte Auflage, 1979; neubearbeitet von Manfred Bleuler, unter Mitwirkung von Jules Angst, Klaus Ernst u. a.)[1)]

Nur normale Menschen können einander psychologisch völlig verstehen

Prof. Hans Binder, langjähriger Chefarzt der ‹Rheinau›, der zweiten staatlichen Klinik im Kanton Zürich – wie Eugen und Manfred Bleuler ein angesehener, gutmütig-väterlicher, ja menschlicher Psychiater – äussert sich umfassend zur Frage, wie die menschliche ‹Normalität› und ihre Grenzen festzulegen seien: «Die ständige Tendenz, die innere Ausbalancierung festzuhalten, beziehungsweise wiederzugewinnen, hat bei normalen Menschen zur Folge, dass sie auf ihre äussere oder innere Situation im allgemeinen *angemessen* oder *adäquat* reagieren, das heisst, ihr Benehmen ist auf die Situation natürlich abgestimmt, passt in unmittelbar einleuchtender Weise auf sie. Darin kommt zum Ausdruck, dass diese Leute nirgends in völlig einseitige Verzerrungen, unkorrigierbare Verkehrtheiten und starre Masslosigkeiten verrannt sind,... ..., so dass dem Beurteiler gewissermassen eine Assimilation dieses fremden

Seelenlebens möglich wird, indem er es mit dem eigenen durchdringen und durch inneres Angleichen beide gewissermassen zur Deckung bringen kann,... ..., also *nur normale Menschen können einander psychologisch völlig verstehen, sich restlos ineinander einleben und einfühlen.* Das zeigt, dass nur der selbst normale Beurteiler die hinreichende innere Freiheit und Beweglichkeit hat,um den ganzen Reichtum der Spielarten seiner normalen Mitmenschen voll nachzuerleben, um dann doch jene Grenze zu erspüren, von der an eine vollkommene Einfühlung nicht mehr möglich ist.» (Hervorhebungen original)[2)]

«Nur normale Menschen können einander psychologisch völlig verstehen, sich restlos ineinander einleben und einfühlen.» Schon in diesem Satz zeigt sich die Fragwürdigkeit der Psychiatrie deutlich. Hinter der Aussage von Binder gibt es eine Wahrheit: Vor allem Menschen, deren Leben von denselben oder von ähnlichen Normen bestimmt werden, können sich mit Leichtigkeit gegenseitig ineinander einfühlen. Aus dieser Tatsache lässt sich hingegen keineswegs die Berechtigung ableiten, die übrigen Menschen als krank zu bezeichnen. Und dennoch gehen die Psychiater, wenn sie ‹PatientInnen› beurteilen, ausschliesslich von den Normen aus, die für sie selber gültig sind. So ist denn für ‹Exploranden›, deren Lebenshaltung derjenigen der Psychiater entspricht, die Gefahr eindeutig am geringsten, als ‹geisteskrank›, ‹psychotisch›, ‹psychopathisch› oder ‹unzurechnungsfähig› bezeichnet zu werden. Die Angehörigen der unteren sozialen Schichten drücken sich anders aus als ihre Ärzte, leben anders. Verständlich, dass sie häufiger psychiatrisch hospitalisiert und medikamentös ‹behandelt› werden.

Die Berechtigung der Psychiatrie, zu bestimmen, was sein darf und was nicht, zu bestimmen, was ‹gesund› und ‹krank› ist, was in Ordnung ist und was ‹behandelt› werden, ja sogar, wer eingesperrt, ‹verwahrt›, abgesondert und ausgeschlossen werden muss, wird noch immer kaum angefochten. Als VertreterInnen der oberen sozialen Schicht stabilisieren die Psychiater damit die bestehenden gesellschaftlichen Machtverhältnisse. Genau dies ist leider letztlich die Funktion unserer heutigen Psychiatrie: Eine Gesellschaft, die so viel Zerstörung, Tod und Unheil angerichtet hat und weiter anrichtet, unverändert zu erhalten – bis zu ihrem Untergang.

Was hat denn das mit Medizin zu tun?
Der Arzt als das Mass aller Dinge

Wen der Arzt nicht dem eigenen Wesen verwandt empfinden kann, der ist ‹geisteskrank› oder ‹psychotisch›. Der Arzt als das Mass aller Dinge. Die Psychiatrie gilt als Wissenschaft, als Teil der Medizin. Der Psychiater gilt als der Experte, seine ‹Diagnosen› werden kaum angezweifelt; mit der ‹Diagnose› ‹Schizophrenie› beispielsweise wird umgegangen, als wäre sie so sicher wie Pneumonie oder Herzinfarkt. Schon die Diagnosen der körperlichen Medizin sind keineswegs so absolut sicher, wie es ihr Mythos haben will. Die kaum erschütterte gesellschaftliche Stellung der psychiatrischen ‹Diagnostik› ist noch viel unfassbarer. Wenn doch wenigstens klar und offen bekannt würde, dass es sich hier um ein Modell handelt, um das medizinische Modell der ‹Geisteskrankheiten›, und keineswegs um eine absolute Wahrheit. Und eben – das alles ist kein harmloses Gesellschaftsspiel, psychiatrische ‹Diagnosen› haben schwerwiegende Folgen für die betroffenen Menschen.

Für diese ‹Diagnostik› der ‹psychischen Störungen› ist das Einfühlungsvermögen des Psychiaters das ‹wissenschaftliche Instrument› – unglaublich und doch leider wahr: Es handelt sich dabei um sehr diffuse Begriffe, abhängig von allen möglichen Dingen, nur mit Sicherheit nicht objektiv und – das zeigten verschiedene Untersuchungen – nicht reproduzierbar. Von wann an ist ein Mensch denn nicht mehr zu begreifen? Was ist denn nun angemessen oder adäquat? Was ist denn einseitig verzerrt, was masslos verrannt, was unkorrigierbar verkehrt?

Gesellschaftliche Missstände dürfen nicht beanstandet werden

«Gefährlich ist es, den Patienten als Beleg für die eigene Ideologie zu benutzen oder gar eigene Probleme auf ihn abzuwälzen, indem man ihn zum Opfer krankhafter Familienstrukturen oder gesellschaftlicher Missstände hochstilisiert.»[3] Wer der Meinung ist, dass gesellschaftliche Missstände psychisches Leiden verursachen, der benutzt also – so sieht es der Psychiatrieprofessor Christian Scharfetter aus Zürich in seinem Artikel über das ‹Krankheitsbild Schizophrenie› – den ‹Patienten› als Beleg für seine eigene Ideologie, der lädt eigene Probleme auf ihn ab. Scharfetter pathologisiert hier diejenigen, die die gesellschaftliche Situation oder die bei uns üblichen Familienverhältnisse kritisieren. Offensichtlich betrachtet er ihre Aussagen als Teil ihrer psychischen ‹Problematik›: Ein beliebtes psychiatrisches Vorgehen, Kritik mittels ‹Diagnosen› unschädlich zu machen. Ja, ist denn die Meinung, dass die ‹Schizophrenie› eine individuell zu verstehende ‹Krankheit› sei, die nichts mit der gesellschaftlichen Situation, nichts mit der Familie zu tun hat, vielleicht nicht auch eine Frucht ideologischen Denkens?

Es wird also nach der Ursache einer psychischen ‹Störung›, eben der ‹Schizophrenie›, gesucht; körperliche, physiologische, biologische Gründe oder organische Befunde sind trotz jahrzehntelangen Untersuchungen nicht gefunden worden, und doch wird die Gesellschaft, und vor allem die kleinste gesellschaftliche Einheit, die Familie, als ursächlich schädigend ausgeschlossen. Leute, die da anderer Meinung sind, werden als Opfer ihrer eigenen Problematik dargestellt und damit disqualifiziert. Dies ist eindeutig eine politische Haltung, damit wird – verdeckt vom Mantel der ‹Wissenschaftlichkeit› – gesellschaftliche Macht ausgeübt. ‹Wissenschaftliche› Aussagen der Schulpsychiatrie, einer staatlichen Institution, bestätigen immer zwei Dogmen: 1. Die Folgerung, die gesellschaftlichen Verhältnisse seien eine wesentliche Ursache von psychischen ‹Erkrankungen›, muss vermieden werden. 2. ‹Psychische› ‹Störungen› sollen als rein individuell zu verstehende ‹Krankheiten› im medizinischen Sinn verstanden werden.

Damit wird auch gleich der einzig mögliche Weg zur ‹Behandlung› dieser ‹Krankheiten› festgelegt: medizinisch; der Einsatz von Medikamenten ist somit sinnvoll und berechtigt. Die Möglichkeit, leidende Menschen zu verstehen, wird damit jedoch vergeben: «Man kann den Menschen als Einzelwesen nicht vom Menschen als gesellschaftlichem Wesen trennen; tut man es dennoch, so hat man sich selbst dazu verurteilt, den Menschen weder in der einen noch in der anderen Dimension zu verstehen.» (Erich Fromm)[4)] Die Psychiatrie versteht ihre ‹Kranken› als individuell Leidende. Gesellschaftliche Ursachen psychischer ‹Störungen› werden negiert. Kaum erstaunlich, dass damit die unselige Annahme der Vererbung für die Psychiatrie eine grosse Bedeutung erhält. Renommierten Autoren geben sich die allergrösste Mühe, ihre Annahme wissenschaftlich zu formulieren. Bei Manfred Bleuler liest sich das im ‹Lehrbuch der Psychiatrie› wie folgt: «Die Annahme ist zwingend, dass ausser einer ungünstigen Lebenserfahrung noch weitere schädliche Einflüsse in der Genese der Schizophrenien eine ursächliche Rolle spielen. Offensichtlich handelt es sich zur Hauptsache – oder ausschliesslich? – um ungünstige vererbte Entwicklungstendenzen.» . . . «Viele glaubten an einen einfach-recessiven Erbgang. Solche Vermutungen liessen sich nicht genügend belegen. Eher als in einem mutierten Gen besteht die vererbte Disposition zu schizophrenen Erkrankungen in einer ungünstigen Kombination, in einer Disharmonie von vererbten Entwicklungsbereitschaften.» (‹Lehrbuch der Psychiatrie› fünfzehnte Auflage, 1983, neubearbeitet von Manfred Bleuler)[5)]. Diese Annahme ist zwingend, solange der gesellschaftliche Auftrag der Individualisierung des psychischen Leidens aufrechterhalten werden soll: ‹Ungünstige, vererbte Entwicklungstendenzen›, ‹eine Disharmonie von vererbten Entwicklungsbereitschaften›: Dies der Kern der heute gültigen Ansicht über die Entstehung der ‹Schizophrenie›. Eine Annahme, mehr nicht. Leider hat diese Annahme weitreichende Folgen: Sie besiegelt und verfestigt das Leiden von vielen Menschen, die mit der Psychiatrie in Berührung kommen, und sie stützt genau diejenigen Verhältnisse, die dieses Leiden bewirkten.

Psychiatrische ‹Diagnosen› haben verheerende Auswirkungen

Psychiatrische ‹Diagnosen› haften, sie prägen und bestimmen ein Leben auf unwiderrufliche Weise. Wer einmal psychiatrisch hospitalisiert war, wer als ‹schizophren› ‹diagnostiziert› wurde, dessen Leben kann niemals mehr werden, wie es zuvor gewesen war. Das Stigma der psychiatrischen Hospitalisation, das Etikett ‹geisteskrank›, ‹schizophren› oder ‹psychotisch› lässt sich kaum je verbergen; und alle, die davon wissen, reagieren darauf. Der Betroffene ist von nun an vor allem ‹Patient›: Die einen verhalten sich ihm gegenüber ängstlich, die anderen mitleidig und hilfsbereit. Die Handlungen des ‹Kranken› werden niemals mehr als das genommen, was sie eigentlich sind, sie werden interpretiert. Zustände,

Vorfälle, die bei jedem Menschen vorkommen können, werden automatisch als ‹Symptome› gedeutet. Und zudem weiss ja auch der Betroffene selber von der ‹Diagnose›... Dieses Wissen ist für ihn sehr oft verhängnisvoll, wie soll er sich der ‹wissenschaftlichen› Autorität gegenüber zur Wehr setzen? Sein Verhalten wird zusehends unsicherer, ‹krankhafter›.

So schafft die ‹Diagnose› im wesentlichen Ausmass diejenige ‹Symptomatik›, die die Psychiatrie zu ‹behandeln› vorgibt. Die psychiatrische ‹Diagnose›-Stellung ist im wahrsten Sinne des Wortes kontraproduktiv.

Aussagen eines weiteren Psychiaters

Erstaunlich, was Emil Pinter, ehemaliger Chefarzt einer Privatklinik in der Region Zürich und heute frei praktizierender Psychiater, 1981 schrieb. Erstaunlich, dass er offensichtlich annahm, die Leser würden ihm seine Aussagen abnehmen: «Wenn wir bedenken, dass wir einen Mechaniker brauchen, wenn der Vergaser unseres Autos spukt, so ist es nur selbstverständlich, dass man einen Fachmann aufsucht, falls die eigenen seelischen Apparate nicht mehr störungsfrei funktionieren.»... «Es gibt keine Mittel, die bockige Leute abstumpfen und gefügig machen. Wenn ein Journalist in einer psychiatrischen Klinik fügsame Menschen passiv herumsitzen sieht, so sind diese hauptsächlich infolge ihrer Charaktere und ihrer Krankheit dumpf und wurstig – und nur in sehr geringem Masse von den Medikamenten.»... «Es ist purer Unsinn zu behaupten, dass die Krankheit vom Arzt erzeugt werde.»[6)] Der Psychiater als Mechaniker der seelischen Apparate von dumpfen, wurstigen Menschen...

«Die Psychiatrie ist eine junge und dynamische Wissenschaft mit enormen Entwicklungspotentialen.» (E.Pinter)[7)] Sicher, die Entwicklungspotentiale der Psychiatrie sind enorm; ihre mögliche Verwirklichung wird gelegentlich ‹therapeutischer Staat› genannt: Dies ist ein Staat, in dem für Menschen, die sich nicht ruhig und angepasst den herrschenden Normen entsprechend verhalten, keine Möglichkeit mehr existiert, einigermassen in Ruhe leben zu können; ein Staat, in der die soziale Kontrolle durch die Psychiatrie absolut ist.

Fragwürdigkeit der psychiatrischen ‹Diagnostik›. Deutlich zeigt sie sich jeweils vor Gericht. Eine wichtige Rolle spielt dort oft das psychiatrische Gutachten. Die ‹Diagnose› des Experten und seine Beurteilung der sogenannten Zurechungsfähigkeit hat Einfluss auf das Strafmass und auch auf die allfällige Umwandlung der Strafe in eine ‹Massnahme›. Meist bedeutet diese Massnahme die Unterbringung des ‹Schuldigen› in einer psychiatrischen Klinik, wobei die Dauer des Klinikaufenthaltes unbegrenzt sein kann – länger auch als die ausgesprochene Haft- oder Zuchthausstrafe. Und sonderbarerweise hat, gemäss dem Schweiz. Strafgesetzbuch (StGB), der Richter die Möglichkeit, den kriminellen ‹Patienten›, nach allfälliger Entlassung aus der Klinik, noch die Gefängnisstrafe absitzen zu lassen. In die Überlegungen des Psychiaters fliesst natürlich seine subjektive Einstellung zu ‹Kriminalität›, ‹Normalität› und ‹Krankheit› ein.

Einen im Tages-Anzeiger vom 22., 23. und 28. Januar 1982 ausführlich dargestellten ‹Fall› möchte ich kommentieren: Es ging im Prozess des italienischen Bankräubers um die Frage der korrekten ‹Diagnose› und um die allfällige Umwandlung der Strafe in eine Massnahme. Wer sich für die Massnahme – und damit für die Hospitalisation – einsetzt, handelt nur auf den ersten Blick menschlicher. Denn, vor allem wenn ‹Schizophrenie› ‹diagnostiziert› wird, kann die ‹Verwahrung›, das ‹Unschädlich-Machen› des ‹Delinquenten› (wie es einmal Eugen Bleuler bezeichnete[8)]) beliebig verlängert werden – bis an sein Lebensende. Dass ein ‹schizophrener› Krimineller gegen die Ansicht seiner behandelnden Ärzte beweisen kann, er sei ‹gesund› genug für die Entlassung, ist unwahrscheinlich. Und zudem ermöglicht das StGB die präventive ‹Verwahrung›. Zur subjektiven ‹Diagnose› kommt noch die subjektive Einschätzung der Chance auf weitere Straftaten: «Gefährdet der Täter infolge seines Geisteszustandes die öffentliche Sicherheit in schwerwiegender Weise, so wird vom Richter seine Verwahrung angeordnet, wenn diese Massnahme notwendig ist, um ihn vor weiterer Gefährdung anderer abzuhalten.» Interessanterweise kann der Richter sogar eine ärztliche ‹Behandlung› anordnen, wenn anzunehmen sei, «dadurch lasse sich die Gefahr weiterer mit Strafe bedrohter Taten verhindern oder vermindern.» Zu diesem Zweck wird der Betroffene in eine Heil- oder Pflegeanstalt eingewiesen. (Art. 43, Ziff. 1, Absatz 1) Medizinische ‹Behandlung›, psychiatrische Hospitalisation zur Vermeidung von Verbrechen. Kriminalität als ‹Krankheit'? Im erwähnten Beispiel geht es um allfällige weitere Banküberfälle. Da soll die Neigung, Verbrechen zu begehen, wegtherapiert werden, in der geschlossenen Abteilung einer psychiatrischen Klinik; im vorliegenden Fall in der Sicherheitsabteilung der Klinik Rheinau. Zwangsinternierung, Zwangs-‹Behandlung›; diese Massnahme hat für jeden Menschen schwerwiegende Folgen.

Zum Zeitpunkt des Prozesses war der Bankräuber bereits seit zwei Jahren in der kantonalen psychiatrischen Klinik Rheinau hospitalisiert. Ein Pfleger behauptete im Zeugenstand, dass er aus einem Gespräch des Angeklagten mit seiner Verlobten erlauscht habe, er simuliere. Zwei Jahre lang hatte der Angeklagte also nach der Überzeugung dieses Pflegers die Ärzte überlistet, ihnen den Schein einer psychiatrischen ‹Erkrankung›, die er gar nicht hatte, vorgespielt. Auch die Verlobte versicherte im Zeugenstand, dass sie den Angeklagten stets für geistig normal gehalten habe. Der ärztliche Direktor der Klinik, Rudolf Knab, erklärte dagegen, er habe beim Angeklagten eine «paranoide Schizophrenie» festgestellt, die einer jahrelangen stationären ‹Behandlung› bedürfe. Laut Tages-Anzeiger vom 28. Januar 1982 (S. 20) sprach der Gutachter dann von einer «latenten paranoiden Schizophrenie». Und der Oberrichter stellte beim Täter ein «klassisches Rückfallmoment» fest. So entschied sich das Gericht denn für eine Verwahrung auf unbestimmte Zeit in der Sicherheitsabteilung der Klinik Rheinau. Was ist er denn nun, dieser Italiener? Ein geistig ‹gesunder› Verbrecher, der eine ‹Geisteskrankheit› vortäuscht, oder ein ‹paranoider Schizophrener›, der in einer Klinik über Jahre hinweg ‹behandelt› werden muss? Aber gibt es denn überhaupt ‹gesunde› Kriminelle? Stellt ein Verbrechen denn nicht eine Normabweichung dar? Oder muss man erst dann von ‹Krankheit› sprechen, wenn ein ‹klassisches Rückfallmoment› besteht? Derartige Täter werden ‹verwahrt›, weil die Gesellschaft vor ihnen geschützt werden muss. Offenbar war auch der Klinikdirektor seiner Sache nicht so sicher, die ‹Diagnose› «latente paranoide Schizophrenie» spricht dafür. Der Begriff ‹latente Schizophrenie› wird in der heutigen Psychiatrie praktisch nicht mehr verwendet. Und im von der WHO zusammengestellten ‹Diagnoseschlüssel› psychiatrischer ‹Krankheiten›[9] wird auch von seiner Benutzung abgeraten. Im schon ohnehin subjektiven Bereich der psychiatrischen ‹Diagnostik› bedeutet die ‹latente Schizophrenie› eine Übersteigerung dieser Subjektivität: «Es handelt sich um eine Störung mit exzentrischen oder inkonsequenten Verhaltensweisen und Affektstörungen, die den Eindruck einer Schizophrenie vermitteln, obwohl sich weder in der Vergangenheit noch in der Gegenwart eindeutige und charakteristische Symptome gezeigt haben.»[10] Halluzinationen und Wahnsysteme sind für die Schulpsychiatrie charakteristische ‹Symptome› einer ‹paranoiden Schizophrenie›; schwierig, Wahnsysteme und Halluzinationen festzustellen, die sich noch nicht eindeutig gezeigt haben. Und in der Situation der sogenannten sensorischen Deprivation beginnt jeder Mensch zu halluzinieren. Sensorische Deprivation bedeutet das weitgehende Wegfallen sinnlicher Reize: kein Kontakt mit anderen Menschen, gleichbleibendes diffuses Licht, akustische Isolation, schallschluckende Wände (oder jeden Fremdreiz unterdrückender, gleichmässig lauter, diffuser Schallpegel).[11] Dadurch wird sehr klar, dass die Isolation der Gefangenen, wie auch diejenige der PsychiatriepatientInnen sehr ungünstige Auswirkungen haben muss. Bekanntlich werden in anderen Kulturen Halluzinationen keineswegs als etwas ‹Krankhaftes› angesehen: Durch langes Allein-Sein, Fasten, Wachen – oft in Verbindung mit der Einnahme von halluzinogenen Substanzen – wurden und werden Halluzinationen absichtlich ausgelöst; dies gilt für fremde Kulturen, dies gilt beispielsweise aber auch für die mittelalterlichen Mystiker unseres Kulturkreises. So könnte jeder Mensch als ‹latent schizophren› bezeichnet werden. Dass der psychiatrische Gutachter den Italiener als ‹latent schizophren› beurteilt hat, bestätigt im Grunde die Ansicht des erwähnten Pflegers, der ihn als ‹gesund› betrachtete; ‹latent› bedeutet die Abwesenheit von eindeutigen ‹Symptomen›, und wer keine ‹Symptome› hat, der müsste doch eigentlich als ‹normal› oder wenigstens nicht als ‹psychotisch› bezeichnet werden. Es sind sich also alle einig – die Aussage der Ex-Verlobten ist in diesem Zusammenhang ebenfalls wichtig -, dass dieser Mann ein ‹normales› Verhalten zeigte, so ‹normal› eben, wie dies einem in einer Sicherheitsabteilung einer psychiatrischen Klinik Eingesperrten möglich ist; und dieses ‹normale› Verhalten wird nun dennoch zum Anlass genommen, den Betroffenen für unbestimmte Zeit in der Klinik zu ‹verwahren›.

Und nicht nur das: Dem Internierten wurde auch die Heirat verwehrt, offensichtlich gemäss dem Artikel 97 des Schweizerischen Zivilgesetzbuches (Ziff.2): «Geisteskranke sind in keinem Falle ehefähig.» Da wird einer, der sich offensichtlich den Umständen entsprechend ‹normal› verhält, als ‹geisteskrank› bezeichnet: Es wird ihm verwehrt, zu heiraten, und er wird auf unbestimmte Zeit ‹verwahrt›. Durch die verhinderte Ehe wird die Isolation des Internierten zusätzlich verstärkt. Er hätte nur noch knapp fünf Jahre absitzen müssen, da die Zeit der Untersuchungshaft vom Strafmass abgezogen wird. Im Gefängnis wäre ein guter Kontakt mit seiner Frau wahrscheinlich gewesen. Unverehelicht in der Klinik ist die Gefahr gross, dass sich der Kontakt mit den Angehörigen im Laufe der Zeit ganz verliert. Dies alles als Folge der Beurteilung durch den Psychiater.

Es ist wichtig zu sehen, wie entscheidend die Rolle der Psychiater in derartigen Situationen ist. Ihr Urteil bestimmt grundlegend das Schicksal von Menschen. Hier geht es um ein Leben als freier Mann in Italien mit Frau und Kindern oder um ein Leben als ‹Dauerpatient› in einer psychiatrischen Klinik, mit der entsprechenden Medikation.

Zur psychiatrischen Beurteilung der Ehefähigkeit

«Die Beurteilung der Ehe und der ehelichen Verpflichtungen ist einfacher, wenn es sich um eine unfruchtbare Ehe handelt, als wenn Kinder zu erwarten sind... Unter diesen Umständen kann Ehefähigkeit, die vorher nicht bestanden hat, eintreten, wenn eine Sterilisation erfolgt, wenn die Braut das Klimakterium erreicht oder wenn eines der Ehewilligen aus einem anderen Grunde zeugungsunfähig wird... Wenn der Gesetzgeber die Eheschliessung Geisteskranker verbietet, so geschah das zum Schutze höchster menschlicher Werte.»[12)] Diese Sätze stehen in der 1983 publizierten Ausgabe des ‹Lehrbuches der Psychiatrie› von Bleuler. Wenn die Ehe unfruchtbar ist, wird ‹Ehefähigkeit› demnach eher attestiert. Geht es hier nur um die Fähigkeit, Kinder zu erziehen? Die Gesunderhaltung der Rasse, die von ‹minderwertigem Erbgut› gereinigt werden sollte, war lange ein offen genanntes grosses Anliegen der Psychiater. Auch der bekannte und geachtete Eugen Bleuler setzte sich mit Nachdruck dafür ein. Auf die schreckliche Tatsache, dass die deutschen Psychiater des NS-Staates auf Grund dieser Überlegungen nicht vor hunderttausendfachem Mord zurückschreckten, werde ich noch eingehen. Und dem Massenmord gingen Massensterilisationen voraus. Auch heute noch kommt es vor, dass junge ‹DauerpatientInnen psychiatrischer Kliniken sterilisiert werden – ‹aus menschlichen Erwägungen›.

Es sei daran erinnert, dass der internierte Italiener ganz offensichtlich einen ‹normalen› Eindruck machte. Die zweifelhafte ‹Diagnose› ‹paranoide Schizophrenie› also alleiniger Grund für die ‹Eheunfähigkeit›.

Alles und jedes sei vererbt – bis hin zu den schulischen Leistungen, bis hin auch zur Fähigkeit, eine hohe soziale Stellung zu erreichen. Diese Ansicht gewinnt in letzter Zeit sogar wieder an Bedeutung. Oft wird auch von Begabung gesprochen – von einem ‹Ding› also, das nicht erworben wurde, das nicht durch die Art der Sozialisation zustande kommt, sondern schon bei der Geburt vorhanden war, d.h. eben vererbt sein muss... Auch die Disposition zum Verbrecher sei vererbt: Es ist sehr wohl möglich, dass diese Annahme – die für Eugen Bleuler noch als gesichert galt – noch immer in den Köpfen einiger unserer Psychiater und Richter herumschwirrt. (Die offzielle Psychiatrie klammert sich mit beeindruckender Beständigkeit an den Gedanken der Vererbung von psychischen ‹Störungen›. Erstaunlicherweise nimmt die Bedeutung dieser Forschungsrichtung in letzter Zeit sogar zu. Die Psychiaterin Cécile Ernst von der psychiatrischen Universitätsklinik in Zürich berichtet 1985, dass ein genetischer Einfluss auf die Straffälligkeit bewiesen sei[13)].)

Der ‹Persönlichkeitsdefekt›

In einem Artikel gibt Direktor Knab einen Überblick über die psychiatrischen ‹Krankheiten›. Da der begutachtete Italiener ‹schizophren› sein soll, interessiert der Abschnitt über ‹endogene Psychosen›: «Endogene Psychosen. Hier ist die kausale Noxe unbekannt, das Gehirn ist in sich selbst irgendwie erkrankt. Dazu gehören die manisch-depressive Krankheit und die Gruppe der Schizophrenien (...) Schizophren Erkrankte bilden die grösste Zahl der psychiatrisch Hospitalisierten. Im Zentrum steht eine Beeinträchtigung des Kerns der Persönlichkeit, die innere Führung wird dem Patienten aus der Hand genommen, und sein Persönlichkeitszentrum wird gespalten (daher der Name Schizophrenie). Antriebe machen sich selbständig und widersprechen sich, er wird zerrissen von verschiedenen Absichten, welche sich gegenseitig lähmen, Beziehungs- und Kontaktfähigkeit sind gestört, Wahnstimmung und Wahn treten auf, und er kann Episoden schrecklicher Angst vor der Zersplitterung seines Ichs durchmachen. Nach einem oder mehreren Schüben der Krankheit bleibt häufig ein sogenannter Persönlichkeitsdefekt mit Verlust der gemüthaften Nuancierung und Herabsetzung des Antriebes sowie Wahnideen zurück; diese Geisteskrankheit kann einen Patienten zum invaliden Dauerinsassen einer psychiatrischen Klinik machen.»[14)] Das Gehirn sei in sich selbst irgendwie erkrankt, der Kern der Persönlichkeit beeinträchtigt, das Persönlichkeitszentrum gespalten, der Patient werde zerrissen von Absichten, welche sich gegenseitig lähmen, und er könne Episoden schrecklicher Angst vor der Zersplitterung seines Ichs durchmachen. Häufig bleibe ein Persönlichkeitsdefekt zurück. Auf Grund dieser Definition werden ‹Diagnosen› gestellt und Menschen verwahrt auf unbestimmte Zeit... Was ist denn eigentlich der Unterschied zwischen dem Kern und dem Zentrum der Persönlichkeit? Und was unterscheidet wohl die Spaltung der Persönlichkeit von einer Zersplitterung des Ichs? Offenbar soll die Zersplitterung etwas Schwerwiegenderes sein als die Spaltung. Selbstverständlich gibt es wohlklingende Antworten auf diese Fragen. Doch dieses Modell ist niemals eindeutig auf wirkliches Leben von Menschen zu übertragen. Subjektive Annahmen des Experten, seine Lebenshaltung, seine Stimmung können sich mit Leichtigkeit einschleichen.[15)] Der von Dr. Knab verwendete Begriff ‹Persönlichkeitsdefekt›, der aus dem dunklen Mittelalter der Anstaltspsychiatrie stammt, dürfte nie mehr verwendet werden. Bevor Eugen Bleuler das Wort ‹Schizophrenie› prägte, wurde das entsprechende ‹Krankheitsbild› ‹Dementia praecox› genannt. Auf Deutsch übersetzt heisst dies ‹vorzeitiges Verblöden›. Gemeint war damit eine ‹Degeneration›, ein vorzeitiger

Abbau. Also schon damals ohne Beweis die Behauptung, dass ‹endogene Psychosen› auf eine organische ‹Erkrankung› des Gehirns zurückzuführen seien. Und mit dem Begriff des Defektes ist die perfide Idee verbunden, dass Teile des Gehirns endgültig zerstört seien. Meinungen, wie sie hier vertreten werden, haben Auswirkungen: Ein Mensch, der einmal verwirrt war, der vielleicht das diffuse Gefühl hatte, dass alle gegen ihn seien (in der Sprache der Psychiatrie ist dies schon ein ‹Verfolgungswahn›, demzufolge lautet die ‹Diagnose› ‹paranoide Schizophrenie›), muss also damit rechnen, dass seine psychische ‹Gesundheit› für den Rest seines Lebens ‹gestört› sein kann; vor allem wird es ihm von diesem Moment an sehr schwerfallen, den ‹behandelnden› Psychiater von seiner ‹Normalität› oder geistigen ‹Gesundheit› zu überzeugen.

In unseren psychiatrischen Kliniken sind, dieser Lehrmeinung entsprechend, wirklich Dauerinsassen anzutreffen, die einen invaliden Eindruck machen; Menschen, die gleichsam interesselos dahinvegetieren, die von aussen gesehen wirken, als wäre ihr Gefühlsleben weitgehend abgestumpft – eben ‹chronisch Schizophrene›.

Hospitalisation macht ‹krank›

Mittlerweile ist bekannt, dass diese bedauernswerten Entwicklungen eine direkte Folge langdauernder Hospitalisationen sind. Langjähriger Aufenthalt in einer psychiatrischen Klinik muss zwangsläufig schwerwiegende, negative Folgen haben – auch ‹Gesunde› würden dadurch in ihrer Selbständigkeit, in ihrem Selbstvertrauen, in ihren Möglichkeiten, Gefühle zu zeigen und auf andere Menschen einzugehen, schwer beeinträchtigt. ‹Hospitalismus› oder ‹Anstaltsneurose› wird diese ‹Symptomatik› genannt. Apathie, Verstummen, Antriebslosigkeit, Resignation, Unterwürfigkeit, aber auch aggressive Ausbrüche gehören dazu. Oft fällt die Körperhaltung dieser Menschen auf – hängende Schultern, nach vorne fallender Kopf, schleppender Gang. Die Ursachen der ‹Anstaltsneurose› sind bekannt: Isolation, fehlender Kontakt mit der Aussenwelt, der reglementierte Tagesablauf, der zu einem grossen Teil aus ‹erzwungener Untätigkeit› besteht. Dazu kommt das autoritäre Verhalten von Ärzten und Pflegepersonal, der Abbruch von Beziehungen, der

Rückzug von Freunden, die Unmöglichkeit, eigenen Besitz, im Grunde jegliche Form von Privatleben zu haben, wie auch die Wirkung der Psychopharmaka.[16)] Einerseits ist also dieser Persönlichkeits-‹Defekt› eine direkte Folge der psychiatrischen Hospitalisation, andererseits zeigte es sich, dass Menschen, die von aussen gesehen völlig abgestumpft und oft auch ohne zu sprechen in einer Klinik dahinvegetierten, sehr wohl noch geholfen werden konnte. Sobald sie wieder als Menschen wahrgenommen werden, sobald sie in ihrem Empfinden ernst genommen werden und auch die medikamentöse Dämpfung abgebaut ist, können sie wieder Gefühle zulassen und Beziehungen erleben. Der Persönlichkeits-‹Defekt›, der ‹Verlust der gemüthaften Nuancierung und die Herabsetzung des Antriebes› müssen somit als Reaktion auf die unmenschlichen Lebensbedingungen in der Klinik verstanden werden: eine resignative Entwicklung bei einem Menschen, der die Hoffnungslosigkeit seiner Situation erkannt hat.

Über Fragwürdigkeit und Subjektivität der psychiatrischen ‹Diagnostik›

Im Januar 1973 wurde in der renommierten wissenschaftlichen Zeitschrift ‹Science›[17)] von einem äusserst wichtigen Experiment berichtet: In aller Klarheit wurde die Fragwürdigkeit der psychiatrischen ‹Diagnostik› aufgedeckt. Trotz ihrer Brisanz hatten leider die publizierten Resultate auf den Alltag der allermeisten psychiatrischen Kliniken der ganzen Welt keine praktischen Auswirkungen. David L. Rosenhan, der Autor dieses Artikels, ist seit 1970 Professor für Psychologie und Jurisprudenz an der Stanford Universität in Kalifornien.

Hier eine kurze Beschreibung von Rosenhans Experiment: Psychisch bis anhin unauffällige Personen meldeten sich in zwölf verschiedenen psychiatrischen Kliniken. Bei der Eintrittsuntersuchung gaben sie an, sie hätten Stimmen gehört, die oft unklar seien, und, falls verständlich, Worte wie ‹leer›, ‹hohl› und ‹dumpf›. Ausser der Vorspiegelung dieser ‹Symptome› und der Verfälschung von Namen, Beruf und Arbeitsplatz wurden keine Veränderungen der Person, der Vorgeschichte oder anderer Umstände vorgenommen. Die wesentlichen Ereignisse im Leben der ScheinpatientInnen wurden genau so dargestellt, wie sie sich wirklich abgespielt hatten. Enttäuschungen, Probleme wurden ebenso geschildert wie auch Freuden, Befriedigung und Erfolg. Unmittelbar nach dem Eintritt in die Klinik hörten die ScheinpatientInnen auf, irgendwelche ‹Symptome› zu simulieren. Sie verhielten sich von da an alle so ‹normal›, als dies ihnen unter den gegebenen Umständen möglich war. Auf Fragen gaben sie an, dass es ihnen gut gehe, dass sie keine ‹Symptome› mehr hätten. Zum Experiment gehörte es, dass sie aus eigenen Kräften, ohne ihren Scheinstatus aufzudecken, die Entlassung erwirken mussten. In den Berichten des Pflegepersonals wurde durchgehend vermerkt, die ‹Patienten› seien freundlich und kooperativ, keine ‹Symptome› seien festzustellen. Die Dauer der Hospitalisation reichte von sieben bis zu 52 Tagen. *Obwohl die ScheinpatientInnen sich Mühe gaben, so ‹normal› als möglich zu wirken, wurde kein einziger entlarvt. Die Entlassungs-‹Diagnose› lautete bei elf ‹Fällen› ‹Schizophrenie in Remission› und beim zwölften einfach ‹Schizophrenie›.*

Probleme, die spezifisch sind für ‹Schizophrenien›, gibt es nicht. Wer von einem Psychiater als ‹schizophren› bezeichnet worden ist, der wird – so ‹gesund› er sich auch immer fühlen mag – mit der offenen und ehrlichen Schilderung seiner Schwierigkeiten für den Experten in jedem Fall die ‹Diagnose› bestätigen.

Da mögen noch so viele Beispiele von grossen Menschen bekannt sein, die Stimmen hörten, die halluzinierten und weitere intensive, innere Erfahrungen durchmachten: Im Alltag der Psychiatrie sieht die Sache einfach aus, peinlich einfach. Wer Stimmen hört, der ist ‹schizophren›, und wer ‹schizophren› ist, der gehört zu Recht in die Klinik... Sicher befinden sich nicht alle Menschen, die je einmal Stimmen hörten, in einer psychiatrischen Klinik – ihre Zahl ist so gross, dass gar nicht alle Platz fänden in diesen Asylen. Den lebenslang haftenden Stempel ‹schizophren› erhält nur verpasst, wer diese Tatsache in einem ungünstigen Moment einem Arzt oder sonstigen Experten gegenüber eingesteht... Wer also im Umfeld der Psychiatrie auch nur einmal von vagen, unklaren Stimmen erzählt, die er gehört habe, der bleibt für sein ganzes weiteres Leben gezeichnet; denn auch die Entlassung der ScheinpatientInnen bedeutete keineswegs, dass sie nun als ‹gesund› betrachtet wurden. Wer einmal als ‹schizophren› ‹erkannt› wurde, der kann auch bei augenfälligem allerbestem Wohlbefinden bestenfalls ‹in Remission› sein... Und unter ‹Remission› versteht die Medizin: «vorübergehendes Zurückgehen von Krankheitserscheinungen...»[18)] Genau hierin zeigt es sich, wie perfid die psychiatrische ‹Diagnostik› ist. Mittlerweile weiss sogar der konservativste Psychiater, dass auch korrekt ‹diagnostizierte› ‹Schizophrene› längere Zeit ‹symptomfrei› sein können; doch für ihn sind diese Menschen nicht ‹geheilt›, sie gelten auch so nicht als ‹normal›. Im Sinne des medizinischen Denkens sind dies ‹Remissionen› – vorübergehende Besserungen. Der Keim des Bösen, der ‹Bazillus der Schizophrenie› schlummert nach dieser unseligen Vorstellung nun im Innern dieser ‹PatientInnen›. Und die Möglichkeit besteht jederzeit, dass von diesem ‹Herd› aus die Erreger sich wieder im ganzen Körper verbreiten und vermehren werden...

Neu eingetretene ‹PatientInnen› sind ängstlich und unsicher

Die ScheinpatientInnen des Rosenhan-Experiments verspürten nach der Aufnahme Angst und waren nervös. Und dabei wussten sie alle, dass sie völlig gesund sind, dass ihr Aufenthalt in der Klinik überhaupt nichts mit ihrem psychischen Zustand zu tun hatte, und dass sie im Zusammenhang mit einer genau definierten, wissenschaftlichen Untersuchung in die Klinik eingetreten waren. Dass also echte ‹PatientInnen› – ob sie nun freiwillig oder gar unfreiwillig – in eine Klinik eingetreten sind, äusserst ängstlich, unsicher und nervös sein müssen, liegt auf der Hand... Doch nicht einmal diese einfach nachzuvollziehende Tatsache wird im Alltag einer psychiatrischen Aufnahmestation berücksichtigt. Angst und Unsicherheit sind für das psychiatrische Personal ‹Symptome›, die auf eine ‹Geisteskrankheit› hinweisen. ‹Symptome› auch, die oft uneinfühlbar sein sollen. Es zeigt sich, dass in einer psychiatrischen Klinik zu arbeiten – einem ‹kranken› (insane) Ort, wie Rosenhan dies nennt – nur möglich ist, wenn sehr viel Menschlichkeit verdrängt wird; nur so können klar zwei Kategorien Menschen unterschieden werden – die ‹PatientInnen› und die anderen. Es gilt die Doktrin: ‹Das Personal soll sich nicht mit den PatientInnen vergleichen. Die Identifikation mit Insassen soll um jeden Preis vermieden werden.› Und dennoch ist die Angst, selber psychisch ‹krank› zu sein, fortwährend in diesen ‹Hallen› vorhanden. Es ist keine Seltenheit, in vertrauter Stunde von einem Psychiater zu hören, wie er oft bei sich selber ‹Symptome› feststelle, die – von einem ‹Patienten› eingestanden – die ‹Diagnose Schizophrenie› und auch die Einweisung rechtfertigen würden. Dabei könnte der naheliegende Schluss, dass weder die ‹PatientInnen› noch ein verunsichertes Teammitglied ‹krank› sind, Möglichkeiten eröffnen für einen menschlicheren und sinnvolleren Umgang mit psychisch Abweichenden. Doch für Leute, die im Umfeld der Psychiatrie tätig sind, bedeutet die Tatsache, ‹Symptome› zu haben, eben auch, ‹krank› zu sein, ‹krank› fürs ganze Leben; und so wehren sie sich verzweifelt gegen die drohende Gefahr. Gelingt dies nicht mehr, wird die Sache so lange wie möglich vertuscht. Und wenn auch dies misslingt, kommt es dennoch zur peinlichen Einweisung... Nicht umsonst sind Ärzte überdurchschnittlich oft psychisch ‹krank›, psychiatrisch hospitalisiert und abhängig von psychoaktiven Substanzen... Und Psychiater bringen sich noch öfter um als die übrigen Ärzte.[19)]

Was immer der ‹Patient› (die ‹Patientin›) sagt oder tut, es gilt als ‹krank›

Die ScheinpatientInnen des Rosenhan-Versuchs verhielten sich vom ersten Tag an so ‹normal› wie möglich, und doch wurden sie im Durchschnitt 19 Tage in der Anstalt zurückgehalten. Was heisst denn das? Einem Psychiatrie-‹Patienten› wird ganz offensichtlich vor allem dann geglaubt, wenn er von ‹Symptomen› berichtet; wenn er dagegen sagt, er fühle sich gut, dann wird er mit Misstrauen betrachtet. Das Klinikpersonal verhält sich, als würde es seine ‹Kranken› durch eine Brille anschauen, die die Wahrnehmung verzerrt.

Die Sicht der Experten wird bestimmt durch ihr Vorurteil

Die Besucher konnten im Verhalten der Schein-‹PatientInnen› nichts Unstimmiges, ‹Abnormales› oder ‹Krankhaftes› entdecken. Eine beträchtliche Zahl der Mit-‹PatientInnen› durchschaute die Stellung der ScheinpatientInnen und äusserte sich ihnen gegenüber auch entsprechend: Die groteske Tatsache, dass 35 Mit-‹PatientInnen› und kein einziges Teammitglied die Sache aufdeckten, ist eindrücklich. Das Personal einer psychiatrischen Klinik verliert ganz offensichtlich sein Einfühlungsvermögen. Experten haben eine eingeengte Betrachtungsweise. Ihre mühsam erworbene fachliche Kompetenz wird Teil ihrer Identität. Grundsätzliche berufliche Auseinandersetzungen werden damit unmöglich, denn sie würden zwangsläufig ihre ganze Persönlichkeit in Frage stellen. Sie können nicht über der Sache stehen, für die sie kompetent sind; ihre Ausbildung ist darauf angelegt, ihrem Berufsstand zu dienen; ihre Aktionen bestätigen immer die Grundannahmen, auf denen ihr Wissen aufgebaut ist[20)].

Die Therapie-Ergebnisse von sogenannten Laien-Therapeuten sind, im Vergleich mit professionellen, niemals schlechter, oft aber besser. Dies bestätigen verschiedene Untersuchungen aus dem Bereich von psychiatrischen Kliniken[21)]: Je länger jemand ausgebildet wurde, je länger er an einer psychiatrischen Klinik tätig ist, desto unverrückbarer werden sein ‹Wissen› und seine Vorstellungen von der Psychopathologie; – eine ‹korrekte› Ausbildung in der Psychopathologie wird bekanntlich auch von jedem nichtärztlichen, professionellen Psychotherapeuten verlangt. Doch mit der Anerkennung des medizinisch-psychiatrischen Wissens verliert sich ein grosser Teil der Möglichkeiten, menschlich auf verunsicherte und leidende Menschen einzugehen, ihnen wirklich zu helfen. Ängstlich distanzierte Beobachtung, Versuche, ‹Symptome› mit angelernten ‹Krankheitsbildern› in Übereinstimmung zu bringen, können nichts als schaden.

So leicht sind Psychiater zu beeinflussen

Die Resultate von Rosenhans Experiment wurden vom Personal einer renommierten US-amerikanischen psychiatrischen Universitätsklinik angezweifelt. Bei ihnen, behaupteten sie, wären die ScheinpatientInnen entdeckt worden. Daraufhin teilte Rosenhan mit, dass auch dort ScheinpatientInnen auftauchen würden: In der betreffenden Zeit wurden 193 Neueintritte beurteilt; davon wurden 41 von mindestens einem Teammitglied (Psychiater, Schwestern, Pfleger und Psychologen waren beteiligt) mit hoher Wahrscheinlichkeit als ScheinpatientIn bezeichnet; 23 erachtete mindestens ein Psychiater als suspekt, 19 erschienen einem Psychiater und einem weiteren Teammitglied als verdächtig. *In Wirklichkeit hatte sich in dieser ganzen Zeit kein einziger Scheinpatient in der Klinik gemeldet.*

Die Beurteilung, ob jemand als fremd empfunden, ob er noch als Teil der ‹gesunden› Gemeinschaft oder eben als ‹verrückt› erlebt wird, ist ein rein subjektiver Vorgang. Eine derart diffuse Definition[22)] kann nur zu Resultaten führen, die völlig subjektiv sind und sicher wesentlich von der momentanen Stimmung, der momentanen Gefühlslage des Beurteilenden abhängen. Das zweite Experiment von Rosenhan zeigte mit aller Deutlichkeit, wie leicht die Experten zu beeinflussen sind. Allein die Ankündigung von ScheinpatientInnen bewirkte, dass das Personal in vielen Fällen die Neueintretenden für ‹normal› hielt.

Dieser Versuch ist in seiner Aussage noch eindrücklicher als der erste. Das Personal war gewappnet, es wusste, dass es an einer wissenschaftlichen Untersuchung beteiligt war; es hatte die Gelegenheit, sich überdurchschnittlich einzusetzen, sich mehr als üblich Zeit für die ‹Diagnostik› zu nehmen. Und dennoch kam es auch bei diesem Team, das sich besondere Mühe gab und die Ehre der Psychiatrie wiederherstellen wollte, zu dieser grossen Zahl von Fehl-‹Diagnosen›. Eindrücklich ist, mit welcher Leichtigkeit die Art der Fehlbeurteilungen zu beeinflussen ist: Während das Personal, das wie üblich ungewarnt seiner Arbeit nachgeht, keinen der vorhandenen ScheinpatientInnen erkennt, findet das vorgewarnte Team ScheinpatientInnen, die keine sind. *Die Vorwarnung allein bewirkt also eine groteske Änderung der Betrachtungsweise und damit eine groteske Umkehrung der ‹Diagnosen›. Es ist sinnvoll, sich dies ganz deut-*

lich vor Augen zu halten. Derselbe, sich gleich verhaltende Mensch, im alltäglichen Klinikbetrieb als ‹schizophren› beurteilt und entsprechend ‹behandelt›, wird vom vorgewarnten Experten als gesund wahrgenommen.
Diese völlig subjektive ‹Diagnostik› hat in unserer Gesellschaft noch immer ihre Gültigkeit, sie wird als ‹wissenschaftlich› gesicherte ‹Wahrheit› betrachtet.

Und noch etwas: Was Rosenhan mit seinen Experimenten aufdeckte, ist typisch für die Schulpsychiatrie, in allen Ländern der zivilisierten Welt – auch die Schweiz bildet da keine Ausnahme.

Verschiedene weitere Untersuchungen belegen die Unzuverlässigkeit der psychiatrischen ‹Diagnosen›.[23)] Bei einer Beurteilung derselben ‹PatientInnen› durch zwei oder mehrere Psychiater lag die Übereinstimmung der ‹Diagnosen› bei 50%. Der Sozialpsychiater Klaus Dörner kommt zum Schluss: «Die gesamte Forschung, die auf den Fiktionen der psychiatrischen Diagnostik basiert, ist entweder überflüssig oder in ihrem Aussagewert erheblich eingeschränkt.»[24)] Doch auf genau dieser ‹Diagnostik› basiert die fragwürdige psychiatrische Forschung, die krampfhaft die Grundannahme der Vererbung als wichtige Ursache der ‹endogenen Psychosen› zu beweisen versucht.

Das psychiatrische ‹Wissen› prägt die Arbeit der PsychotherapeutInnen

Das psychiatrische ‹Wissen› hat Folgen; es bewirkt, dass der Therapeut dem Klienten voreingenommen gegenübertritt. Vorerst wird ‹diagnostisch› abgeklärt, und dann erst wird klar, ob der Klient überhaupt ‹therapierbar› sei, ob allenfalls eine Überweisung an den Psychiater, der Einsatz von Psychopharmaka oder gar die Hospitalisation ‹indiziert› wären. Diese ‹diagnostische Abklärung› prägt das Klima, sie stört den Aufbau einer gleichwertigen Beziehung – und dazu würde auch gehören, dass der ‹Patient› selber sich für die ihm zusagende Art der Therapie entscheiden könnte. Es wird damit verhindert, dass das sinnvolle Ziel jeglicher Psychotherapie erreicht werden kann, das Ziel, dass der Klient an sich zu glauben beginnt, dass er als unabhängige, autonome Persönlichkeit sein Leben in die

Hände nimmt, das ändert, was ihn stört, und das akzeptiert, was für ihn eine wichtige Eigenheit bedeutet, auch wenn es den gesellschaftlichen Erwartungen nicht entsprechen sollte.

Der Therapeut sollte so menschlich, so ‹normal›, so unvoreingenommen, so natürlich wie möglich auf den ‹Patienten› eingehen. Doch genau dies wird durch das Studium der Psychopathologie mit Sicherheit verlernt. Was quält den ‹Patienten'? Was macht ihm Angst? Was hemmt ihn? Ist es Eifersucht? Sind es Versagensängste? Das sind wesentliche Fragen; denn für das Verständnis der Situation ist es bedeutungslos, ob das ‹Krankheitsbild› als ‹Schizophrenie›, ‹Manie›, ‹Hysterie›, ‹Phobie› bezeichnet wird. Die ‹Diagnose› hilft dem Experten, sich von dem vor ihm sitzenden Menschen zu distanzieren, sie hilft ihm, den ‹Patienten› als anders, als weniger ‹gut›, als ‹pathologisch› zu erleben und erleichtert ihm die Projektion seiner eigenen Problematik auf den minderwertigen ‹Kranken›. Sinnvoll wäre es demnach für den Psychotherapeuten, sich so zu verhalten, als hätte er noch nie von der Psychopathologie gehört und sich jeden Tag vor Augen zu halten, dass das Verständnis des leidenden Menschen durch das psychiatrische ‹Wissen› verhindert wird.

Die Angst der KlientInnen vor der Psychose

Das ‹Wissen› über und die Erfahrungen mit der Psychiatrie belasten die ‹PatientInnen› enorm. Es wird fast unmöglich, an die grundlegenden Probleme eines Menschen, wie die Beziehung mit dem Partner und den Eltern oder die Situation in der Schule und am Arbeitsplatz heranzukommen. Im Vordergrund stehen jeweils dramatisch und zentral die ‹Krankheit› und ihre Auswirkungen. Sogar Menschen, dic keineswegs verwirrt oder desorientiert sind und die Angelegenheiten des täglichen Lebens problemlos bewältigen, erzählen oft in der ersten Therapiestunde von ihrer Befürchtung, ‹schizophren› zu sein. Ihrem Bildungsstand entsprechend geben beispielsweise PsychologiestudentInnen die genauen, ‹diagnostischen› Überlegungen an, die dafür sprechen, bei anderen dagegen zeigt sich eher eine diffuse Angst vor dem ‹Verrückt›-Werden. Verbunden mit dieser Angst, ‹schizophren› oder ‹verrückt› zu sein, ist meist auch die Erwartung, dass die schwere ‹Störung› selbstverständlich medikamentös ‹behandelt› werden müsse. Was die Klienten da in die erste Konsultation mitbringen, ist erlernt, es hat nichts mit ihrem eigentlichen Leiden zu tun. Ein jedes Mitglied unserer Gesellschaft erhält dieses psychiatrische ‹Wissen› immer wieder eingeträufelt – in der Form von Witzen, Zeitungsberichten, Erzählungen. Es ist entscheidend, wie der Psychotherapeut oder Psychiater reagiert. Wenn er die erwähnten Befürchtungen der KlientInnen mit Worten oder auch nur durch stillschweigendes Einverständnis bestätigt, dann ist eine sinnvolle Psychotherapie kaum mehr möglich – dann ist nämlich die Angst vor der ‹Krankheit› zur ‹Wahrheit› geworden. Verängstigte, aber durchaus noch ‹gesunde› Menschen werden so zu ‹Fällen› für die Psychiatrie gemacht.

‹Wissen› und Erfahrungen mit der Psychiatrie – was sich vor allem als starke Verunsicherung zeigt – prägen ganz besonders Psychotherapien von ehemaligen Klinik-‹PatientInnen›.

Einweisen?

Recht häufig verlangen KlientInnen, in eine psychiatrische Klinik eingewiesen zu werden. Eine schwierige Situation. Ich versuche dann, mit dem Klienten zusammen herauszufinden, wieso er überhaupt und vor allem auch, wieso er denn gerade jetzt auf diese Idee komme. Im Laufe der Zeit machte ich eine paradoxe Feststellung, die selbstverständlich nicht in jedem Fall zuzutreffen braucht: Für Menschen, die anfangs klar und deutlich den Wunsch äussern, in die Klinik einzutreten, ist die Einweisung wenig sinnvoll. Meistens sind sie in der Lage, ihre Situation zu verstehen und sich in Ruhe zu überlegen, was zu unternehmen, zu versuchen, zu verbessern wäre. Sie können auch die Folgen des Klinikeintrittes beurteilen, die Entlastung, aber auch die Belastung, die dieser schwerwiegende Schritt bedeuten würde, abschätzen. Oft stellt die Klinik eine einfache, praktische und dennoch sehr ungünstige Möglichkeit dar, mit einer anscheinend unlösbar schwierigen Situation fertig zu werden.

Wenn jemand also klar und deutlich die Einweisung in eine psychiatrische Klinik verlangt, sollten – wenn immer möglich – die Hintergründe dieses Wunsches aufgedeckt werden.

‹Selbstgefährdung›?

Sehr oft wird Selbstgefährdung von den Ärzten angeführt, weil die Einweisung dann medizinisch einwandfrei und unwiderlegbar aussieht. Die Fragwürdigkeit der psychiatrischen ‹Diagnostik› wurde bereits deutlich aufgezeigt. Ganz besonders subjektiv und zweifelhaft ist die Beurteilung der ‹Suizidalität›. Sie hängt nicht nur vom momentanen, psychischen Zustand des Experten ab, sondern auch von seiner grundlegenden Einstellung zur Frage des Selbstmordes.

Etwas an unserer grotesken Bekämpfung der potentiellen Selbstmörder kann nicht stimmen. Offensichtlich wird damit ein grundlegendes Problem der beteiligten Experten und Helfer getroffen. Was hindert uns denn eigentlich, den Entscheid eines Menschen, sich umzubringen, bei klarem Bewusstsein gefällt, zu respektieren? Wieso werden diese Menschen eingesperrt, gedemütigt, ‹behandelt›, ja gar ans Bett gefesselt? Dies ist kaum vereinbar mit der fahrlässigen Art und Weise, wie sonst in unserer Gesellschaft mit Menschenleben umgegangen wird.

Verweigerung der Hausarbeit als Einweisungs-‹Grund›

Ich habe öfter ehemalige Klinik-‹PatientInnen› gesehen, deren Zeugnisse der einweisende Arzt ausgestellt hatte, ohne dass er sie in den Tagen davor gesehen hatte. Bei Frauen, die schon hospitalisiert gewesen waren, stellte beispielsweise die Verweigerung der Hausarbeit ein ‹Symptom› dar, das die Einweisung problemlos rechtfertigte. Bei als ‹schizophren› etikettierten Hausfrauen genügte sogar die entsprechende telefonische Mitteilung der Ehemänner an den Hausarzt. Dies, obwohl die Ausstellung eines Zeugnisses, ohne dass der Arzt die betreffende Person persönlich ‹untersucht› hat, ungesetzlich ist. Fern-Einweisungen kamen natürlich auch bei Männern vor; die Angehörigen teilten dem Hausarzt jeweils mit, ‹er müsse wieder versorgt werden, er tue nicht mehr gut›.

Zwei gegensätzliche Beispiele: Maria und Silvio

Eine Hospitalisation ist meiner Ansicht nach unumgänglich, wenn die Verwirrung eines Klienten zu gross ist, wenn seine Unfähigkeit, Realität von projizierter Welt zu unterscheiden, nicht nur für begrenzte Zeit überhandgenommen hat. Dann muss der Klient wirklich, bis diese akute Krise überwunden ist, zum eigenen Schutz eingewiesen werden.

Maria war überzeugt, dass ein Atomkrieg ausgebrochen sei. Verängstigt und allein irrte sie in Panik nächtelang im Wald umher, wo sie schliesslich erschöpft einschlief. Sie wäre damals beinahe erfroren. In dieser Situation war die Einweisung von Maria nicht zu vermeiden. Sie musste betreut werden. Für Maria war es wichtig, zu verstehen, was der Krieg, der in ihrer eigenen Brust tobte, bedeutete, und was die innere und die vermeintliche äussere Gefahr miteinander zu tun hatten... Eine psychiatrische Hospitalisation wäre auch in dieser dramatischen Situation nicht unbedingt notwendig gewesen. Niemand hat das Recht, einen Menschen, auch wenn er derartige dramatische und aufwühlende Erlebnisse hinter sich hat, einfach in einer Klinik zu versenken und von da an als ‹krank› zu betrachten. Wenige Tage genügen oft, und er ist wieder in der Lage, selbständig die Verantwortung für sein Leben zu übernehmen. Eine kurzfristige Betreuung in einem aufgeschlossenen, nicht mit den üblichen psychiatrischen Vorurteilen belasteten Freundeskreis wäre wohl die allerbeste Lösung. Leider ist es äussert selten, dass Betroffenen auf diese natürlichste Art geholfen wird.

Silvio, verheiratet und Vater von drei Kindern, hatte seit längerer Zeit, ohne dass seine Frau davon wusste, eine Freundin. Einerseits hielt er das Zusammenleben mit seiner Frau nicht mehr aus, andererseits ängstigte ihn der Gedanke, bald einmal endgültig von ihr getrennt leben zu müssen, enorm. Die Vertrautheit, entstanden in zehn Ehejahren, verband ihn noch immer stark mit seiner Partnerin. So wurde ihm die heimliche Zweisamkeit mit der Geliebten zu einer zunehmenden Belastung, die er schliesslich kaum mehr ertrug. Bei einem Spaziergang im Wald nahm er einen Zug vom Joint, den die Freundin eben gedreht hatte. Kurz darauf war er völlig gelähmt, unfähig, auch nur die geringste Bewegung zu machen. Die Freundin musste ihn ins Auto ‹verladen›; in ihrer Wohnung konnte er sich erholen. Langsam veschwand das ‹Symptom›; am nächsten Tag war nichts mehr davon zu bemerken. Silvio kam wie verabredet zu mir, war sehr ängstlich und befürchtete, dass sich ein derartiger Vorfall bald wiederholen könnte. Er fand, zu Hause zu bleiben sei viel zu gefährlich. Er sprach von einer Bekannten, die eben erst freiwillig in eine psychiatrische Klinik eingetreten war, und versuchte, mich zu überzeugen, dass ich ihn einweisen müsse... Wie hätte in dieser Situation ein Arzt gemäss der Lehrbuchpsychiatrie gehandelt? Er hätte wohl als erstes vorausgesetzt, dass der Haschischkonsum viel grösser war als angegeben, und Abhängigkeit und eine pathologische Reaktion auf die Droge angenommen; er hätte aber auch an ‹Akinese› und ‹Stupor› gedacht, was ‹Schizophrenie›-Verdacht und die entsprechende Abklärung bedeutet hätte. Auch an eine motorische Funktionsstörung im Rahmen einer ‹hysterischen Neurose› hätte er denken müssen. Also jedenfalls ein dramatisches ‹Symptom›, das unbedingt ‹diagnostisch› geklärt werden muss – geeignet für diese Abklärung wäre natürlich vor allem die psychiatrische Klinik. Bei der Ängstlichkeit des ‹Patienten›, der selber die Einweisung verlangt, wäre dies aus konventionell-psychiatrischer Sicht sicher die einzig mögliche und sinnvolle Massnahme. So wird nichts verpasst, Risiken sind ausgeschlossen... Und selbstverständlich würden Silvio Psychopharmaka verabreicht: Vorerst dämpfende Neuroleptika, sie wären bei ‹Schizophrenie›, bei einer Drogenproblematik und bei einer hysterischen ‹Symptomatik› indiziert. Zudem würde ein konventioneller Psychiater in dieser Situation wohl auch Suizidalität nicht ausschliessen. Es käme in jedem Fall zur Einweisung. Mit seinem Eintritt in die Klinik hätte der ‹Patient› die Bestätigung für die Richtigkeit seiner Befürchtungen; es wäre objektiv und klar bewiesen, dass er das Leben nicht mehr selbständig meistern könne. Angehörige, die von der Hospitalisation und ‹Diagnose› wissen, wären von diesem Moment an potentiell bedrohlich, sie würden auf ihn verunsichernd wirken. Für ‹Gesunde› ist es nämlich ein Leichtes, sich einem ehemaligen ‹Patienten› zu entziehen, mensch braucht ihn nicht mehr ernst zu nehmen, kann berechtigte Forderungen, Wünsche und Kritik als ‹krankhaft›, unrealistisch und ‹wahnhaft› abtun. Zudem sind weitere Einweisungen geradezu vorprogrammiert. Eine zweite und weitere Einweisungen sind weitaus schneller beschlossen als die erste.

Als Silvio wünschte, hospitalisiert zu werden, hatte er die Auswirkungen dieses Schrittes auf den Kreis seiner nächsten Angehörigen nicht bedacht. Sein Leben wäre von da an weitaus schwieriger gewesen als je zuvor.

Ich glaubte Silvio, dass er eine sehr geringe Menge Haschisch zu sich genommen hatte. Im Gespräch wurde bald klar, dass er in der schwierigen Situation zwischen der heimlichen Freundin und der nichtsahnenden Ehefrau nicht mehr ein und aus wusste. So erschien ihm in seiner Bedrängnis der Eintritt in die Klinik als idealer Ausweg aus seiner schwierigen Situation. Der Frau von der Freundin zu erzählen, brauchte Mut, in ihrer Ehe war bis dahin so etwas noch nie vorgekommen; er hatte keine Ahnung, wie sie reagieren würde, er rechnete mit ihrem Auszug, mit Scheidung oder Selbstmorddrohung. Andererseits hätte der Entscheid für eine der beiden Frauen für ihn Verlust, Trauer und Schmerz bedeutet. Als ‹Krankem›, als Unzurechnungsfähigem, wäre ihm das alles erspart geblieben.

Psychiatrische Kliniken, speziell die als humaner geltenden privaten Sanatorien, sind Zufluchtsstätten, wo mensch sich erholen kann, wo er gehegt und gepflegt, ja sogar verwöhnt wird, wo ihm verständige Ärzte und liebevolle, zuvorkommende Schwestern die Alltagsprobleme aus dem Weg räumen. Diese verhängnisvolle Vorstellung ist noch immer weit verbreitet: die psychiatrische Klinik als Symbol einer allumfassenden, restlos guten Mütterlichkeit, die Verkörperung eines tiefen Wunsches, das Auffüllen eines Defizites aus der frühesten Kindheit. In geringem Grad können Kliniken gelegentlich einen Teil dieser Wünsche erfüllen. Doch dies ist gefährlich. Auch so entsteht Unselbständigkeit, Abhängigkeit und Resignation. Das einzig sinnvolle Ziel jeder ‹Behandlung› seelischer Probleme, grösstmögliche Autonomie und Glauben an sich selber, wird dabei in keiner Weise gefördert.

Ich verbot Silvio keineswegs den Eintritt in eine psychiatrische Klinik. Ich sagte ihm, dass ich eine Hospitalisation in seiner Situation als ungünstig erachte. Er könne sich jederzeit von einem anderen Arzt einweisen lassen oder auch freiwillig eintreten. Er verzichtete auf die Hospitalisation und blieb in der Folge frei von der damals aufgetretenen ‹Symptomatik›.

Wer mit psychiatrischen ‹Symptomen› erreicht, dass er beachtet wird, dass Ärzte und Angehörige beeindruckt sind, dass er bedauert und gepflegt wird, somit weitaus mehr Zuwendung erhält als zuvor, der ist versucht – selbstverständlich ohne sich dessen bewusst zu sein –, sein ‹Symptom› oder auch weitere ‹Störungen› erneut zu produzieren. Wer die Hintergründe seines Verhaltens bewusst erkennt, der wird leiden und traurig sein, aufsehenerregende ‹Symptome› wird er keine mehr aufweisen. Er kann sich mit der erkannten Problematik befassen und allenfalls grundlegende Änderungen einleiten. Der mit dem ‹Symptom› verbundene Leidensdruck wird so zum Auslöser für den Weg der bewussten Auseinandersetzung.

Die Fixierung der Psychiater auf das ‹Symptom› hindert sie, dem Menschen in seiner Problematik gerechtzuwerden; sie bieten den Betroffenen dagegen einen Weg an, dringend notwendigen, aber gefürchteten Auseinandersetzungen auszuweichen.

Hinter einem deutlichen ‹Symptom› ist immer ein schwerwiegender Konflikt verborgen. Auch dies darf nicht vergessen werden. Deshalb ist es äusserst wichtig, rücksichtsvoll mit den betreffenden Menschen umzugehen. Keinesfalls dürfen sie als Simulanten behandelt werden.

Wie sich die Wahnvorstellungen auflösten

In der Gewissheit, es herrsche Krieg, irrte Maria also mehrere Nächte umher. Sie hatte keine Bekannten, die in der Lage waren, angstfrei mit ihr umzugehen und sie in dieser schwierigen Zeit begleiten und betreuen konnten. Die Einweisung war nicht zu umgehen. Ich konnte erreichen, dass sie in der Klinik nicht hochdosiert Neuroleptika erhielt. (Eine typische Erfahrung: Je mehr Angehörige und Fachleute – etwa PsychotherapeutInnen oder SozialarbeiterInnen – sich für einen hopsitalisierten ‹Patienten› einsetzen und ihn regelmässig besuchen, je zurückhaltender wird die Klinik im Einsatz ihres psychopharmakalogischen ‹Arsenals›. Auch zur Entlassung kommt es dann meist früher.)

Die Rückkehr von entlassenen ‹PatientInnnen› in die unveränderte Wohnsituation, die auslösend mit der Hospitalisation verbunden war, ist oft ein wesentlicher Grund für ‹Rückfälle› und erneute Einweisungen. Maria war von einem ‹wohlwollenden› Ehepaar aufgenommen worden, wurde von ihnen jedoch als schwierig, als ‹minderwertig›, als ‹gestört› und als ‹krank› behandelt. Es handelte sich um eine typische, unverarbeitete Helferproblematik. Die betreffende Familie brauchte die ‹Patientin›, um ihre eigenen Konflikte besser verdrängen zu können. Es tat gut, die ‹arme› Frau zu beherbergen. Da das Ehepaar sie durch den eigenen, aufopfernden Einsatz am Leben erhielt, unterschied mann/frau sich wesentlich von ihr. Da Maria offensichtlich ‹krank› war, mussten diejenigen, die ihr beistanden, zwangsläufig ‹gesund› sein. Problematisch ist vor allem, dass der ‹Patient› um keinen Preis selbständiger werden darf, er muss ‹Patient›, er muss in seiner Rolle bleiben, er dient den ‹liebevollen› Helfern dazu, ihren eigenen Problemen auszuweichen. Es kann so niemals zu offenen Beziehungen zwischen gleichwertigen und gleichberechtigten Menschen kommen.

Mit der Einweisung von Maria wurde ihr Kontakt mit dieser Familie unterbrochen. Sie hatte dadurch die Gelegenheit, in Ruhe eine Wohnung zu suchen. Nach relativ kurzer Zeit konnte sie ihre Arbeit wieder aufnehmen und wohnte von da an in einer sogenannten Nachtklinik. In dieser Zeit ging sie einmal joggen. Mitten im Laufen erfasste sie eine riesengrosse Wut; sie erkannte plötzlich, was ihr diese ‹liebevolle› Familie alles angetan hatte, wie sie als ‹krank›, als hilflos, ‹minderwertig› und bemitleidenswert hingestellt worden war. *Und genau während dieses Wutanfalles wurde ihr bis zu diesem Moment noch immer leicht verwirrtes Denken wieder völlig klar. Es war, als würde sich ein Nebel um sie herum lichten, ein Nebel der Schuld.* Sie suchte nun nicht mehr, wie sie es bis dahin getan hatte und wie es auch von ihrer Mutter gefördert worden war, alle Schuld immer ausschliesslich bei sich. In ihrem ‹Wahn› hatte sie sich verantwortlich gefühlt für alle ihr bekannten Vorkommnisse und Verbrechen, die von irgendwelchen bekannten und oder unbekannten Schuldigen verübt worden waren. Entsprechende Zeitungsmeldungen hatten in ihrer Sicht immer mit ihr selber zu tun gehabt. So war sie überzeugt gewesen, verantwortlich zu sein für die Vergiftung von Johannes Paul I. Auch kritische Wandsprayereien bezog sie immer auf sich selbst – da sie doch böse und schlecht war, musste jede spürbare Aggression gegen sie selber gerichtet sein ... Auch bei Zwischenfällen wie Zugverspätungen sah sie sich als Grund des Übels an. «Das ist doch wegen mir», «da bin ich schuld», hatte sie jeweils aus ihrem riesigen, allumfassenden Schuldgefühl heraus gesagt. *Wut also verschaffte ihr die Möglichkeit, wieder klar zu denken, wieder aufzutauchen aus diesem Nebel der Schuld.*

Ein jeder weiss, was ‹verrückt› ist
Ein jeder weiss, wie ‹Irr-Sinnige› sich benehmen

Jedes Mitglied unserer Gesellschaft hat immer wieder gehört, dass es Menschen gibt, die ‹spinnen›, die ‹verrückt› sind, die ‹durchgedreht›, ‹daneben› sind oder die ‹Nerven verloren haben›. Und es wird nicht nur immerzu verbreitet, dass es solche Zustände gibt, sondern in Geschichten und Witzen wird auch immer wieder genau angegeben, wie sich diese ‹verrückten› Menschen verhalten; jeder weiss auch, dass diese Menschen abgeschoben werden, mit dem ‹gelben Wägelchen› in die ‹Spinnwinde› gebracht werden – diese Vorstellung jagt sogar vielen ‹Gesunden› nicht geringe Furcht ein. Selbstverständlich spielen bei der Verbreitung dieses ‹Wissens› auch die Massenmedien eine wichtige Rolle. Wer hat nicht schon im Radio gehört oder in der Zeitung gelesen, dass der oder die TäterIn ‹geisteskrank› sei, herum-‹irren› würde, in ‹geistiger Umnachtung› handle und schonend angehalten werden solle. So weiss wirklich jede Frau und jeder Mann, welche Rollen der ‹Verrücktheit›, des ‹Wahnsinns› zur Verfügung stehen. Wer nicht mehr aus einer schwierigen Lebenssituation herausfindet, hat die Möglichkeit, in eine dieser Rollen zu schlüpfen.

Andererseits spielen auch diejenigen, die auf die ‹Symptome› dieser Rollen der ‹Verrücktheit› reagieren, automatisch mit im vorgezeichneten Spiel. Wer als Angehöriger oder Lehrer usw. Angst zeigt, besorgt ist und findet, das sei nicht mehr ‹normal›, da müsse etwas unternommen werden, da müsse der Arzt zugezogen und an eine Einweisung gedacht werden, der spielt mit und ist damit wesentlich am Verlauf und an der Weiterentwicklung des traurigen Geschehens beteiligt. Eine noch wichtigere Rolle in diesem Spiel übernimmt selbstverständlich der einweisende Arzt. Er betritt eine Szene, in der die Rollen bereits verteilt sind, in der alle auf seinen alles entscheidenden Auftritt vorbereitet sind. Klar, was von ihm erwartet wird, klar, dass er einweisen soll. Und sein berufliches Rüstzeug unterstützt ihn darin. Aber er wird keineswegs geschult, die vorliegende Situation zu hinterfragen, zu untersuchen, inwiefern die Einweisung der betreffenden Familie Vorteile bietet. Er ist keineswegs geschult, die unter den beteiligten Menschen ablaufenden Vorgänge aufzudecken, die Möglichkeit für eine echte Auseinandersetzung vorzubereiten. Sein Blick richtet sich auf den ‹Patienten›, sucht ‹pathologische› Zeichen, Hinweise auf ‹Schizophrenie›, Manie, wägt Selbst- oder Fremdgefährdung ab. Wer ‹Symptome› sucht, die eine Einweisung rechtfertigen, vor allem natürlich in einer Umgebung, wo alle davon überzeugt sind, dass ‹Symptome› vorhanden sind, der findet sie auch.

Das Wissen um die psychiatrische ‹Wirklichkeit› fördert also das erstmalige Entstehen von ‹Symptomen› und erleichtert ihr erneutes Auftreten bei einem Menschen, der schon mindestens einmal irgendeinen Kontakt mit der Psychiatrie hatte. Selbstverständlich wird dieser Mensch von seinen Angehörigen vom Moment seiner ersten Einweisung an ganz besonders misstrauisch beobachtet, es wird erwartet, dass sich seine ‹Erkrankung› wiederholt, gewisse Dinge werden ihm nicht mehr zugetraut. Bei ihm wird als ‹krankhaft› beurteilt, was bei anderen durchaus noch akzeptiert wird. Mit all den negativen Erwartungen seiner Umgebung, mit der Unsicherheit in der eigenen Brust und der fortwährenden Störung durch den nicht erkannten, grundlegenden Konflikt ist die nächste Einweisung mit grosser Wahrscheinlichkeit kaum zu vermeiden.

Allgemeine Gültigkeit der psychiatrischen Vorurteile

Schon eine sonderbare Sache, diese Psychiatrie. Erstaunlich daran ist besonders, dass die Vorurteile des ‹kleinen Mannes› sich praktisch völlig mit der ‹wissenschaftlichen› Botschaft der Experten dekken: Die Psychiater sind die Wegbereiter dieser weitverbreiteten Vorurteile. Und, wie dies eben für Vorurteile meist gilt, sie sind zäh, sie haften, auch wenn noch so viele begründete Gegenargumente bekannt sind. Immer verbreiteter wird das Wissen, dass die Biographie, die Kindheit, die Sozialisation für die Entwicklung des Menschen wesentlich sind. Davon hängt die Struktur seiner gesamten Persönlichkeit ab. Es ist bekannt, dass frühe Spitalaufenthalte und Heimeinweisungen, häufiger Wechsel der Kontaktpersonen sehr oft am Anfang einer späteren kriminellen oder psychiatrischen ‹Karriere› stehen. Viele wissen es, selbstverständlich auch die Psychiater; doch, wer aufmerksam die Berichterstattung über Gerichtsfälle in den Tageszeitungen liest, der stösst immer wieder auf angeborene Charakter-‹Anomalien›, ‹Psychopathien› (anlagebedingte, vererbte ‹Persönlichkeitsstörungen›) und ‹Psychosen› usw. Praktisch alle so etikettierten Menschen stammen aus besonders schwierigen Verhältnissen; sie verloren früh einen Elternteil, wurden vom stark alkoholisierten Vater massiv geschlagen und schon als Säuglinge von einem Pflegeplatz zum anderen geschoben. Sonderbar, dass die psychiatrischen Gutachter diese Fakten nicht berücksichtigen und sich nicht scheuen, ‹Diagnosen› (*Urteile*) zu stellen, die aussagen, dass die betreffenden ‹Störungen› ‹angeboren›, ‹vererbt› sind. Dies kommt immer einer zusätzlichen Verurteilung gleich. Und nicht zu vergessen: Wenn eine ‹Störung› als ‹angeboren› gilt, hat dies immer eine wesentliche Bedeutung für die ‹Prognose› des betreffenden ‹Falles›. Was ‹angeboren› ist, das kann nach der Meinung der psychiatrischen Experten kaum mehr psychotherapeutisch gebessert werden, da kommen nur rigorose Massnahmen, wie strenge Nacherziehung, strikte Disziplinierung, in Frage, da muss auch oft ‹verwahrt› werden, meist auf unbestimmte Zeit oder gar lebenslänglich. Da fällt auch die ambulante Psychotherapie ausser Betracht. Sie wäre die einzige einigermassen menschliche Massnahme, die unsere Strafjustiz offen lässt: Sie bedeutet den Aufschub einer unbedingten Haftstrafe, auf die dann eventuell ganz verzichtet werden kann.

Die Psychiater fördern mit ihrer Haltung, dass unaufgeklärte, engstirnige Vorurteile verbreitet werden. Richten sie sich geschickt nach dem Wind, der in den Massen weht? Ich glaube kaum; von den Eingriffen der Institution Psychiatrie profitiert niemals der ‹kleine Mann›, profitieren keineswegs die unteren sozialen Schichten. Vielmehr dient sie massgeblich dazu, die Herrschaftsverhältnisse und die gegebene Verteilung von Macht und Ohnmacht zu stützen. Die konventionelle Psychiatrie, die sich immer an den herrschenden ‹Normen› orientiert, fördert Stagnation und verhindert Erneuerung, auch wenn diese dringend notwendig ist. Sie verhindert im weitesten Sinn jegliche Besserstellung der Unterprivilegierten. Wenn also der ‹kleine Mann› von psychiatrischen Dogmen bestimmt ist, dann muss dies wohl eher mit einer raffinierten ‹Propaganda›, mit einer schleichenden Indoktrination zu tun haben. In seiner oberflächlichen Banalität ist das psychiatrische ‹Wissen› eben sehr einfach zu verstehen. Was davon als Essenz übrigbleibt, sobald einmal auf die gehobene Sprache verzichtet wird, ist einfach, naiv und gefährlich. Es entspricht in etwa der Einfachheit anderer ähnlich oberflächlicher und gefährlicher Ideen, wie beispielsweise derjenigen, dass Juden, Kommunisten oder Anders-Farbige schlecht und verdammenswert seien.

Auch an den ‹gesunden› Angehörigen bleibt Nachteiliges haften

Besonders heimtückisch setzt die psychiatrische Ideologie den für alles verantwortlichen Sündenbock so in die betroffenen Familien, dass der Makel auch an den ‹gesunden› Angehörigen haftenbleibt. Schliesslich handelt es sich um ‹vererbte Störungen›, da sind die Verwandten nur scheinbar ganz ‹gesund›, ein Stück ‹Krankhaftigkeit› muss doch auch in ihnen vorhanden sein.

Vordergründig jedoch schiebt die Psychiatrie die Schuld auf den ‹Patienten› und entlastet demzufolge scheinbar die übrigen. Sie erspart allen die Anstrengung echter Auseinandersetzung. Die ‹Siegreichen› im familiären Kampf ahnen und fühlen, dass es auch andere Möglichkeiten gegeben hätte, die aufgetretene Problematik anzugehen, als durch die Stigmatisierung und die Ausschliessung des schwächsten Mitgliedes der Familie. Die Einweisung des ‹Patienten› hinterlässt für die übriggebliebenen ‹Gesunden› in der Familie ein schlechtes Gewissen, und dies wiederum führt zu ängstlichem, unsicherem und vor allem angepasstem Verhalten. Es muss doch gezeigt werden, wie ‹gesund› und ‹normal› mann und frau sind – im Gegensatz zum ‹Patienten›. Und unsichere und angepasste Menschen werden mit Sicherheit die bestehenden gesellschaftlichen Verhältnisse nicht anzutasten wagen. Die Annahme, dass die ‹Störung› vererbt, angeboren ist, hilft wesentlich mit, die bestehende Verteilung der Macht zu erhalten.

Die Notwendigkeit der ‹Irren›-Häuser wird künstlich erschaffen

Gibt es Kliniken, weil wir so viele ‹Gestörte› haben, oder produzieren wir so viele ‹Gestörte›, damit unsere Kliniken immer gefüllt sind und nie grundsätzlich angezweifelt werden? Was ist denn zuerst da, das Bedürfnis nach der ‹Aufbewahrung› der ‹Geisteskranken› in den entsprechenden Anstalten oder die ‹Produktion› von ‹Gestörten›, damit die bestehenden Anstalten ihre ‹Berechtigung› haben? Müssen Strassen gebaut werden, damit der schon vorhandene Verkehr aufgenommen werden kann, oder produziert jede neue Strasse auch neuen Verkehr? Dieselbe Frage stellt sich auch bei Gefängnissen und somatischen Kliniken. Viel spricht dafür, dass die Kliniken, die Spitäler, die Strassen, die Gefängnisse nur errichtet werden, weil sie scheinbar auch benötigt werden; viel spricht dafür, dass Bedürfnisse nach diesen Einrichtungen künstlich geschaffen werden. Es ist wichtig, die makellose äussere Fassade dieser Dinge anzukratzen, die zur Schau getragene Harmlosigkeit zu entlarven. Hinter dem harmlosen Schein ist in unserer Gesellschaft sehr oft eine weit weniger harmlose, tiefere Wahrheit verborgen.

Es muss sie geben, die psychiatrischen Kliniken: Die Sachzwänge, die dies beweisen, werden fortwährend neu geschaffen.

Eine einzige gültige Erklärung des Phänomens ‹Schizophrenie› gibt es nicht

Um die ‹Schizophrenie› zu verstehen, bedient sich die Psychiatrie des medizinischen Modells. Nur dieses Modell, die unmenschlichste Erklärungsmöglichkeit für dieses Phänomen, ist bei uns gesellschaftlich anerkannt. Für mich sind alle Modelle sinnvoll und brauchbar, die die ‹Psychosen› und weitere psychische Abweichungen als verstehbare Entwicklungen beschreiben, als Entwicklungen also, die ausgelöst werden durch die biographische Besonderheit und die spezielle Sozialisation des betreffenden Lebens. Ungünstig sind alle Modelle, die von einer schon bei der Geburt bestehenden Disposition ausgehen und vor allem auch eine irreversible Schädigung annehmen. Sie bedeuten die wissenschaftliche Grundlage der bleibenden Stigmatisierung und Verunsicherung von Menschen, die als ‹schizophren› ‹diagnostiziert› wurden.

Seit es Menschen gibt, gehen sie auf verschiedenste Art mit psychisch Abweichenden um. Unsere Gesellschaft betrachtet sie als ‹Geisteskranke›. In sogenannt ‹primitiven› Kulturen weisen dieselben ‹Symptome› darauf hin, dass der Betreffende auserwählt ist, Schamane oder Medizinmann, also ein äusserst wichtiges Mitglied der Gesellschaft zu werden.

Sind die Phänomene, die wir als Halluzinationen, Wahnvorstellungen, Depersonalisationserscheinungen usw. bezeichnen, negativ oder positiv zu bewerten? Wenn hierzulande jemand Stimmen hört, die nicht der Wirklichkeit entsprechen, dann wird ihm das vorerst einmal grosse Angst einjagen, er wird sich überlegen, ob er noch ‹normal› sei, und an eine Konsultation beim Psychiater, an ‹Behandlung› und Hospitalisation denken. Wer aber weiss, dass Stimmen zu hören etwas ganz Besonderes darstellt, dass dies bedeutet, auserwählt zu sein, der wird in der nämlichen Situation völlig anders reagieren. Er wird stolz, glücklich sein, wird versuchen, genau zuzuhören, herauszufinden, was die Stimme denn von ihm will, was ihr Sinn ist. Er wird zum Medizinmann gehen, der ihn – auf Grund seines ‹abnormalen› Erlebnisses – als ‹Lehrling› annehmen wird.

In anderen Kulturen und Zeiten wurden Halluzinationen oft sogar absichtlich ausgelöst: durch langanhaltendes Fasten, Schlafentzug, Einsamkeit und auch durch halluzinogen wirkende Drogen.

Wie Indianer mit ‹psychiatrischen Symptomen› umgehen

Bei den Shasta-Indianern Kaliforniens zeichneten sich Schamaninnen dadurch aus, dass sie leicht in Trancezustände verfallen konnten: «Eine zum Schamanenberuf ‹bestimmte› Frau fiel eines Tages, während sie mit ihrer Hausarbeit beschäftigt war, plötzlich zu Boden. Sie hatte eine Stimme gehört, die in äusserst heftigem Tone auf sie einsprach. Als sie sich umdrehte, sah sie einen Mann, der seinen gespannten Bogen auf sie richtete. Er befahl ihr zu singen, sonst würde er ihr seinen Pfeil mitten ins Herz schiessen. Die Erregung war zu gross für sie, so dass sie bewusstlos zusammenstürzte. Nun liefen die Angehörigen der Frau zusammen. Diese lag schwer atmend und starr da. Man wusste, dass sie schon seit einiger Zeit Träume ganz eigenartigen Charakters gehabt hatte, welche für die Berufung zum Schamanen bezeichnend waren: Vor Grizzlybären war sie geflohen, von Klippen oder Bäumen war sie hinuntergefallen, Schwärme von Wespen hatten sie umringt. Der Stamm wusste also, was zu erwarten war. Nach einigen Stunden begann die Frau leise zu stöhnen und sich unter heftigen Zuckungen am Boden zu wälzen. Man nahm an, dass sie jetzt das Lied wiederhole, das zu singen ihr befohlen war, und das sie der Geist im Trancezustand gelehrt hatte. In dem Masse, wie sie wieder zu sich kam, wurde aus dem Stöhnen allmählich der Geistergesang, bis sie zum Schlusse den Namen des Geistes selbst ausrief, wobei ihr Blut aus dem Munde rann.

Nachdem sie sich nun von diesem ersten Zusammentreffen mit dem Geist wieder erholt hatte, begann sie in der Nacht mit dem ersten Initiationstanz des Schamanen. Drei Nächte lang tanzte sie, wobei sie sich an einem von der Decke herabhängenden Seil festhielt. In der dritten Nacht sollte die Kraft des Geistes in ihren Körper eingehen. Als sie während des Tanzes diesen Augenblick nahen fühlte, rief sie: ‹Er will mich erschiessen, er will mich erschiessen!› Ihre Angehörigen standen nahe dabei, um sie, wenn sie in einer Art kataleptischen Starre zu taumeln begann, festhalten zu können, damit sie nicht fiel und sich dabei vielleicht lebensgefährlich verletzte . . .

Von jetzt ab fuhr sie fort, ihren Besitz übernatürlicher Kräfte durch weitere Vorführungen kataleptischer Zustände nachzuweisen. Man rief sie, wenn es sich um Leben und Tod handelte, zur Krankenheilung, zum Wahrsagen und ging sie auch sonst um Rat an. Sie war also mit anderen Worten, zu einer mächtigen und äusserst gewichtigen Persönlichkeit geworden.»[25] Wer sich so verhält, wird bei uns heute psychiatrisiert. Eine langdauernde Hospitalisation, die Verabreichung von starkwirkenden Psychopharmaka und bleibende Stigmatisation durch die ‹Diagnose› ‹Schizophrenie› wären nicht zu vermeiden. Als Schamanin geachtet und verehrt oder als Psychiatrie-‹Patientin› behandelt und betreut – ein größerer Gegensatz ist kaum vorstellbar.

So muss doch wohl das psychiatrische Wissen nicht als die ‹Wahrheit›, sondern viel eher als ein trauriger und missglückter Versuch bezeichnet werden, das Wesen des Menschen zu verstehen.

‹Typische Fälle›: Jesus und Moses

Jesus und Moses wären von heutigen Psychiatern mit Sicherheit als ‹schizophren› ‹diagnostiziert› und auch zwangs-‹behandelt› worden. ‹Paranoide Schizophrenie› heisst dieses ‹Krankheitsbild›. Moses hatte optische und akustische Halluzinationen, Jesus war in einem komplizierten, religiösen Wahnsystem gefangen.[26)] Auch diese Überlegung zeigt es – die psychiatrische Hypothese überzeugt nicht. Und doch gilt erstmals in der Menschheitsgeschichte die Erklärung – und Pathologisierung – derartiger Phänomene als ‹wissenschaftliche› Wahrheit. In früheren Zeiten wurden sie als religiöse Erscheinungen verstanden. Erstaunlich ist dies keineswegs, ist doch heute für viele die Wissenschaft an die Stelle getreten, die bis anhin die Religion einnahm. Es wird vergessen, dass die Wissenschaft von Menschen gemacht wird, es wird einfach geglaubt, was die Wissenschaftler sagen – wie irrational und voreingenommen ihre Aussagen auch immer sein mögen. Die Wissenschaft ist unser Götze, zweifellos.

Für mich ist Wissenschaftlichkeit kein Argument, Menschlichkeit schon eher – auch wenn Menschlichkeit vielleicht wissenschaftlich etwas schwieriger nachzuweisen ist.

Grundannahmen bestimmen wissenschaftliche Resultate

Unser Wissen stammt immer von Menschen, von Menschen, die gefangen sind in ihren Vorurteilen und ihrer Subjektivität. Wahrheiten sind demzufolge immer auf irgendeine Art erfunden, konstruiert, sie stellen eine Möglichkeit (unter vielen) dar zu denken, ein bestimmtes Phänomen zu verstehen. Auch die gesellschaftliche und individuelle Wirklichkeit ist erfunden und konstruiert.[27)]

Wissenschaftler gehen immer mit Grundannahmen an ihre Aufgaben heran – oft ohne sich dessen bewusst zu sein. Sie sind deshalb in der Meinung der Forscher gar keine Annahmen mehr, sondern objektiv feststehende Tatsachen. Und Tatsachen brauchen nicht hinterfragt zu werden, erforscht werden die Bereiche, in denen noch Unklarheiten bestehen. Diese Grundannahmen bestimmen im voraus die zu findenden Resultate. Objektives Wissen kann demzufolge gar nicht existieren; das, was dafür gehalten wird, sind Interpretationen und Theorien, die immer im Dienst von ideologischen und moralischen Absichten stehen. ‹Wahrheiten› und ‹Wissen› sind Produkte menschlicher Phantasie; sie dienen den Mächtigen – der Erhaltung ihrer Stellung, der Bewältigung ihrer Ängste.

Besonders Theorien aus dem Bereich der Psychologie, der Soziologie, Medizin und Psychiatrie stellen nicht ‹Wahrheiten› dar, sondern vielmehr Vorschriften darüber, wie die Gesellschaft zu sein und zu funktonieren hat.

Die Art und Weise, wie wir mit ‹Geisteskrankheiten› umgehen, hat viel mit der Subjektivität und dem Machtanspruch von massgebenden Menschen zu tun. Das medizinische Modell dient ihnen dazu, ihre Vorstellungen und Bedürfnisse zu erfüllen.

Wissenschaftliche Resultate sind demnach nicht einfach objektive Wahrheiten, sondern ihre Aussagen sind ein wesentlicher, subjektiver Teil der Gesellschaft[28)]. Bestenfalls kann es also Wahrheiten geben, die für eine bestimmte Gesellschaft, eine bestimmte Kultur, eine bestimmte Zeitepoche von Bedeutung sind. Traurig, dass unsere Wahrheit, unsere Art, das Phänomen der ‹Geisteskrankheiten›, das Phänomen der veränderten Bewusstseinszustände und des psychischen Leidens zu verstehen und damit umzugehen, unmenschlicher ist als diejenige anderer Kulturen. Was für mich übrigbleibt, um diese wichtige Problematik zu beurteilen, ist einzig und allein die Menschlichkeit.

Das medizinische Modell wurde nie bewiesen

Das medizinische Modell stützt sich auf eine Grundannahme, die noch nie auch nur annähernd bewiesen werden konnte, die Grundannahme nämlich, dass es sich bei psychischen ‹Störungen› um Krankheiten handle im medizinischen Sinn, um ‹Krankheiten› des menschlichen Gehirns. In einem treffenden Bild beschreibt Caspar Kulenkampff den andauernden Misserfolg der naturwissenschaftlichen ‹Schizophrenie›-Forschung: «Dabei hat der Elefant einer weltweiten biochemischen, anatomischen, genetischen und sonstigen naturwissenschaftlichen Forschung auf dem Gebiet der Ätiologie (Ursache der Krankheit; mr) von Schizophrenien bis heute nicht einmal eine Maus geboren.»[29)]

Auch Manfred Bleuler muss im ‹Lehrbuch der Psychiatrie› diesen Misserfolg zugeben: «Selbst mit den modernsten Techniken liessen sich keine körperlich erfassbaren Ursachen (der ‹Schizophrenien›; mr) auffinden;. . .Erbursachen, die unter allen Umständen zur Psychose führen, lassen sich ausschliessen (u. a. schon durch die Zwillingsforschung); . . .»[30)]

Für Freud verlor das medizinische Modell schon früh seine Gültigkeit

«Es liess sich nicht bezweifeln, dass Neurosen und Psychosen nicht durch eine scharfe Grenze getrennt waren, so wenig wie Gesundheit und Neurose, und es lag zu nahe, zur Erklärung der so rätselhaften psychotischen Phänomene die Einsichten heranzuziehen, die man an den bisher ebenso undurchsichtigen Neurosen gewonnen hatte . . . Die Überzeugung von der Einheit und Zusammengehörigkeit all der Störungen, die sich uns als neurotische und psychotische Phänomene kundgeben, setzt sich trotz allen Sträubens der Psychiater immer stärker durch. Man fängt an zu verstehen – vielleicht am besten in Amerika -, dass nur das psychoanalytische Studium der Neurosen die Vorbereitung für ein Verständnis der Psychosen ergeben kann, dass die Psychoananlyse dazu berufen ist, eine wissenschaftliche Psychiatrie der Zukunft zu ermöglichen, *die sich nicht mehr mit der Beschreibung sonderbarer Zustandsbilder, unbegreiflicher Abläufe und mit der Verfolgung des Einflusses grober anatomischer und toxischer Traumen auf den unserer Kenntnis unzugänglichen seelischen Apparat zu begnügen braucht.*» (Hervorhebung mr)[31)] Diese Sätze von Freud stammen aus dem 1924 entstandenen ‹Kurzen Abriss der Psychoanalyse›. Schon 1913 machte er ähnliche Aussagen. Vier Jahre später, in seinen ‹Vorlesungen zur Einführung in die Psychoanalyse›, formuliert er seine Ansicht so: «Sie haben aber gehört, dass die Begriffe, die wir im Studium der Übertragungsneurosen erworben haben, auch zur Orientierung in den praktisch so viel schwereren narzisstischen Neurosen ausreichen (Freud zählt dazu die ‹Erkrankungen›, die früher ‹Dementia praecox› und später ‹Schizophrenie› genannt wurden.mr). Die Gemeinsamkeiten gehen sehr weit; *es ist im Grunde dasselbe Erscheinungsgebiet.*» (Hervorhebung mr)[32] Freud war der Ansicht, dass Entstehung und Erscheinungsbild der ‹Psychosen›, wie der ‹Neurosen›, psychologisch erklärbar seien. Seine früh formulierte, aufgeschlossene Ansicht hatte leider kaum praktische Auswirkungen. Widerstand und Unverstand der Psychiater wurden damals von Freud noch unterschätzt. So beschränkt sich denn die Psychiatrie bis heute (neben der Anwendung ihrer repressiven ‹Behandlungs›-Methoden) im wesentlichen auf ‹die Beschreibung sonderbarer Zustandsbilder, unbegreiflicher Abläufe› . . .

Freud ging in seiner Ablehnung des medizinisch-psychiatrischen Denkens weiter als die heutigen Freudianer

Seine Idee, ‹Neurosen› und ‹Psychosen› nicht als etwas grundsätzlich verschiedenes zu betrachten, sie als dasselbe Erscheinungsgebiet zu bezeichnen, war der wichtige und bahnbrechende Schritt. Mit seiner Aussage, dass das psychoanalytische Studium der ‹Neurosen› auch zum Verständnis der ‹Psychosen› beitragen werde, löste er sich meiner Meinung nach endgültig von der konventionellen Psychiatrie und damit auch vom medizinischen Modell. Schon fast hämisch ist seine deutliche Distanzierung von der Psychiatrie. Wer mehr darüber wissen will, mit welch beissendem Spott Freud über das medizinische Denken der Psychiater hergefallen ist, dem sei die lustvoll zu lesende, 1926 entstandene Streitschrift ‹Die Frage der Laienanalyse›[33] empfohlen.

Es ist schon erstaunlich, dass bis heute kein Freudianer in seiner Distanzierung von der medizinisch-psychiatrischen Ideologie weiterging als Freud selbst. In Zürich sind die gesellschaftskritischen, ‹linken› Psychoanalytiker im ‹psychoanalytischen Seminar› zusammengeschlossen. Ihre mutigen Analysen und Kommentare zu den ‹Zürcherunruhen› der frühen 80er Jahre, oder ihre Überlegungen zu den psychologischen Auswirkungen der Atomkriegsgefahr sind wichtig und wurden weitherum beachtet. Diese Psychoanalytiker exponieren sich auch immer wieder mit fundierter Kritik am heutigen Strafvollzug. Doch eine klare und deutliche Stellungnahme von ihnen gegen die biologische Psychiatrie und das medizinische Modell ist bis heute ausgeblieben. Für einen überwiegenden Teil der Psychoananlytiker ist die Kritik an der Psychiatrie offenbar kein Thema. Es ist wohl leichter, als Psychoanalytiker Gesellschaftskritik zu üben, wenn dabei die prinzipielle Vorherrschaft der Medizin auf dem Gebiet des psychischen Leidens nicht angetastet wird. Dies vielleicht auch deshalb, weil die massgebenden Persönlichkeiten in diesem Kreis meist Ärzte sind. Möglicherweise sind sie heute noch stärker im medizinischen Denken verhaftet als der erstaunliche und mutige Freud schon vor so vielen Jahren.

Einzig Berthold Rotschild meldet sich immer wieder zum Wort und setzt sich engagiert für die Opfer der psychiatrischen ‹Behandlungen› ein; doch er tut dies immer als Psychiater, nie als Psychoanalytiker.

Ein sinnvolleres Modell für das Verständnis der ‹Schizophrenie›

Ende der 50er Jahre und Anfang der 60er Jahre entstand ein neues, bedeutendes Modell für das Verständnis und die Therapie der ‹Schizophrenien›. Dieses Modell kann als konsequente Anwendung der erwähnten Überlegungen von Freud über die Einheit und Zusammengehörigkeit der ‹neurotischen› und ‹psychotischen› Phänomene aufgefasst werden. Beteiligt bei der Ausarbeitung dieses neuen Verständnisses der ‹Schizophrenie› auf der Grundlage von Resultaten aus der Kommunikations- und Familienforschung waren vorwiegend Autoren aus den USA (Bateson, Haley, Jackson, Lidz, Wynn, sowie Laing)[34].

Es wurde untersucht, was an Familien, in denen ein Mitglied als ‹schizophren› ‹diagnostiziert› wurde, besonders auffällt; wie wurde mit dem ‹Kranken› umgegangen? Wie kommunizierten die Eltern mit dem späteren ‹Schizophrenen› vor seiner ‹Erkankung›? Gibt es eine Art, mit Kindern umzugehen, die ihnen keine andere Möglichkeit offenlässt, als mit ‹schizophrenen Symptomen› weiterzuleben? Die Antworten auf diese Fragen fielen überzeugend aus: Ja, bestimmte Beziehungsformen in der Familie können ‹Schizophrenie› auslösen. Zudem stellt, wie ich meine, diese Kommunikationsart sogar eine wesentliche Eigenheit unserer Gesellschaft dar. Sie findet nicht nur in ‹schizophrenogenen›, sondern auch in ‹normalen› Familien statt. Ob Menschen, die dies erleben, feststellbar ‹erkranken› oder nicht, hängt davon ab, wie stark und wie lange sie dies erleben müssen. Und die gleiche widersprüchliche, verwirrende Form der Kommunikation erleben die ‹Kranken› oft noch einmal in der ‹Behandlung› durch ihre Psychiater oder Psychotherapeuten.

Dieser familiendynamische Ansatz ist brauchbar. Jedes Aufdekken der Vorgänge, die zur ‹Erkrankung› führten, ist sinnvoll, alles, was dem ‹Patienten› hilft, seine Situation zu verstehen und/oder zu verändern, ist nützlich. Ob dies nun eine Erkenntnis ist, die eher psychoanalytisch tönt und auf den Betroffenen allein ausgerichtet ist, oder ob sie von der Familie als Ganzes ausgeht und damit etwas anders formuliert wird, spielt meiner Meinung nach keine wesentliche Rolle.

Widersprüchliche Botschaften verwirren

Eine für die Betroffenen lebenswichtige Person vermittelt ihnen gleichzeitig zwei sich widersprechende Botschaften. Typisch für heutige Eltern ist es, mit Körpersprache – Gesten, Gesichtsausdruck – das Gegenteil des Gesagten auszudrücken. Auch Schläge im Namen der elterlichen Liebe, brutale Strafen wie Einsperren in dunklen Räumen, Verweigerung von Mahlzeiten, begleitet von der fortwährenden Versicherung, alles geschehe zum Wohl des Kindes, sind keine Seltenheit. Welche der beiden Botschaften soll das Kind nun glauben, auf welche soll es reagieren. Was die Situation für das Kind so schwierig macht, ist seine Überzeugung, bestraft zu werden, wenn es ein elterliches Gebot missachtet. Wenn es aber auf seiner richtigen Wahrnehmung beharrt, wird es von den allmächtigen Eltern oft als nicht ‹normal›, als Lügner, als ‹Spinner› oder als ‹verrückt› bezeichnet; Eltern fahren in dieser Situation jeweils mit grobem Geschütz auf, denn – ihre Lebenslüge – die Tatsache, dass sie das Kind gar nicht so gern haben, wie sie das immer vorgeben, darf für sie ganz einfach nicht wahr sein. Dem Kind steht auf Grund des Machtgefälles gar keine andere Möglichkeit offen, als auf die Meinung der Eltern einzuschwenken. Es muss im Widerspruch mit seinen eigenen Wahrnehmungen leben; so sind es die Eltern, die bestimmen, was das Kind fühlt und wie es sich fühlt; es kann von da an seinem Urteil nie mehr vertrauen – wahrlich Grund genug, ‹verrückt› zu werden.

Diese Beziehungsform verwirrt und verunsichert vor allem dann, wenn Menschen anderen Menschen ausgeliefert und von ihnen abhängig sind. Nur wenn erfahren wurde, dass Leben und Überleben restlos vom Wohlwollen der anderen abhängt, kann dies zur Grundlage des späteren Ausbrechens einer ‹Schizophrenie› werden. Ein Kind, das in dieser Situation aufwächst, ist niemals in der Lage, ein sicheres Identitätsgefühl, ein Gefühl, wer es ist und werden möchte, aufzubauen; hilflos wird es mit der Zeit zum wehrlosen Opfer der äusseren Umstände und der eigenen unverstandenen Gefühle. Diese Abhängigkeit, dieses Ausgeliefert-Sein erfährt das Kind vor allem in der heutigen Kleinfamilie. Das müsste nicht so sein. Wenn Menschen in der näheren Umgebung leben würden, die nicht total in die Familienproblematik verstrickt wären, könnte das Kind sich besser orientieren; es könnte sich erkundigen, ob seine Wahrnehmungen wirklich so falsch sind, wie es ihm vielleicht die Mutter weismachen will. Langsam würde es so Vertrauen in seine eigenen Beobachtungen erlangen. Die einfachste Art, mit einer widersprüchlichen Situation fertigzuwerden, nämlich sich zurückzuziehen, den Kontakt mit den beteiligten Menschen zu meiden, steht dem seinen Eltern ausgelieferten Kind nicht offen. Die Kleinfamilie in ihrer heutigen Form schafft also Bedingungen, die das Ausbrechen einer ‹Schizophrenie› wesentlich begünstigen.

Gregory Bateson wies als erster auf diese widersprüchlichen Kommunikationsformen hin. Er nannte sie ‹double-bind› – auf Deutsch ‹Doppelbindung› oder ‹Beziehungsfalle› (der von Helm Stierlin geprägte Ausdruck ‹Beziehungsfalle› beschreibt die jeweilige Situation gut). Das Opfer ist wirklich wie in einer Falle gefangen; in welcher Richtung sich das ‹Wild› auch zu bewegen versucht, der verletzende und schmerzhafte Druck der Falle wird auf alle Fälle zunehmen und seinen Ausbruch verhindern. Bateson war Anthropologe und Ethnologe – es ist sicher kein Zufall, dass dieser neue und wesentliche Ansatz zum Verständnis des Phänomens ‹Schizophrenie› nicht von einem Psychiater stammte.

Natürlich beschränkt sich diese ‹verrückt›-machende Kommunikation nicht auf die Eltern-Kind-Beziehung; da wir alle einmal Kinder waren und damit aufwachsen mussten, gehört sie – leider – auch zur täglichen Problematik in Partnerschaften von Erwachsenen, wobei die Rolle des Stärkeren und diejenige des Opfers mehr oder weniger unverändert bleiben oder auch regelmässig wechseln kann. Es geht immer um die Erhaltung der Lebenslüge. Eltern und Partner fühlen in sich Regungen, die den bewussten Erwartungen und Zielen, die sie sich selber gestellt haben, überhaupt nicht entsprechen; sie möchten liebende Eltern und Partner sein: Das soll mann/frau doch sein, so lautet die Regel. Obschon all diese Liebe, all dieses Lieb-Sein erwünscht ist, obschon sich darin sehr viel echte Menschlichkeit zeigen kann, gehören auch entgegengesetzte Gefühle zum Menschen; wir fühlen uns auch von all diesem ‹Lieben-Müssen› eingeengt; wir möchten – auch – unbeschwerter, freier, nicht auf Jahre und Jahrzehnte gebunden, leben. Diese unerwünschten Gefühle werden oft verdrängt – eine mehr oder weniger bewusste Erinnerung aus der Kindheit sagt uns, dass sie strikt verboten sind. Damit sind jedoch diese Gefühle, die sich gegen den Partner richten, die ihn als Last, als Überforderung wahrnehmen, keineswegs verschwunden. In Gesten, im Tonfall, in der Körperhaltung, aber auch in unkontrollierten, ‹unverständlichen› Unmutsäusserungen kommen sie immer wieder zum Vorschein. Für diejenigen, die in ihrer Kindheit im Kontakt mit ihren Eltern dieses widersprüchliche Verhalten besonders intensiv erleiden mussten, kann die Wiederholung in der späteren Partnerschaft sehr wohl auslösend für das Ausbrechen einer ‹Schizophrenie› sein. Menschen treiben andere Menschen in den Wahnsinn, weil jene ihre eigenen Bedürfnisse verdrängen oder sich deren Durchsetzung – aus Angst vor möglichen unfreundlichen Reaktionen – nicht gestatten. Die eigenen Bedürfnisse in ihrer Widersprüchlichkeit wahrnehmen und – besonders – zu ihnen stehen, ist keineswegs einfach; verinnerlichte Verbote und Hemmungen aus der Kindheit verhindern dies oft: Doch diese Überlegungen können hilfreich sein; es ist wichtig zu wissen, dass wir gerade, indem wir unsere Gefühle nicht wahrnehmen oder sie zurückstellen, für unseren Partner zu einem riesigen Problem, ja sogar zu einer Gefahr werden. Wir meinen, dass das Zurückdrängen unserer Bedürfnisse dem Partner diene. Ausweichen vor der erwarteten und befürchteten Reaktion des Partners und Angst vor Bestrafung, wie sie unsere Kindheit bestimmte, sind die häufigen Gründe für dieses Verhalten. Es verbessert die Situation wesentlich, wenn man schon nur diese Schwierigkeiten vor sich selber zugeben kann. Wem dies gelingt, wer klar erkennt, dass seine Lebensweise eben nur eine Seite seiner Möglichkeiten, seiner Wünsche und Bedürfnisse berücksichtigt – meist diejenige, die den Erwartungen und den Normen seiner engen Bezugspersonen entspricht –, der wird in seiner Umgebung kaum mehr ‹Irr›-sinn auslösen. Dies ist der entscheidende Schritt. Danach kann mit der Zeit eventuell versucht werden, vorsichtig zu weiteren Teilen und Möglichkeiten der Persönlichkeit zu stehen – im Gespräch vorerst und da, wo dies sinnvoll erscheint, auch im Versuch, sie konkret zu erleben.

Auch Maria war das Opfer widersprüchlicher Botschaften

Ich komme in diesem Zusammenhang noch einmal auf Maria zurück. Sie wurde ‹missbraucht›. Sie diente der ‹liebevollen› Familie dazu, ihr eigenes, psychisches Gleichgewicht aufrechtzuerhalten. Mit ihrer Mutter hatte sie ähnliches erlebt. Es ging der Mutter oft schlecht, sie musste gepflegt werden. Maria sollte ihr beistehen und sie nie verlassen. Gleichzeitig erwartete die Mutter von ihr Erfolg in Schule und Beruf. Doch dann hätte die Tochter weniger Zeit für sie gehabt. Alle Versuche von Maria, sich in der Welt draussen einzurichten, versuchte die Mutter zu unterbinden. Dementsprechend verhinderte sie auch, wenn immer möglich, dass ihre Tochter sich mit Männern traf. Und wenn dies dennoch einmal geschah, verfolgte und beschattete sie das Paar. Die Mutter tat alles, dass Maria klein, abhängig und unsicher blieb, und gleichzeitig wäre sie gerne stolz gewesen auf eine erfolgreiche Tochter. Der Ausbruch der ‹Psychose› ereignete sich, als Maria in ihrer Pflegefamilie in Verhältnisse hineingeriet, die grosse Ähnlichkeit hatten mit der ehemaligen, schwierigen Situation bei ihrer Mutter. Maria sollte wiederum hilflos und abhängig bleiben. Den Wegzug eines früheren ‹Pfleglings› hatten die Mitglieder dieser Familie noch immer nicht überwunden. Maria sollte diese Lücke ausfüllen. Für alle möglichen Besucher sollte es dennoch deutlich werden, wie gut es ihr ging. Erneut war sie mit einem widersprüchlichen Verhalten von Menschen, die für sie wichtig waren, konfrontiert. Der Ausbruch des ‹Schubes› war deshalb verständlich und einfühlbar ... In der schwierigen Zeit, als ihre Verwirrung zu- und ihr Bezug zur Realität abnahmen, spielte sich eine aufschlussreiche Episode ab. Maria wurde wirklich pflegebedürftig, sie übertrieb die unausgesprochene Forderung nach Abhängigkeit und Hilflosigkeit, sie wurde gleichsam zum kleinen Kind, zum Säugling fast, sie ‹schiss› auf den Boden. Soviel Unselbständigkeit war für die betreuende Familie nun doch zuviel; sie verlangten vehement, dass Maria eingewiesen werde.

Von der ‹Narrenfreiheit› des ‹Psychotikers›

Der ‹Psychotiker› hat als Folge seiner ‹Diagnose› Nachteile und viel Leid zu ertragen; er kann sich aber Dinge leisten – nicht selten voll bewusst –, die einem ‹Normalen›, mit seiner Selbstkontrolle und seiner Scham, niemals möglich sind. Sogenanntes ‹Einkoten› ist ein ‹Symptom›, das auch in psychiatrischen Kliniken immer wieder vorkommt. Es kann dort ähnlich verstanden werden wie bei Maria. Das Verhalten der beschriebenen Pflegefamilie ist auch typisch für die Institution Psychiatrie: ‹Du sollst selbständig werden, du sollst arbeiten; doch ich traue dir das nicht zu, du brauchst meine Hilfe, du musst deshalb Psychopharmaka schlucken, ich muss dich einschliessen. Wenn du es nicht schaffst, selbständig zu werden, was ich dir ja gar nicht zutraue, dann hast du versagt.› Auch die ‹scheissenden› Klinik-‹PatientInnen› übertreiben die eine Forderung, hilflos zu sein; aber sie übertreiben so, dass es den Experten der ‹Geisteskrankheit› zu weit geht. Und mit ihrem Kot sagen die ‹PatientInnen› dem Personal deutlich: ‹Ich scheiss auf euch alle.› Im Unterschied zu der erwähnten Familie können die Kliniken ihre ‹PatientInnen› nicht abschieben.

Doch es ist heikel, Psychiater zu reizen. Es fällt ihnen leicht, den ‹Patienten› für sein Übertreten des Spielraums, den er in seiner Rolle als Klinikinsasse hat, zu bestrafen. Selbstverständlich wird dies nicht offen zugegeben. Das Einkoten gilt als massives ‹Symptom› der ‹Schizophrenie› oder allenfalls der ‹Manie› (als Episode einer weiteren ‹endogenen Psychose›, des ‹manisch-depressiven Irreseins› – auch ‹affektive› oder ‹zirkuläre Psychose› genannt), die mit Neuroleptika in höchsten Dosierungen angegangen werden. Diese ‹PatientInnen› werden so lange mit Psychopharmaka ‹behandelt›, bis sie richtiggehend flachliegen und ihnen ihr ‹Symptom› endgültig ausgetrieben ist. Zusätzlich zu den dreimal täglichen Injektionen eines äussert stark wirkenden Neuroleptikums (beispielsweise Haloperidol) werden im Rahmen der Spritzen-Dämmer-Kur noch höchste Mengen von dämpfenden Neuroleptika (Nozinan) und Tranquillizer gegeben, Mengen, die auch eine Kuh flachlegen würden . . .

Mystifizierung

Ronald D. Laing nennt das ‹verrückt›-machende Verhalten Mystifizierung[35)]. Mystifizierung und double bind sind verwandte Begriffe, beide drücken aus, dass das Opfer verwirrt wird, während ihm gleichzeitig die Möglichkeit, sich aus eigener Kraft aus dieser Situation zu befreien, verbaut ist. Der Unterschied besteht darin, dass dem Mystifizierten von seinen Eltern ein einziger Weg der Erfahrung und des Handelns offengelassen wird; dieses ‹richtige› Fühlen, Erleben und Handeln widerspricht jedoch den Gefühlen der betroffenen Menschen. Mystifizierung meint einen Umgang, bei dem auf die eigenen Erfahrungen in keiner Weise eingegangen wird, wobei gleichzeitig verhindert wird, dass die ganze Unstimmigkeit durch die Betroffenen aufgedeckt werden kann. Die Verwirrung wird auf eine Art und Weise ausgelöst, dass das Opfer der Situation gar nicht die Möglichkeit hat, seinen Zustand der Konfusion selber zu erkennen. Schon die Erkenntnis der Tatsache, verwirrt zu sein – als Reaktion auf den elterlichen Eingriff, würde einen riesigen Schritt in Richtung einer persönlichen Autonomie bedeuten, einen riesigen Schritt dahin, sein Leben, sein Schicksal früher oder später wirklich selber bestimmen zu können – unabhängig von ‹krank›-machenden Angehörigen oder Institutionen. Mystifizierung gibt es; es gibt Eltern, die alles besser wissen, die für das Kind entscheiden, ob etwas gut, schlecht, schön oder gesund sei. Es gibt die Eltern, die in diesen Dingen Druck aufsetzen, so stark, dass das Kind dann wirklich ‹glaubt›, dass ihm dies oder das gut tue, dass es wirklich müde sei, dass es sich wirklich schonen müsse, dass ihm die betreffende Kleidung wirklich gefalle ... Ja, dem mystifizierten Kind bleibt nichts anderes übrig, als zu ‹glauben›, dass die Schläge, die Verbote, das Eingesperrtsein im dunklen Keller wirklich zu seinem Besten geschehen. Eltern machen bekanntlich alles aus ‹Liebe›, bemühen sich darum, dass das Kind einmal sehr glücklich werde – auch wenn sie quälen und strafen. Das Kind hat sich zu fügen, es fürchtet den drohenden Liebesentzug; deshalb sind die Sieger in diesem Kampf im vornherein klar. Doch dieser Kampf hat für das Kind bis in sein erwachsenes Leben weitreichende Folgen. Es kann so niemals lernen, auf die eigenen Gefühle zu vertrauen, was in ihm selber vorgeht, muss es unterdrücken, darf es nicht wahrnehmen.

Mystifizierung kann nur stattfinden, weil Kinder auf ihre Eltern existentiell angewiesen sind, ausschliesslich ihnen ausgeliefert sind. Sobald weitere, vertraute Bezugspersonen leicht erreichbar sind, hat das Kind die Möglichkeit, andere, die Meinung der Eltern ergänzende Ansichten zu hören und zu erfragen. So fällt es ihm viel leichter, seinen eigenen Gefühlen und Meinungen zu vertrauen.

Diese Überlegungen ändern natürlich nichts am grundlegenden Bedürfnis von Kindern, Menschen um sich zu haben, auf die sie sich absolut verlassen können: Menschen, die sie akzeptieren, so wie sie sind, und ihnen echte Zuwendung und Zärtlichkeit geben, genau so, wie sie es nötig haben. *Die Erwachsenen sind für die Kinder da, keineswegs aber die Kinder für die Erwachsenen*: ‹Ich bin für dich da, wenn du nach mir verlangst; willst du dagegen in Ruhe gelassen werden, verschwinde ich.› So könnten Eltern eine sinnvolle Haltung ihrem Kind gegenüber etwa in Worte fassen ...

Mystifizierte sind wir alle in einem gewissen Mass; was uns von den ‹manifest Erkrankten› unterscheidet, ist nur das Ausmass der während unserer Kindheit erlittenen Mystifizierung. Die Eltern betreiben das betrübliche Spiel natürlich mit einem – ihnen nicht voll bewussten – Ziel. Sie wollen damit etwas erreichen, beispielsweise, dass sie das Kind in Ruhe lässt; das können sie und wollen sie aber nicht zugeben. Also wird ein Grund konstruiert, etwa dass das Kind ins Bett müsse, um sich zu erholen, obwohl es vielleicht noch hellwach ist. Das eigene Interesse der Eltern wird verleugnet.

Mystifizierte sind manipulierbar

Es ist kaum erstaunlich, dass Menschen, die als Kinder nicht einmal entscheiden konnten, ob sie nun müde waren oder nicht, als spätere Erwachsene dann nicht in der Lage sind, ihre eigenen Bedürfnisse und Wünsche wahrzunehmen. So lassen sie sich von den ‹Hohepriestern› unserer Konsum- und Leistungsgesellschaft willig manipulieren – oder sie werden ‹manifest psychotisch›. Der ‹manifeste Ausbruch› einer ‹Psychose› kann als Unglücksfall verstanden werden – die Erziehung zum manipulierbaren, modernen Staatsbürger ist etwas überbordet.

Der Mystifizierte zweifelt nicht nur und immer mehr an seinen Wahrnehmungen über seine eigene Person; auch seine Wahrnehmungen anderer werden zwangsläufig immer diffuser und verzerrter; seine Peiniger versteckten sich ja stets hinter einer undurchdringlichen Maske, zeigten nie ihre wahren Gefühle, widersprachen sich laufend; so ist auch klar, dass das Opfer mit der Zeit völlig unfähig wird, andere Menschen gefühlsmässig einzuschätzen. Und genauso wird es für den Mystifzierten unmöglich, die täglichen Botschaften der Medien, wie auch den Lehrstoff in Schule und Lehre kritisch zu hinterfragen und gefühlsmässig einzuordnen.

Freiheit, Freiwilligkeit und Offenheit als Ziel

‹Mystifizierend› und ‹doppelbindend› ist die bei uns weitverbreitete, ja geradezu typische Eigenart, nicht ehrlich und offen zu sein. Ein jeder versucht, sich wenn immer möglich als wohlmeinend, gutmeinend, hilfreich, lieb und freundlich darzustellen; wer gibt denn freiwillig eigennützige Interessen zu? Wer bekennt offen, dass er andere übervorteilen und ausnützen will? Doch all dies machen wir täglich und möchten dennoch vor dem anderen gut dastehen, von ihm geschätzt und geliebt werden. Das gilt für Partnerschaften und für Psychotherapien, im Grund gilt es immer, wenn Menschen zusammentreffen. Offenheit und Ehrlichkeit – auch auf das Risiko hin, zu verletzen – könnten beitragen zu einer ‹Gesundung› unserer Gesellschaft, zur Vermeidung der fortwährenden ‹Fabrikation› von Unsicherheit und ‹Wahnsinn›. Das Argument für Unehrlichkeit, dass man den anderen damit schonen wolle, ist ein Scheinargument; es ist nicht der andere, der damit geschont wird, sondern es ist der Unehrliche selber, der sich vor unzufriedenen Reaktionen schützt. Egoismus ist nicht ‹krank›-machend, hinter einer falschen, heuchlerischen Maske verborgener Egoismus dagegen ist es wohl. Die bis in die Tiefen der Persönlichkeit sich auswirkende Unsicherheit, in die die Unehrlichkeit des anderen einen stürzt, ist weit schwieriger zu ertragen und mit viel grösserem Leid verbunden als eine klare, direkte, wenn auch negative oder ablehnende Gefühlsäusserung. Sie bereitet klar begründbaren und verständlichen Schmerz, jene lässt das Opfer an sich und der Welt zweifeln, verhindert klare Erkenntnis über sich und die anderen und führt letztlich zu Orientierungsverlust.

‹Du bist verrückt› – ein Satz als Waffe

Das letzte und wirksamste Mittel gegen ein zu eigenständiges Kind (oder einen zu eigenständigen Partner) besteht darin, es als ‹geisteskrank› oder ‹verrückt› zu bezeichnen. Es wird vor allem dann eingesetzt, wenn sich Entwicklungen abzuspielen beginnen, die die Autorität und den Einflussbereich der Eltern einschränken: das Hineinwachsen in einen den Eltern nicht genehmen Freundeskreis, erste sexuelle Erfahrungen, Auszugspläne – sowie, in Partnerschaften, erste Emanzipationsversuche der Frau. Diese letzte und immer stechende ‹Trumpfkarte›, andere als ‹verrückt› zu bezeichnen, ist von der Gesellschaft zur Verfügung gestellt; sie ist erlernt. Für die Angst und bald einmal auch für die ‹Gewissheit›, ‹krank› zu sein oder zu ‹spinnen›, ist ein Mensch ganz besonders empfänglich, dem seit jeher die Fähigkeit, die eigenen Gefühle ‹richtig› wahrzunehmen, abgesprochen wurde.

Es ist keine Seltenheit, dass Kinder, oder Partner, die sich auf neue, unbekannte Wege hin bewegen, als ‹krank›, ‹ver-rückt› oder ‹schizophren› bezeichnet werden, oft mit der damit verbundenen Drohung, den Arzt einzuschalten. Solche Bemerkungen haben meist schwerwiegende Auswirkungen. Wer Neues wagen will, der ist zwangsläufig unsicher; er verlässt das ‹Bewährte›, er macht einen Schritt, den noch niemand in seiner Umgebung gewagt hat, einen Schritt, vor dem er wahrscheinlich gewarnt wurde; und dieser

Schritt wird ihn von seinen nächsten, bisherigen Kontaktpersonen trennen. Klar, dass er sich ängstigt, dass er unsicher ist und an sich zweifelt. Klar auch, dass in dieser Situation die Feststellung, er ‹spinne›, von ihm kaum kühl, sachlich und überlegt zurückgewiesen werden kann. In seiner Einsamkeit nimmt mancher bald die Meinung seiner Angehörigen und damit die Rolle des ‹Geisteskranken› an. Er ist dann nicht mehr so allein und hat wieder einen Platz in seiner Umgebung und in der Gesellschaft gefunden. Er ist nicht mehr verantwortlich für sich und kann wieder die anderen über den Inhalt und die ‹Richtigkeit› seiner eigenen Gefühle bestimmen lassen. Es erstaunt kaum, dass immer wieder Menschen ‹schizophren› werden.

Den anderen als ‹geisteskrank› zu bezeichnen, ist der entscheidende Vorgang, danach beginnt das Opfer langsam die Rolle des ‹Verrückten› anzunehmen und sich ‹echt› ‹krank› zu fühlen. (Eine Ausnahme von dieser Regel stellen nur die schweren psychischen ‹Störungen› bei Kleinkindern dar; doch auch ihre Entstehung kann psychogen verstanden werden. ‹Schizophrenie› im engeren Sinn ist eine ‹Krankheit› der Adoleszenz und des Erwachsenenalters; dies sind Altersstufen, in denen ein jeder den gesellschaftlichen Begriff der ‹Geisteskrankheit› schon kennengelernt und verinnerlicht hat.)

Psychiatrisierte Menschen haben praktisch keine Chance, sich gegen die Aussage ‹du bist und bleibst verrückt› zu wehren

Am Beispiel von Maria musste ich erleben, wie ungünstig sich die psychiatrische Etikettierung eines Menschen auswirkt. Nach ihrem ersten ‹Schub› litt sie sehr darunter, dass ihre ArbeitskollegInnen von ihrer früheren Hospitalisation wussten. Ein psychiatrisierter Mensch hat es besonders schwer, wenn er sich schlecht fühlt. Seine Umgebung reagiert darauf meist sehr ungünstig. Etwa wenn er sich etwas auffällig benimmt, wenn er ruhig wird, wenig sagt, sich zurückzieht, wenn er zerstreut ist, beginnen die ArbeitskollegInnen miteinander zu tuscheln: «Jetzt beginnt er wieder zu spinnen.» Seine verständliche Unsicherheit wird wesentlich gesteigert, wenn er errät, dass die anderen auf diese Weise über ihn reden oder gar über ihn lachen. Auf Fragen wird ihm dann natürlich gesagt, dass sie über etwas ganz anderes reden, dass sie keineswegs über ihn lachen würden. Es ist leicht nachzuvollziehen, dass diese Situation wahnhaft oder ‹paranoid› werden lässt; und auch die Entstehung von ‹Beziehungsideen›, wie die gelegentliche, unrichtige Überzeugung, ausgelacht zu werden, ist leicht verständlich.

Das allgemein bekannte ‹Wissen› über die psychiatrischen ‹Erkrankungen› isoliert diejenigen, die damit in Verbindung gebracht werden, von ihrer ‹normalen› Umgebung.

Vom Kunstgriff, den Schwachen, das Kind, zum Verantwortlichen für den ‹Gesundheits›-Zustand des Stärkeren zu machen

Eine weitere Verhaltensweise von Eltern wirkt oft ‹schizophrenogen›. Der Schwächere wird dabei zum Verantwortlichen des Gesundheitszustandes des Stärkeren gemacht. Häufig geschieht dies in der Beziehung zwischen Mutter und Kind. Die Entwicklung dieser Verhaltensweise ist verständlich: Kranke und kränkliche Kinder erhalten meist besondere Zuwendung von ihrer Mutter. Es hängt mit der gesellschaftlichen Stellung der Frauen zusammen, dass sie sich nicht selten noch als Erwachsene auf diese Weise vom Ehemann und eben auch von ihren eigenen Kindern die nötige Zuwendung holen. Diese Mütter benehmen sich, als wären sie noch immer Kinder, Kinder ihrer eigenen Kinder. Doch nötigenfalls kann die Mutter jederzeit die Rolle wechseln, kann die mütterliche Autorität beanspruchen. Denn, was immer geschieht, die Regie führen die Erwachsenen, diejenigen, die letztlich die Stärkeren sind. Die Kinder dagegen haben die Wahl nicht; für sie ist die den Moment bestimmende Rollenverteilung nichts anderes als die Wirklichkeit. Es gibt für sie also in kürzestem zeitlichem Abstand verschiedene Wirklichkeiten. Es ist schwierig, von Wirklichkeit zu Wirklichkeit zu pendeln. Kein Wunder, dass sie es sind, die verwirrt werden, dass sie es sind, die die Orientierung verlieren und letztlich ‹psychotisch› werden.

Durch subtile Veränderungen ihres Gesundheitszustandes kann eine Mutter das Kind steuern, alle seine eigenen Regungen verhindern. Oft handelt es sich um demonstratives psychisches Leiden, Verhalten, das die Möglichkeit der Einweisung der Mutter in eine psychiatrische Klinik heraufbeschwört: ‹irres› Benehmen, demonstrative Depressivität und Selbstmorddrohungen. Besonders schlimm wird es natürlich dann, wenn der befürchtete und immer wieder angekündigte ‹Zusammenbruch›, der Selbstmord, die Einweisung wirklich stattfinden. Die lebenslangen Selbstvorwürfe dieser Kinder sind oft riesengross: «Oh, hätte ich doch besser zu ihr geschaut und auf ihr Klagen besser geachtet; ich hätte sie ernster nehmen sollen!›

Mütter, die sich im beschriebenen Sinn verhalten, werden offensichtlich keineswegs von einem Bedürfnis nach echter Zuwendung geleitet; wenn das Kind sich bezogen und besorgt um die ‹kränkelnde› Mutter zu kümmern beginnt, wird es regelmässig abgewiesen oder zurückgestossen. Echt geäusserte Bedürfnisse, denen echt und gefühlsbezogen entgegengekommen werden kann, wären keineswegs ‹verrückt›-machend und führen auch zu keiner hilflos-symbiotischen Abhängigkeit. Aber diese Art der freien und freiwilligen Gefühlszuwendung sucht der ‹krank›-machende Elternteil gar nicht. Das Kind soll offensichtlich abhängig, verwirrt und hilflos sein.

Die eigenen Bedürfnisse, das eigene Leben, müssen diese Kinder aufgeben. Was dabei geschieht, ist eine reine Erhaltung der Funktionsfähigkeit der Mutter (oder des Vaters) und damit der Familie; seelisch verkrüppelte Menschen erhalten sich lebensfähig, indem sie andere Menschen verkrüppeln – traurig. Zu echtem Erleben sind nur Menschen fähig, die die freie Entfaltung ihrer Kinder (oder des Lebenspartners) ertragen, ja sogar freudig miterleben können.

Oft macht der ‹gesunde› Elternteil – meist der Vater – das Kind für die Verschlechterung des Zustandes der Mutter verantwortlich. Dies verstärkt die Mystifizierung und die schon ohnehin vorhandenen Schuldgefühle. Auch der Vater steht als möglicher Sündenbock da, auch mit ihm hat das Rollenverhalten der Mutter zu tun; er kann sich jedoch leichter wehren, und eben, es gibt noch Schwächere in der Familie; es fällt ihm leicht, sich reinzuwaschen; praktisch sind doch die Kinder, sie können einem vieles abnehmen, vieles erleichtern – dafür sind die doch da . . .!

Kinder aus diesen Familien werden entweder ‹manifest geisteskrank›, oder sie werden zu einigermassen angepassten, unauffälligen Bürgern, die leicht zu manipulieren sind – im Interesse der Macht – die leicht zu verführen sind zu hohler Ersatzbefriedigung durch die zur Verfügung gestellten Konsumgüter; allenfalls enden sie als Alkoholiker oder Tablettensüchtige. Süchtige, ‹Geisteskranke›, Kriminelle, sie gehören zum System, auf sie kann nicht verzichtet werden . . .

Die Angst vor dem ‹Wahnsinn› ist weit verbreitet

Nicht nur diejenigen, die als die Problem-‹Fälle› gelten, als die ‹Schwachen›, die ‹Kranken› in den Familien, befürchten oft, nahe daran zu sein, die Orientierung zu verlieren, ‹durchzudrehen› oder ‹wahnsinnig› zu werden. Diese Angst vor dem ‹Wahnsinn› ist weit verbreitet, in einem gewissen Ausmass ist sie Teil der Persönlichkeit der allermeisten Menschen. Strategien, das befürchtete ‹Durchdrehen› zu verhindern, werden dadurch oft weitgehend lebensbestimmend.

Wer um seine eigene psychische Funktionsfähigkeit kämpft, erträgt keine freien, selbständigen Partner um sich. Er braucht Menschen, die keine eigenen Bedürfnisse zu äussern wagen, Menschen, die jederzeit verfügbar sind – genau in der erwünschten Distanz und Intensität. Nähe auszuhalten, ist für ihn nur möglich, wenn er sicher ist, den anderen jederzeit auch wegschicken zu können. Was er braucht, sind nicht Beziehungen mit gleichberechtigten Menschen, er braucht Macht. Und Macht erringt sich selten ohne Kampf; sogar ein Kleinkind unterwirft sich nicht bedingungslos, ohne dass es zuvor, auf seine Art, die Erfüllung seiner eigenen Bedürfnisse gefordert hätte.

Der Verlierer dieses Kampfes um die Macht, über Nähe und Distanz, Verbindung oder Trennung zwischen zwei Menschen zu bestimmen, läuft Gefahr, psychisch ‹krank›, ‹psychotisch› oder ‹schizophren› zu werden.

Wenn dieser Kampf zwischen Eltern und ihren Kindern stattfindet, dann ist es selbstverständlich von Anfang an klar, wer siegen wird. Doch dieser Kampf kann auch zwischen alters- und entwicklungsmässig gleichgestellten stattfinden – zwischen Geschwistern und in Partnerschaften. Und, leider, findet dieser Kampf auch immer wieder zwischen PsychiaterInnen oder PsychotherapeutInnen und ihren ‹PatientInnen› statt; auch in diesem Kampf ist selbstverständlich die Position des Stärkeren, des Siegers von Anfang an klar.

Auch die Eltern sind Opfer

Die Tatsache, dass die Eltern oft die ‹verrückt›-machende Rolle innehaben, darf nicht übergangen werden. Und es ist wichtig, das Verbot, die Liebe der Eltern in Frage zu stellen, ein für alle Mal zu durchbrechen. Nur, wer dies schafft, wer sich nicht von der Erinnerung an die angedrohten Sanktionen blockieren lässt und sich von den mit Sicherheit eintretenden Schuldgefühlen nicht endgültig hemmen lässt, der hat eine Chance, wirklich zu sich selber zu kommen.

Und dennoch sind die Eltern nicht einfach böse; sie sollen nicht zu allschuldigen Sündenböcken hinaufstilisiert werden. Es braucht viel Kraft, einen eigenen Weg zu suchen; der gängige Weg ist vorgebahnt. Er führt beispielsweise für Frauen in die Ehe, in die Kleinfamilie, in die Verantwortlichkeit für Haushalt und Kinder. Klar, dass Eltern bei Mädchen weniger Gewicht auf eine gute Ausbildung legen, ihr Weg ist meist anders vorbestimmt als derjenige ihrer Brüder. Und so endet denn ihr Weg, der mit Verliebtheit und Liebe beginnt, oft in der Isoliertheit der Kleinfamilie und in finanzieller Abhängigkeit vom Ehemann. Diese Frauen möchten doch im Grunde auch jemand sein, sie möchten sich Anerkennung und Bestätigung in der Welt holen, wie ihre Ehemänner. Es ist kaum erstaunlich, dass ihr Unwille, den sie mit aller Kraft zu verdrängen versuchen, sich dennoch zeigt; und dieser Unwille trifft natürlicherweise die wehrlosen Kinder am härtesten. Kaum erstaunlich, dass sie ihre Kinder benützen, sie einmal distanziert behandeln, um sie kurz darauf mit Liebe zu überschwemmen, sie nie freilassen können und jeden Anflug von Autonomie im Keim ersticken. Ja, es gibt sie, die ‹schizophrenogenen› Mütter und Väter; doch auch sie sind Opfer, Opfer ihrer eigenen Eltern, Opfer unserer Gesellschaft, die die Entwicklung von freien und autonomen Menschen kaum zulässt. Es nützt also nichts, an Eltern herumzukritisieren, es nützt nichts, Eltern zu erziehen oder pädagogisch zu schulen. Sinnvoll wären Versuche, Grundsätzliches zu verändern: das Wohnen, die Arbeit, die Lebensbedingungen für Kinder, die Schule. (In seinem anregenden und interessanten Buch ‹bolo bolo› hat P.M. Voraussetzungen für eine überlebensfähige und lebenswertere Welt durchgedacht. Ivan Illich ist für die Abschaffung der öffentlichen Pflichtschule und hat wohlüberlegte Gegenmodelle der Bildungsvermittlung vorgeschlagen[36].)

Und wenn schon eine Ursache genannt werden muss für die fortwährende Produktion von Leiden, von Verwirrung, von ‹Schizophrenie› und Sucht, so muss demnach die Gesellschaft in ihrer heutigen Form erwähnt werden – die herr-schende Verteilung von Macht und Ohmacht bis in die Familien hinein. Dazu gehört auch die Tendenz, dieses System zu erhalten um jeden Preis, der harte Einsatz gegen alle Nonkonformen, seien das nun ‹Psychotiker›, Homosexuelle und Lesben, Kriminelle, Junkies oder auch ungehorsame, faule oder zu lebhafte Kinder.

Zum verhängnisvollen Mythos der ‹Vererbung› der ‹Geisteskrankheiten› und seinen Auswirkungen[37]

Die ohnehin schon schwierige Situation der späteren ‹PatientInnen› wird durch den als ‹allgemeingültiges Wissen› verbreiteten Mythos der ‹Vererbung› von ‹Geisteskrankheiten› noch weiter verschärft. Wem ist denn noch nie so ein Mensch begegnet? Ein Mensch, der ängstlich und unsicher ist, der sonderbar zurückhaltend auf Belastungen reagiert? Wir sehen seine Fähigkeiten, sein Wissen usw.; doch für ihn scheint dies alles nicht zu zählen, er glaubt ganz einfach nicht an seine Möglichkeiten und an seine Zukunft. Die Sache klärt sich, wenn wir in vertrauter Stunde das ‹Geständnis› hören. Häufig tönt es etwa so: «Weisst du? Meine Mutter ist ‹schizophren›, sie war schon verschiedene Male im ‹Burghölzli›; jetzt muss sie Medikamente nehmen, gerade gestern war sie wieder beim Psychiater zur Kontrolle, es geht ihr momentan wieder schlechter, was soll ich nur tun? Und weisst du, manchmal habe ich solche Angst, auch den ‹Verstand zu verlieren›, auch ‹schizophren› zu werden; Anzeichen für den möglichen Ausbruch einer ‹Psychose› habe ich bei mir schon öfter beobachten können ... Es ist schon schwierig, mit dem ‹Wissen› zu leben, dass die eigene Mutter ‹schizophren› ist; da hast du es schon sehr viel leichter als ich ...»

Die ‹Diagnose› ‹Schizophrenie› in der Verwandtschaft hat noch eine weitere schwerwiegende Auswirkung: Wer mit der Angst, aus erbbiologischen Gründen ‹geisteskrank› zu sein, zum Psychiater geht, der wird dort in seiner Unsicherheit vollumfänglich bestätigt. Ein guter Psychiater erhebt eine vollständige Anamnese; und dazu gehört es auch, nach ‹Erkrankungen› in der Familie zu fragen. Wenn der Experte von der ‹Schizophrenie› der Mutter hört, wird er mit Sicherheit seine Stirne in Falten legen: Das ist ja nun wirklich sehr bedenklich; die geschilderten ‹Symptome› erhalten so natürlich eine weitaus schwerwiegendere Bedeutung. Der Psychiater wird demzufolge – und er handelt dabei genau nach anerkanntem Fach-‹Wissen› – eher die ‹Diagnose› ‹Schizophrenie› stellen, er wird eher Psychopharmaka verordnen, er wird eher einweisen und von einer Psychotherapie abraten. Einmal mehr zeigt es sich, dass psychiatrisches ‹Wissen› praktisch identisch ist mit den Vorurteilen der Laien...

Doch das Dogma der ‹Veranlagung› wird weiterhin verteidigt

Cécile Ernst, Ärztin an der psychiatrischen Universitätsklinik in Zürich, stellt fest, dass Beweise für einen typischen familiären Hintergrund für die Entstehung der ‹Schizophrenie› fehlen würden. Ihr Artikel im ‹Tages-Anzeiger› vom 25.5.82 (S. 51) ist mit der Feststellung, ‹*Sündenbock ist keineswegs die Mutter*›, überschrieben. Sicher, Sündenböcke sollte es gar keine geben, leider haben wir schon allzu viele in unserer Gesellschaft.

Aus einer Arbeit über ‹Patienten› der psychiatrischen Klinik in Hannover entnimmt die Autorin, dass die Eltern ‹Schizophrener› im Laufe der Jahre von den Ärzten unterschiedlich beurteilt wurden: Die ‹dominante Mutter›, die 1967 bis 1969 in fast der Hälfte der Fälle erwähnt worden sei, sei später von der ‹überfürsorglichen Mutter› abgelöst worden, und der ‹leistungsorientierte Vater› habe von ⅓ der Fälle am Anfang der 70er Jahre auf 15% abgenommen. «Dieser Wechsel der ‹Moden› zeigt, wie stark die Elternbeurteilung den Charakter einer Projektion und wie wenig sie mit der Wirklichkeit zu tun hat.» Das ist ja gerade das Wesentliche: Psychiatrische Beurteilungen haben mit objektiver Wahrheit sehr wenig zu tun, sie beruhen vor allem auf den Grundannahmen der Untersucher. Aber: Die Art, wie Mütter und Väter mit ihren Kindern umgehen, die kann beobachtet werden, es braucht nur Zeit, Einfühlungsvermögen und psychologisches Verständnis dazu; Veranlagungen zu beobachten dagegen ist praktisch unmöglich. Besonders dann, wenn Veranlagung dort bewiesen werden soll, wo dieselben Personen – die Eltern -, die für die erbliche Übertragung wesentlich sind, durch direkten Kontakt den grössten Einfluss auf die späteren ‹Kranken› haben. Die Autorin ist anderer Ansicht; sie bleibt der Annahme der Veranlagung treu; schon in der Einleitung ihres Artikels stellt sie fest: «Ob ein Kind mit bleibender Ängstlichkeit oder mit Verwahrlosungszeichen, mit Suchtverhalten oder mit dem späteren Ausbruch einer Schizophrenie auf familiären Druck reagiert, und ob es überhaupt reagiert oder sich trotzdem zu einer relativ stabilen Persönlichkeit entwickelt, hängt weniger von der Art des Drucks als von *der Veranlagung des Kindes ab.*» (Hervorhebung original.)

«Aus englischen Untersuchungen an Schulkindern geht hervor, dass bei etwa einem Drittel der psychisch auffälligen Kinder sich die familiären Beziehungen *nicht* von denen bei gesunden Kontrollkindern unterscheiden.» (Hervorhebung original.) Dass ‹*nur*› zwei Drittel der Kinder aus grob gestörten Verhältnissen stammen, soll offenbar beweisen, dass ihre ‹Veranlagung› entscheidend sei für das Auftreten von bleibender Ängstlichkeit, Verwahrlosung, Suchtverhalten oder ‹Schizophrenie›. Also nicht nur die Entstehung der ‹Schizophrenie›, sondern auch diejenige von Ängstlichkeit, Verwahrlosung und Suchtverhalten sollen auf die ‹Veranlagung› der Kinder, das heisst auf ihre ‹erbliche Vorprägung›, zurückgehen.

Damit in Untersuchungen an Schulkindern familiäre Unterschiede zum Vorschein kommen, müssen sie schon sehr deutlich sein. Das oben beschriebene widersprüchliche, ‹verrückt›-machende Verhalten der Eltern kann sehr wohl in Verhältnissen vorkommen, die von aussen gesehen völlig harmonisch erscheinen. Da muss kein lautes Wort fallen, da können die allerbesten ‹Sitten› herrschen. Gerade bei uns, im Raum Zürich, lebt doch die im erschütternden Buch ‹Mars› von Fritz Zorn beschriebene Familie.[38)] Das Buch wurde sehr beachtet und zeigt auf, dass auch die ‹allerbesten› Verhältnisse sehr schwer zu ertragen und hochgradig ‹krank›-machend sein können. In einer Untersuchung hätte sich die Familie Zorn mit Sicherheit nicht ‹signifikant› von Familien mit ‹gesunden› Kindern unterschieden. Es ist demnach auch leicht, sich in die Entwicklung einzufühlen, wie Kinder aus Familien, wo keine Armut herrscht, wo der Vater nicht arbeitslos ist, wo niemand Alkohol oder Schmerzmittel ‹missbraucht›, und keine Scheidung droht, ‹schizophren› werden können. Und dennoch fördern die im vorangehenden Satz geschilderten Lebensumstände das Auftreten von psychischen ‹Erkrankungen›: Das Risiko, psychiatrisch zu ‹erkranken›, und ganz besonders das Risiko, für den Rest des Lebens ‹krank› zu bleiben, sind für den ärmeren Teil der Bevölkerung grösser.[39)] Und bei wohlhabenden ‹PatientInnen› werden schwerwiegende ‹Diagnosen›, wie ‹Schizophrenie›, zurückhaltender gestellt, da sich die Experten leichter in das Denken und die Ausdrucksweise ihrer eigenen sozialen Schicht einfühlen können. Wohlhabende haben auch häufiger die Chance einer ambulanten Psychotherapie, während die Ärmeren vermehrt hospitalisiert und medikamentös ‹behandelt› werden. Das Auftreten und die Behandlung von psychischen ‹Erkrankungen› in unserer Gesellschaft weisen auf eine Klassenproblematik hin. Diese Feststellungen brauchen jedoch Psychiater, die auf die ‹Veranlagung› als wichtige Ursache der Entstehung von psychischen ‹Störungen› und Auffälligkeiten hinweisen, nicht zu beunruhigen.

Die genetische Mitbedingtheit von ‹Schizophrenien› und weiterer psychischer ‹Störungen› sei durch Familien-, Zwillings- und Adoptionsstudien bewiesen. Dies die Ansicht der VertreterInnen der offiziellen anerkannten Psychiatrie. Doch während der Entwicklung dieser Kinder spielt die soziale Umgebung eine zentrale Rolle. Heimaufenthalte, die Lebenssituation eines Pflegekindes oder eines Adoptivkindes haben oft ungünstige Auswirkungen. Falls die neue Umgebung weiss, dass das Kind aus einer mit ‹Schizophrenie› (oder einer anderen psychischen ‹Krankheit›) belasteten Familie stammt, wird auch dies Folgen haben.[40)] Die Tatsache, eineiiger Zwilling zu sein, hat psychodynamische Auswirkungen auf die Entwicklung der eigenen Identität, was zum Auftreten von ‹schizophrenen Symptomen› führen kann.[41)]

Die Sorge um ihre ‹PatientInnen› hält Familien zusammen, die sonst auseinanderbrechen würden

Sicher, vordergründig gesehen, leiden Eltern unter der ‹Erkrankung› ihres Kindes; dieser Feststellung muss aber unbedingt beigefügt werden, dass – weniger bewusst – die Eltern und überhaupt alle Angehörigen oft eindeutig von der ‹Schizophrenie› des ‹Patienten› profitieren können. Wer auch nur kurze Zeit mit ‹PatientInnen› gearbeitet hat, die bei ihren Eltern wohnen oder noch regelmässigen Kontakt mit ihnen haben, erlebt doch etwas völlig anderes: Obschon natürlich ständig betont wird, wie sehr mann/frau sich Mühe gebe und alles unternehme, damit der ‹Kranke› möglichst schnell ‹gesund› werde, sind es oft die Eltern, die Fortschritte der Kinder, deren Zuwachs an Selbstsicherheit und Selbständigkeit, mit allen ihnen zugänglichen Mitteln sabotieren. Wenn in einer Familie ein psychisch ‹krankes› Kind lebt, dann handelt es sich um eine Situation, die sich deshalb über Jahre hin entwickeln konnte, weil sie der Familie als Ganzes gelegen kam. So ist es sehr wohl möglich, dass eine Mutter – oder auch ein Vater – wegen der ‹Sorge› um das ‹kranke› Kind eine im Grunde unerträgliche Lebenssituation erst zu bewältigen vermag. Der tägliche Wirbel um den ‹Patienten› lässt Mütter beispielsweise der Entscheidung ausweichen, ob sie eigene Wünsche – wie denjenigen nach beruflicher Bestätigung in der Öffentlichkeit – verwirklichen sollen, was ihre Ehe gefährden könnte. (Die Tatsache, dass ihre Frau in irgendeiner Form aus der Enge der Kleinfamilie ausbrechen will, wird von Ehemännern meistens sehr schlecht aufgenommen.)

Wer nur so in der Lage ist, eine sonst unerträgliche Lebenssituation zu bewältigen, der treibt sein Kind – oder auch andere nahe Bezugspersonen – in den ‹Wahnsinn›. Viele Familien wären schon lange auseinandergebrochen, wenn nicht die Sorge um das ‹kranke› Kind sie zusammenhalten würde; Eltern, die völlig zerstritten wären, verhelfen die Aufgabe der Betreuung des ‹Patienten› und die damit zusammenhängenden Gespräche zu einer für sie beide unproblematischen Gemeinsamkeit; Mütter finden in der Pflege des ‹behinderten› Kindes einen neuen ‹Lebenssinn›. Falls der ‹Patient› sich ansatzweise selbständiger und selbstsicherer zu verhalten beginnt, sich nicht mehr so willig pflegen und bemuttern lässt, ist das ‹bewährte›, im Laufe der Jahre entstandene familiäre Gleichgewicht gefährdet.

Die ‹Kranken›-Rolle

Kurzfristige Orientierungsverluste, bei denen die Betroffenen mehr oder weniger ‹ab-normal› erscheinen, sind häufig; sie werden jedoch oft vertuscht – vom Abweichenden selbst oder von seiner gutwilligen Umgebung. Entscheidend für den weiteren Verlauf sind vor allem die Tragfähigkeit des Milieus, die Haltung der wichtigsten Kontaktpersonen des potentiellen ‹Geistes-Kranken› – und auch die ‹Zufälligkeit›, ob ein Fachmann beigezogen wird oder nicht. Zudem ist es wichtig, ob Regelverletzungen kurzfristig und selten stattfinden oder ob das abweichende Verhalten dauernd klar ersichtlich ist.[42)] Deshalb leiten Verletzungen von allgemein gültigen Regeln nur in einer kleinen Minderheit der Fälle die ‹Karriere› eines ‹psychisch Kranken› ein.

Die von den ‹gesunden› Kontaktpersonen an den zukünftigen ‹Kranken› gerichtete Botschaft lautet ungefähr so: «Was du fühlst, denkst oder tust, das bist gar nicht du, das ist die ‹Krankheit› in dir, sie muss ‹behandelt› werden, dann kannst du wieder du selber sein, was uns freuen wird.» (Wie mensch sieht, sind wir gar nicht so weit vom mittelalterlichen Glauben an Besessenheitszustände entfernt.) Schwierig für einen verunsicherten und in seiner Verzweiflung besonders liebesbedürftigen Menschen, dieser Botschaft zu widerstehen (besonders wenn sie von den für ihn lebenswichtigen Eltern stammt). Die Übernahme der ‹Kranken›-Rolle ist in dieser Situation verlockend, ihre Ablehnung braucht sehr viel Kraft. Die Fortsetzung der ‹verrückt›-machenden Botschaft lautet dann klar und deutlich: «Wenn du dich willig und widerspruchslos in das Urteil, ‹geisteskrank› zu sein, fügst, können wir dich wieder gern haben – aber nur dann. Hingegen wenn du dich wehrst, wenn du gar darauf beharrst, selber über dich und dein Schicksal bestimmen zu wollen, dann existierst du für uns als Mensch gar nicht mehr, dann betrachten wir dich nicht mehr als Mitglied unserer Familie.»

Wer die ‹Kranken›-Rolle widerspruchslos übernommen hat, ist von da an vollständig fremdbestimmt. Dies bedeutet grosses Leid, wenn dies auch, verdeckt von der ‹Maske des Irrsinns›, nicht immer deutlich zu erkennen ist. Die eigenen Bedürfnisse fortlaufend zu unterdrücken, bedeutet Leiden; die deutlicher oder weniger direkt formulierten Gebote der ‹gesunden› Angehörigen zu missachten, bedeutet ebenfalls Leiden: völlige Auswegslosigkeit. Die drei Verhaltensmöglichkeiten, die in dieser Situation offenstehen, erscheinen alle als ‹ver-rückt›: 1. Das Opfer der Situation kann versuchen, so ruhig und besonnen wie möglich seinen eigenen Weg zu gehen, und wird dabei von seinen Eltern mit zunehmendem Druck als gestört oder ‹krank› bezeichnet werden ... 2. Es kann die ‹Kranken›-Rolle übernehmen und kontinuierlich spielen, oder 3. Es kommt zu einem ‹psychotischen› Ausbruch, einem verzweifelten Versuch, das Netz der ‹Mystifizierungen›, in denen dieser Mensch gefangen ist, zu durchbrechen – was natürlich von niemandem ernstgenommen und leicht als völlig ‹schizophren› bezeichnet werden kann. Nach der repressiven Unterdrückung des Ausbruchs mit Hilfe der heutigen Psychiatrie mit all ihren Möglichkeiten kommt es etwas später dennoch zur Übernahme der ‹Kranken›-Rolle. Die Psychiatrie verfestigt damit die ‹verückt›-machende Wirkung der Familie. Weitere eventuelle Ausbruchsversuche aus der ‹Kranken›-Rolle, sogenannte ‹akute Schübe›, werden dann erneut nach dem bewährten Muster beendet werden. Für die vierte und einzig sinnvolle Möglichkeit – nämlich das Verlassen des Elternhauses, verbunden mit dem Abbruch jeglichen Kontakts mit dem ‹krank›-machenden Milieu, fehlt meist die Kraft – kein Mensch kann gefühlsmässig völlig auf sich allein gestellt überleben. Es müsste eine neue, emotionell tragfähige Umgebung gefunden werden. Dies wird kaum je gelingen; denn zu der ‹krank›-machenden ‹Behandlung› durch die Familie gehört eben auch die Isolation des Opfers: Eifersüchtig haben die Angehörigen zu verhindern gewusst, dass engere Kontakte mit Kameraden oder gar eine Partnerschaft entstehen konnten. So ist denn die Isolation von ihrer Umgebung ein typisches Kennzeichen von Familien ‹Schizophrener›.

Tragfähige Beziehungen ausserhalb des engsten Familienkreises sind das wirksamste Mittel gegen ‹Mystifizierung›; nur so kann ihr ‹verrückt›-machender Effekt verhindert werden.

Die Bedeutung des ‹akuten, psychotischen Schubes›

Der intensiv mystifizierte Mensch – ob er nun bei seinen Eltern, mit anderen Menschen zusammen, oder in der Klinik lebt – ist in seiner Isolation gezwungen, sich immer vollständiger auf die Signale, Botschaften und Bestimmungen seiner Kontaktpersonen auszurichten. Der akute Ausbruch bedeutet eine vollständige Umkehr des Verhaltens des ‹Patienten›. Sein Verhalten im ‹Schub› macht jedem klar, dass da keineswegs die Erfüllung der Wünsche anderer angestrebt wird. Der ‹Schub› richtet sich deutlich *gegen* die näheren und bestimmenden Bezugspersonen des Opfers. Der ‹Schub› bedeutet aber nicht nur Revolte, er bedeutet auch Resignation; er signalisiert, dass der ‹Patient› die Hoffnung aufgegeben hat, je einmal zu erreichen, was von ihm verlangt wird. «Ich bemühe mich nun seit langem angestrengt, eure verwirrenden und widersprüchlichen Wünsche zu erfüllen; doch offenbar wird es mir nie gelingen, euch zufriedenzustellen; noch immer behandelt ihr mich als hilflos und krank; dies wird offensichtlich nie mehr ändern, ja es nimmt sogar laufend zu. *Ich gebe auf*; wenn es mir schon nicht gelingt, euch zufriedenzustellen, dann zeige ich euch, wie sehr ihr mich im Grunde ankotzt; die Zeit meiner Rücksichtnahme ist beendet, von jetzt an zeige ich mein wahres Gesicht.» So ungefähr könnte der ‹Patient› den Ausbruch des ‹Schubes› begründen.

Die ‹Wahn›-Vorstellungen von Maria drückten deutlich die reale – aber von ihr noch nicht klar erkannte – Situation aus

Die bereits mehrmals erwähnte Maria versuchte als Erwachsene, ihrer kranken, alleinstehenden Mutter beizustehen. Doch obwohl die Mutter Maria immer wieder zu sich rief, wehrte jene jedesmal die gutgemeinten Bemühungen der Tochter ab. Marias ‹Gewissheit›, dass sich in der Wohnung der Mutter Gift befinde, kann symbolisch erklärt werden: Der Einfluss der Mutter vergiftete sie, zersetzte ihr Selbstbewusstsein und ihre Orientierungs- und Handlungsfähigkeit.

Auch im Traum des ‹Gesunden› werden Inhalte dargestellt, die er bis zu diesem Zeitpunkt noch nicht bewusst zu denken und auszudrücken vermochte. Es besteht also kein prinzipieller Unterschied im Funktionieren des Unbewussten von ‹normalen› und ‹schizophrenen› Menschen. Die symbolische Aussage kann richtig verstanden, wesentlich dazu beitragen, die Gründe für die Verwirrung und die Mystifizierung zu erkennen. Verbunden mit der Mystifizierung besteht immer das Verbot, am guten Willen, an der Liebe der beteiligten Angehörigen auch nur im geringsten zu zweifeln. In symbolischer Form ist in Traum und Wahn die Erkenntnis dieser ‹entmystifizierenden› und damit ‹gesund›-machenden Tatsache bereits enthalten.

Es ist wichtig, mit dieser Symbolik vorsichtig umzugehen. Es ist niemals leicht, liebevolle Menschen, die frau/mann liebt und von denen er/sie sich abhängig fühlt, als ‹die Feinde und Peiniger› zu erkennen, die sie im Grunde auch sind. Und doch stellt genau diese Erkenntnis die Voraussetzung dafür dar, dass der ‹mystifizierte› Leidende je ein eigenständiges Leben führen kann...

‹Akute Schübe› und ‹chronische Phasen›

Der ‹Schub› – ein Versuch der Auflehnung – wird von der Umgebung des ‹Patienten›, wie auch von der Schulpsychiatrie, als typische Manifestation der ‹Schizophrenie› gedeutet. In der folgenden ruhigeren, ‹chronischen› Phase einigt sich dann die Familie mit ihrem Opfer, dass dieser Ausbruchsversuch das ‹Symptom› einer unheimlichen ‹Krankheit› war; sonst wäre nämlich das seelische Gleichgewicht der ‹Gesunden› in der Familie gefährdet. Falls der unterdrückte ‹Patient› nicht langfristig durch Psychopharmaka gedämpft ist, wird nach einiger Zeit ein erneuter Ausbruchsversuch, resp. ‹Schub› folgen. In den ‹chronischen› Phasen übernimmt der ‹Patient› die den übrigen Familienmitgliedern dienliche Ansicht, er sei während seiner ‹Schübe› schwer ‹krank› und nicht bei sich, und vetritt sie auch gegenüber anderen – schliesslich ist er auf das Wohlwollen seiner Angehörigen angewiesen: Ihm bleibt als einzige Form der Autonomie die zum Misserfolg verurteilte Äusserungsform der ‹akuten Psychose›.

Unsere Gesellschaft hat als Alternative zur ‹krank›-machenden Familie den ‹Schizophrenen› vor allem die ‹krank›-machende psychiatrische Klinik anzubieten; sinnvollere Möglichkeiten, wie kleinste, emotional tragfähige Wohngruppen, wo die Betroffenen, so wie sie sind, angenommen und als selbständige, selbstverantwortliche und gleichberechtigte Menschen aufgenommen würden – selbstverständlich ohne Einsatz von Psychopharmaka -, existieren bei uns kaum. (Die wenigen im Umfeld der psychiatrischen Klinik bestehenden Wohngruppen erfüllen die oben genannten Bedingungen kaum: Ihre BewohnerInnen sind psychiatrisierte, mit Neuroleptika ‹behandelte› Menschen, die von den Kliniken aus betreut werden.)

Die Erhaltung der bestehenden Machtverhältnisse als Ziel

Wer mystifizierend oder in der verwirrenden Art des double bind mit anderen Menschen umgeht, dessen Motiv ist vor allem die Erhaltung der bestehenden Situation. Nichts soll und darf verändert werden. Der ‹status quo› (Laing) soll um jeden Preis erhalten werden. Wem – obwohl im Besitz von äusserer Macht – gefühlsmässig das Wasser am Hals steht, der behauptet auf Grund seiner Stellung, seines Wissensvorsprungs, seines Alters, seiner Ausbildung, über die ‹wirklichen› Absichten der Gegenseite völlig im Bild zu sein; seinen ‹Widersachern› dagegen spricht er jede Fähigkeit zu klarer Reflexion und Einsicht ab, und vor allem gibt er nie sein einziges wahres Ziel zu – *die Erhaltung der eigenen Stellung und Macht.*

Es lohnt sich, aus dieser Sicht das Wirken der heutigen Schulpsychiatrie zu beleuchten; auch ihre wichtigste gesellschaftliche Funktion ist die Erhaltung des ‹status quo›. Was einem Menschen, der mit der Institution Psychiatrie in Kontakt gerät, geschieht, sind vorwiegend Situationen des double bind oder der Mystifizierung. Der frisch hospitalisierte ‹Patient› wird in Verwirrung und Konfusion gestürzt; unter dem nicht anzutastenden, ‹geheiligten› Leitmotiv der Besorgnis und wohltätigen ‹Be-Handlung› befindet er sich in einer Reihe von katastrophalsten Widersprüchen: ‹Wir wollen nur das Beste für dich; wir wollen, dass du selbständiger und weniger hilflos wirst (glauben aber selber gar nicht daran); wir vertrauen dir (bespitzeln dich dennoch); und vor allem wollen wir dich heilen›. Dies sind die verbalen und averbalen Botschaften, die an die ‹PatientInnen› gerichtet werden, und dann werden sie eingesperrt, bevormundet und gedemütigt; die geringfügigste Handlung wird ihnen vorgeschrieben, Anpassung und Gehorsam werden gewaltsam erzwungen. Schon dies würde genügen, um jegliche ‹Chronifizierungen› von ‹akuten Erkrankungen› und alle Verschlechterungen der ‹Zustandsbilder› und auch die Rückfälle zu erklären.

Psychopharmaka-‹Therapie› – extreme Form von double bind und Mystifizierung

Nachdem durch die Tatsache der Hospitalisierung das Vertrauen des ‹Patienten› in seine eigenen Wahrnehmungen und Gefühle noch weiter untergraben wurde (ähnlich schwierige Situationen musste er ja schon seit langem in seiner Familie erleben), verschärft die sofortige Gabe von Psychopharmaka seine unerfreuliche Lage massiv: ‹Wir wollen dir helfen, zu dir und zu deinen Gefühlen vorzustossen, eine eigene Identität aufzubauen›, behaupten ‹fortschrittliche› Psychiater und geben gleichzeitig dem ‹Patienten› Psychopharmaka (von Elektroschocks nicht zu reden), was erstens das Gefühl und die Angst des Opfers, ‹krank› zu sein, bestätigt und zweitens jegliche Gefühlswahrnehmung wegdämpft. Besonders gefährlich sind die sogenannten Neuroleptika (auf die ich später ausführlicher eingehen werde). Neuroleptika wirken direkt schädigend am Gehirn, sie unterdrücken die Gefühlswahrnehmung, verändern grundlegend die Persönlichkeit der ‹Kranken› und lassen sie abgestumpft und abgebaut erscheinen. Für den schon vor seinem ersten Kontakt mit der Psychiatrie an sich und seinen Gefühlen zweifelnden Menschen ist diese Medikamentenwirkung verheerend; er wird damit manipulierbar und *wirklich,* oft dauernd, auf fremde Hilfe angewiesen.

Die Gabe von Psychopharmaka zur ‹Behandlung› von psychischen ‹Störungen› erzeugt einen echten double bind. Einerseits wird vom ‹Patienten› eine ‹Besserung› seines Zustandes erwartet, ein Aufwachen aus Verwirrung und Orientierungsverlust, andererseits wird ihm deutlich gezeigt, dass dies ohne die ‹Hilfe› der Medikamente nicht gelingen kann. Der Rückfall nach Absetzen dieser ‹Behandlung› ist also vorprogrammiert – ein Rückfall in eine schwierigere Situation: Der Eingriff der Psychiater verwirrte zusätzlich, und die ursprüngliche, ‹verrückt›-machende Situation besteht unverändert weiter.

Nach der Einnahme der sein Gefühlsleben unterdrückenden Medikamente ist der ‹Patient› oft wieder in der Lage, den Ansprüchen seiner Umgebung – die ihn eben nicht als selbstsicheren, selbständigen Menschen und auch nicht als Rebellen akzeptieren will – zu genügen; er wird die ihm angedichteten Gefühle, Ängste und Hemmungen als die eigenen erkennen; und er wird sein Handeln, Leben und Fühlen wieder vollständig auf die anderen ausrichten, ohne dass sich seine eigenen Bedürfnisse und Wahrnehmungen störend einschalten können. Auf den ersten Blick mag die medikamentös vermittelte Beruhigung der Situation als eine Besserung erscheinen. In Wirklichkeit handelt es sich um eine *Pseudobesserung*.

Es ist sehr schwierig, eine Psychopharmaka-‹Behandlung› zu beenden. Neuroleptika-‹Behandlungen› bei ‹Schizophrenen› werden von vielen Ärzten von Anfang an als Dauermedikation geplant und durchgeführt. Falls es nun in diesem Stadium der Pseudobesserung ‹gewagt› wird, die Medikamente abzusetzen, wird vom ‹Patienten› natürlich weiterhin ‹Symptom›-Freiheit verlangt. Doch diese ‹Symptom›-Freiheit – die nicht anstossende Anpassung, die Ausrichtung seiner Handlungen auf die Erwartungen der anderen – konnte er nur unter dem Einfluss der medikamentösen Zwangsjacke erbringen. Wie sollte ihm, ohne die gefühlsunterdrückende Wirkung der Psychopharmaka, dieser ‹symptom›-freie Zustand möglich sein? Die Tatsache des ‹psychotischen› Ausbruchs hatte sehr deutlich – als Aufschrei – gezeigt, dass er so nicht mehr leben konnte. Nach der Hospitalisation und der Psychopharmaka-‹Behandlung› ist dies noch unwahrscheinlicher. So werden denn von den Psychiatern nach ‹Absetzversuchen› der Medikation schnell und fleissig Rückfälle ‹diagnostiziert›, was selbstverständlich als ‹Indikation› für die erneute Verabreichung von Psychopharmaka, meist in noch höherer Dosierung, gilt.

Auch PsychotherapeutInnen machen ‹krank›
Hilflose Helfer sind gefährlich

Nicht nur die Position der Psychiater ist grundlegend problematisch; dies gilt prinzipiell auch für diejenige der PsychotherapeutInnen. Sie gelten als fachlich kompetente Autoritäten und werden von den

KlientInnen dementsprechend wahrgenommen. Der Hilfesuchende ist überzeugt, dass etwas mit seinem Gefühlsleben, seiner Beziehungs- und Leistungsfähigkeit nicht stimmt. Vom Therapeuten als Experten wird erwartet, dass er entscheide, ob die Gefühle, das Erleben des Klienten in Ordnung seien. Die Voraussetzungen für Mystifizierung sind gegeben; die Gefahr ist gross, dass die Verwirrung und Unsicherheit, in der sich der Klient zu Beginn der Therapie befindet, nicht nur weiterbesteht, sondern sogar wesentlich vergrössert wird; dass ihm weiterhin, wie von seinen Eltern, die Fähigkeit abgesprochen wird, seine eigenen Gefühle und Bedürfnisse echt und richtig wahrzunehmen.

Auch TherapeutInnen haben Probleme, auch sie stehen in einem Leben, in Beziehungen drin, die sie nicht immer hinterfragen, weil Änderungen, das Neue, Angst machen; auch sie versuchen oft, den ‹status quo› um jeden Preis aufrechtzuerhalten. Doch PsychotherapeutInnen können eine echte Konfrontation mit Neuem, Fremdem, Abweichendem leicht vermeiden. Die mit der erworbenen, beruflichen Kompetenz verbundene Machtposition kann als Schutzwall vor unerwünschten Gefühlseindrücken eingesetzt werden. Viele Helfer sind im Grunde hilflos und ertragen den Kontakt mit anderen Menschen am besten im Rahmen ihrer beruflichen Tätigkeit. Der Begriff ‹die hilflosen Helfer› wurde erstmals von Wolfgang Schmidbauer in seinem bekannten Buch mit demselben Titel verwendet.[43)] Hilflose Helfer sind gefährlich. Mit ihrem – wie sie meinen – ‹aufopfernden› Einsatz schaffen sie oft grosses Leid.

Hilflose Helfer wollen dort helfen, wo sie selber Schwierigkeiten haben

Die Stellung des Helfers ist verlockend. Er kann sich die KlientInnen in genau die Stellung manipulieren, die für ihn ideal ist. Vor allem hat er nie ein gleichberechtigtes, gleichwertiges Gegenüber, das das Recht hat, Forderungen zu stellen und Wünsche zu äussern. Der Helfer hat die Möglichkeit, Nähe zu erleben auf eine Art, die überhaupt nicht bedrohlich ist. Er kann bestimmen, wie intensiv der Kontakt sein soll, er kann auch die Dauer des Beisammenseins festlegen, die Art und die Form der Kontakte ausserhalb der Praxis:

Sind Telefonanrufe erlaubt? Wenn ja, unter welchen Bedingungen? Und wenn er nicht mehr weiter weiss, wenn er doch an seine Grenzen stossen sollte, wenn ihm die Sache doch zu nahe wird, dann kann er mit Leichtigkeit als Experte aus überlegener Position den nächsten Schritt bestimmen. Er kann einen Psychiater beiziehen, die Einweisung einleiten oder das Ende der Therapie anordnen. Und er kann auch das Ende der Therapie – die Trennung – wissenschaftlich begründet verweigern. Der Helfer kann die KlientInnen Dinge ausprobieren lassen, im Leben draussen, die er selbst noch gar nicht gewagt hat; er kann sich gleichsam voyeuristisch mitbeteiligen. Es gibt hilflose Helfer, für die ihre intensivsten Erfahrungen, im Grunde ihr eigentliches Leben, in den Praxisräumen ablaufen. Die privaten Beziehungen des Helfers werden damit weniger wichtig (und weniger bedrohlich); er kann sich bei der ‹Arbeit› die ihm zuträgliche Nähe, die benötigte Zuwendung, exakt dosiert selber ‹verabreichen›. (Ganz ähnlich, wie sich der Süchtige sein Suchtmittel ‹verabreicht›: genau die Menge, die ihn sein Leben, seine Ängste, ertragen lässt. Die Ängste der Drogenabhängigen und diejenigen der hilflosen Helfer sind sich ähnlich: Für beide bedeutet der enge Kontakt, die menschliche Nähe, die grosse Bedrohung – und dennoch kennen sie die Sehnsucht nach Liebe und Geborgenheit.) Es besteht zusätzlich die Gefahr, dass sich der Helfer auch im privaten Bereich als der grosse Experte aufspielt, dass er vor allem analysiert und sich damit auch in Partnerschaften der gleichberechtigten Konfrontation mit Menschen entzieht.

Wenn verwirrte, unsichere Menschen zu ihnen kommen, Menschen, die sich erstmals zu öffnen versuchen, hat das Eingreifen der hilflosen Helfer oftmals betrübliche Folgen. So wie früher die Eltern unantastbar waren wegen ihrer Unentbehrlichkeit, so sind es nun die Helfer wegen ihres Fachwissens. Die ‹verrückt›-machende Situation aus der Kindheit wird von Hilfesuchenden in der therapeutischen Situation in verstärktem Ausmass wiedererlebt. Und beide, Eltern und Helfer, machen genau das, was für sie selber das Beste ist, sie nützen ihr ‹Opfer› aus – im Namen von Mitleid und liebender Menschlichkeit.

Nicht selten entwickelt sich – unterstützt vom Therapeuten – im Laufe der ‹Behandlung› eine zunehmende Isolierung des Klienten von seinen bisherigen Bezugspersonen. Dies dient vor allem den

Bedürfnissen des Therapeuten und fördert die ‹krank›-machende Auswirkung der ‹Behandlung›. Je isolierter der Klient lebt, um so mehr ist er von seinem Therapeuten abhängig und dazu gezwungen, mit allen ihm zur Verfügung stehenden Mitteln – oft unter Verleugnung seiner eigenen Persönlichkeit – um das Wohlwollen seines Gegenübers zu werben. Der bewusste Therapeut sollte der Verlokkung, durch eigene, gezielte Eingriffe die Isolation des Klienten noch weiter zu fördern, um jeden Preis vermeiden.

Die ‹Diagnose› schafft Distanz

ÄrztInnen, PsychiaterInnen und PsychotherapeutInnen haben es in ihrer gesellschaftlich anerkannten Position besonders leicht, mit Menschen auf die beschriebene Art umzugehen. Ihre Stellung als Experten ist gesichert, so wird ihnen ein weiteres Instrument ihrer Macht – die ‹Diagnose› – kritiklos abgenommen. Die ‹Diagnose› schafft Distanz, sie verhindert bedrohliche Nähe. Der Kontakt mit einem ‹Schizophrenen› ist doch etwas ganz anderes als derjenige mit einem ‹normalen› Menschen. Mit einem ‹Psychotiker› ist die Auseinandersetzung von Mensch zu Mensch unmöglich. Sein Leiden ist doch ‹endogener› Natur, es kann psychologisch gar nicht endgültig verstanden werden. Die Verordnung von Psychopharmaka schafft noch zusätzliche Distanz. So sonderbar das tönen mag: Die Psychiatrie und verwandte Berufe sind besonders geeignet für Menschen, die grosse Mühe haben, andere Menschen nahe an sich herankommen zu lassen.

Nur wer sich immer wieder, jeden Tag, jede Stunde, bewusst ist, was für Schäden er bei seinen ‹PatientInnen› und KlientInnen anrichten kann, ist in der Lage, einigermassen sinnvolle Arbeit als Psychotherapeut zu leisten. Wichtig ist, dass der Helfer seine eigene Bedürftigkeit und seine eigenen Ängste gut kennt. Wer ahnungslos, voll ungebremster ‹Menschenliebe›, auf seine Opfer losgeht, der wird die beschriebenen Fehler kaum vermeiden. Das Ziel ist nicht das Funktionieren in Abhängigkeit des Therapeuten, sondern die Autonomie der KlientInnen.

Absolute Freiwilligkeit ist die Voraussetzung für sinnvolle Psychotherapie

Es ist äusserst wichtig, richtig zu reagieren, wenn ein Klient die Therapie abbrechen will. Die Gefahr ist gross, dass der Therapeut die Trennung zu verhindern versteht; es ist für ihn leicht, dafür eine wissenschaftlich klingende Begründung zu finden, auch wenn es ihm wesentlich darum geht, diesen Menschen, dessen Zuwendung, Bewunderung er nicht verlieren will, weiter an sich zu binden.

Jede Form der Hilfe oder Therapie sollte auf vollständig freiwilliger Basis stattfinden. *Jede zwangsweise* Betreuung oder Therapie muss negative Folgen haben, wie menschlich die Experten auch immer argumentieren mögen.

Sinnvolle Psychotherapie ist in der psychiatrischen Klinik praktisch unmöglich

Bei hospitalisierten ‹PatientInnen› sind unter den Bedingungen, wie sie in den meisten Kliniken herrschen, sinnvolle Psychotherapieresultate praktisch ausgeschlossen. Die Stellung der TherapeutInnen dort ist widersprüchlich und unklar. Welche Interessen vertreten sie? Einzig sinnvoll wäre die ausschliessliche Vertretung der Interessen der KlientInnen; dies fällt im Rahmen einer Klinik ausser Betracht. Einerseits gehen Klinikpsychiater meist noch eindeutiger als die frei praktizierenden auf die Wünsche und Interessen der Angehörigen ein; andererseits wird in der Klinik auf den guten Ruf des Hauses geachtet, ein allfälliges Versagen am Arbeitsplatz, ein Suizidversuch eines ‹Patienten› darf nicht riskiert werden, weil dies dem Ansehen des Hauses schaden würde. So wird den ‹PatientInnen› oft verunmöglicht, ihre Ideen zu verwirklichen und bevorzugte Aktivitäten durchzuführen. Und zudem hat es der Therapeut in der Klinik fast ausschliesslich mit Menschen zu tun, die unter der Wirkung von Psychopharmaka stehen.

In der ungünstigen Umgebung der psychiatrischen Klinik wird der grösste Teil des Einsatzes von engagierten Menschen unwirksam

Wie steht es denn mit den vielen Menschen, die in unseren psychiatrischen Kliniken arbeiten? Sind sie alle hilflose Helfer? Geniessen sie alle ihre Macht? Es ist klar, dass es da viel guten Willen gibt, viele Leute, die sich echt engagiert einsetzen. Doch leider wird der grössere Teil dieses Einsatzes durch den Einfluss der ungünstigen Umgebung unwirksam. Mit der Zeit verändern sich diejenigen, die da arbeiten; der ‹ver-rückte› Ort, ‹ver-rückt› auch die dort arbeitenden Menschen. Die Verlockung, die in der Psychiatrie mögliche Macht auch wirklich auszuüben, ist beträchtlich. Um dies zu vermeiden, ziehen sich viele zurück. Dazu kommt der Druck der übermächtigen Institution, er ist für viele nicht zu ertragen. Auf die Dauer sind nur MitarbeiterInnen, die sich psychiatriekonform verhalten, toleriert und erwünscht. Ein grosser Teil der engagierten und menschlichen MitarbeiterInnen kapituliert deshalb nach ziemlich kurzer Zeit und gibt oft die Tätigkeit in der Psychiatrie für immer auf.

Um leben, um atmen zu können, brauchen Menschen die Gewissheit, sich aus engen Beziehungen zurückziehen zu können, ohne deshalb mit bedrohlichen Sanktionen rechnen zu müssen

Das Gefühl, engen Kontaktpersonen vollständig ausgeliefert zu sein – Voraussetzung für die Wirksamkeit von double bind und Mystifizierung –, kann objektiv bestehen oder auch ‹nur› subjektiv erlebt werden; bei Säuglingen entspricht es mit Sicherheit der Wirklichkeit, auch beim unfreiwilligen Klinik-‹Patienten› und beim Gefangenen. Daraus muss abgeleitet werden, dass mehr Freiheit und Freiwilligkeit in allen Beziehungen und Partnerschaften eine wichtige Voraussetzung für das weitere Zusammenleben in unserer Gesellschaft darstellt. Freiheit und Freiwilligkeit sind vor allem auch grundlegende Gebote für jede Form von Psychotherapien: Der Klient muss die Gewissheit haben, dass er jederzeit und ohne irgendwelche Sanktionen – und seien es ‹nur› diskriminierende ‹diagnostische› Überlegungen – das Recht hat, die Behandlung abzubrechen; dann, und nur dann, ist überhaupt ein sinnvolles Therapieresultat möglich... Von Behörden verordnete Psychotherapie, Therapie als Bedingung für die Erlassung einer Haftstrafe, aber auch Therapie beispielsweise unter dem Druck, dass nur so die Partnerschaft fortgeführt werden könne (ich bleibe bei dir, unter der Voraussetzung, dass du regelmässig zum Psychologen gehst; falls du die ‹Behandlung› unterbrichst, werde ich dich verlassen...), ist sinnlos; wobei natürlich eine unfreiwillige Therapie leichter zu ertragen ist als eine Haftstrafe. Dass ein Aufenthalt im Gefängnis oder Zuchthaus nur kontraproduktiv wirken kann – selbstverständlich auch, wenn dort Psychotherapie ermöglicht wird –, braucht nicht mehr weiter diskutiert zu werden.

Mit ihrer Arbeit stützen PsychotherapeutInnen das System, das letztlich für die ‹Störungen› verantwortlich ist, die sie ‹behandeln› – ein Teufelskreis

Bewusste und vorsichtige PsychotherapeutInnen können bei ihrer Tätigkeit die Klippe der manifest ‹krank›-machenden Wirkung vermeiden und ihren KlientInnen zu einem weniger von Hemmungen und Blockierungen belasteten Leben verhelfen. Doch – einen Vorwurf werden auch sie schlecht von sich weisen können: Mit ihrem therapeutischen Eingriff helfen sie mit, das ‹krank›-machende System in seiner heutigen Form zu erhalten. Menschen funktionieren wieder besser, Menschen werden wieder arbeitsfähig – Psychotherapie hält die ‹Maschine› in Gang. Somit werden in gewisser Weise auch diese bewussten TherapeutInnen zu Komplizen der Macht.

Und dennoch kann Psychotherapie sinnvoll sein

Wichtig ist, dass der Therapeut (die Therapeutin) sämtliche Allmachtsansprüche aufgibt und bescheiden seine Grenzen erkennt. Wichtig ist, dass er sich immer der Gefahr, seine KlientInnen zu mystifizieren, bewusst ist. Dazu gehört ganz wesentlich, dass er sehr vorsichtig ist mit Deutungen, dass er es bewusst vermeidet, als derjenige aufzutreten, der ganz genau weiss, was der Klient fühlt und erlebt. Es kann für den Therapeuten niemals sinnvoll sein, dieses Verhalten, das der Klient von seinen Eltern kennt, zu wiederholen. Der Therapeut muss dem ‹Angebot›, diese bestimmende Stellung im Leben eines Menschen einzunehmen, *bewusst* widerstehen; keiner ist nämlich dieser Versuchung gegenüber unempfindlich. Am besten ist es selbstverständlich, wenn der Klient selber herausfindet, was ihm bisher unbewusst war; je weniger der Therapeut dazutut, je sinnvoller und wirkungsvoller ist der Vorgang. Die wichtigste Erkenntnis, aus seiner ihm bis anhin unbewussten und nun aufzudekkenden Vergangenheit, bedeutet für den Klienten oft das Aufdekken der in der Kindheit durchgemachten Unterdrückung; dass er manipuliert, sein Wille gebrochen wurde, ohne Rücksicht auf seine eigenen Bedürfnisse. Der Klient kommt zu Beginn der ‹Behandlung› dem in seinen Augen allwissenden Experten oft mit dem Gefühl des persönlichen Minderwertes entgegen. Wenn er im Lauf der Therapie erleben und erfahren kann, dass nicht mystifizierende, gleichberechtigte Beziehungen möglich sind – Beziehungen, in denen kein ständiger Kampf stattfindet -, und wenn er dies mit der Zeit in seinem Privatleben wiedererleben kann, dann ist das wesentliche Ziel erreicht. In diesem Sinn könnte Psychotherapie sogar als revolutionär bezeichnet werden: Denn genau diese nicht mystifizierenden, kampflosen Beziehungen werden auch die kommende, befreite, klassenlose Gesellschaft auszeichnen – falls es sie je geben wird; eine Gesellschaft, in der dann auch die sinnvollste Psychotherapie überflüssig wäre. Doch eben – zu Euphorie besteht wahrlich kein Grund; die Gefahren, die mit der Psychotherapie verbunden sind, sind gross, kontraproduktive Auswirkungen kommen häufig vor. Für selbstkritische TherapeutInnen schlage ich demnach als Leitmotiv ihrer Tätigkeit vor, *nicht* zu schaden.

Wer ‹verrückt› macht, vermeidet Ablehnung und Trennung

Die Angst, für den anderen keine Bedeutung mehr zu haben und von ihm verlassen zu werden, dieser gefürchtete existentielle Schmerz, bringt den Menschen dazu, sich ‹verrückt›-machend zu verhalten. Kein Wunder, dass das Alter, in dem üblicherweise der Auszug aus dem Elternhaus fällig wäre, auch gerade typisch ist für den Beginn einer ‹Schizophrenie›. Das Verhalten der ‹Verrückt›-Machenden drückt gleichsam aus: «Lieber will ich ihn ‹krank› und hilflos, als von ihm verurteilt und endgültig verlassen zu werden.»

Die ‹Verrückt›-Machenden werden bestimmt von ihrer aus der Kindheit her erinnerten Angst vor dem totalen Orientierungsverlust – und genau in diese Orientierungslosigkeit treiben sie nun ihre Kinder und Partner.

Von der Angst der Mächtigen vor Orientierungsverlust

Auch das mystifizierende Verhalten der politisch Mächtigen kann so verstanden werden; auch sie versuchen, sich vor existentiell bedrohlichen Ängsten, vor psychischen ‹Störungen› zu schützen; auch sie sind schwach, auch sie entgingen in ihrem eigenen Elternhaus nur knapp der Gefahr, ihr Orientierungsvermögen zu verlieren; die Angst, dass dies nun doch noch eintreten könnte, verfolgt und bestimmt sie ihr Leben lang. Eigenständige, selbstsicher auftretende Menschen verunsichern sie. Auf Anzeichen von Widerstand reagieren sie deshalb äusserst empfindlich; grundsätzliche Ablehnung ihrer eigenen Person oder des Systems, das sie vertreten, ist für sie unerträglich. Für den gewaltsamen Umgang mit Systemgegnern, Normbrechern stehen ihnen die Polizei, die Gerichte und die Psychiatrie zur Verfügung. Diese Gewaltanwendung wird immer mit der Aussage verbunden, dass sie bedauerlicherweise unvermeidbar gewesen sei. Gewaltanwendung in dieser Form findet immer zum ‹Wohle› des Staates und seiner Bewohner statt. Die Eingriffe würden sogar den Opfern selber dienen, sie moralisch bessern – auf der Entzugsstation, in der Klinik oder im Gefängnis; es würde ihnen damit die Chance des sozialen Wiedereinstieges geboten.

Auch Mächtige sind schwach; nur etwas unterscheidet sie von ihren Widersachern: Sie haben Mittel in der Hand, deren Einsatz sie davor bewahren kann, dass ihre Schwäche auch äusserlich in Erscheinung tritt.

‹Verrückt›-machendes Verhalten hat mit Mord zu tun[44)]

Wer die äussere Macht besitzt, über das Leben anderer Menschen zu verfügen, der wird, je mehr er sich bedrängt fühlt, eine um so grössere Tendenz haben, sich seinem Opfer gegenüber ‹verrückt›-machend zu verhalten; so versuchen viele, sich ein manipulierbares, menschliches Gegenüber zu schaffen, das ihnen völlig ausgeliefert ist, das sie in jedem beliebigen Moment genau in diejenige Distanz befehligen oder manipulieren können, wie dies ihren aktuellen Bedürfnissen gerade entspricht. Wer sich extrem intensiv von menschlicher Nähe bedroht fühlt, dem können zur Beschwichtigung momentweise – auch wenn er die Macht zu ihrer fortwährenden Anwendung besitzt – die ‹Techniken› des ‹Mystifizierens›, des ‹Verrückt›-Machens nicht mehr genügen. So ist denn der nächstfolgende Schritt gar nicht so selten der Mord; viele Beispiele, vor allem die immer häufiger werdenden ‹Beziehungs›-Verbrechen und auch die immer wieder unterschätzte Zahl der Misshandlungen und Tötungen von Kindern durch ihre Eltern weisen darauf hin; die Opfer dieser Morde sind Menschen, die in den Augen der TäterInnen genau die Rechte auf Nähe (und gleichzeitig auch auf Autonomie) hatten, wovor sich diese so fürchten... Es gibt ungezählte, weitere Beispiele dafür, wie nahe ‹verrückt›-machendes Verhalten, Mystifizierung und double bind verwandt sind mit Mord; so besteht grosse Ähnlichkeit zwischen den Methoden der Gehirnwäsche, der Isolationshaft und der Todesstrafe, die zweifellos – obwohl jeweils im Namen des Gesetzes vollzogen – als Mord zu bezeichnen sind. Und auch die Ermordung der Psychiatrie-‹PatientInnen› im NS-Staat – auf die ich noch eingehen werde – kann so verstanden werden: Der Tod dieser leidenden Menschen, deren Zustand oft als unveränderlich erschien, musste viele Psychiater erleichtern. Wie dies für viele ‹Normale› gilt, ertragen sie die andauernde Konfrontation mit der ‹Behinderung› schlecht.

Wer die Entstehung der ‹Symptome› beim einzelnen versteht, kann sich auch in das Verhalten von Aussenseitergruppen einfühlen

Eine Parallele zur Tatsache, dass es den Psychiatern und Psychotherapeuten als Mächtigen so schwer fällt, den von ihnen Abhängigen Autonomie zuzugestehen, kann im Umgang der Behörden mit Randgruppen, beispielsweise mit der Jugendbewegung der frühen 80er Jahre, festgestellt werden. Das Verhalten der Macht drückt deutlich aus: ‹Unabhängigkeit, Autonomie, die Möglichkeit, selbständig eigene Ideen, eigene Lebensmöglichkeiten auszuprobieren – das darf nicht sein›. So blieb denn als einziges für viele jüngere Menschen – als verzweifelte und selbstzerstörerische Rache – die Störung des Funktionierens der Welt der Alten: Störungen des öffentlichen Verkehrs, Zertrümmern von Schaufenstern, Verschmieren der Fassaden von Banken. Selbstzerstörerisch – und einfühlbar – sind diese Handlungen; die ‹Täter› selber wissen nur zu gut, dass sie auf die Dauer dem gegen sie eingesetzten, für Ruhe und Ordnung, für die Erhaltung des ‹status quo› eintretenden staatlichen Apparat (Polizei, Gerichte, auch die Psychiatrie) niemals gewachsen sein werden. Wie die Handlungen des akut ‹psychotischen› ‹Patienten› sind auch die Taten der so Protestierenden symbolisch zu verstehen; sie drücken aus, dass sie der ganze etablierte Betrieb, das herrschende System, anwidert; sie sind aber auch ein Zeichen der Resignation, weil ihnen die Entlassung in die Selbständigkeit verweigert wurde und weil ihnen andererseits die von der Macht geforderte, kritiklose Eingliederung und Anpassung an die bestehenden Verhältnisse – aus innerster Not – nicht möglich ist. *So ist denn der Ausbruch der ‹bewegten› Jugend – genauso wie der Ausbruch des ‹Psychotikers› – mit Selbstmord vergleichbar; beides drückt Protest aus.* Als Folge der ständig zunehmenden Fremdbestimmung und Verhaltenskontrolle bleiben für viele Menschen in unserer Gesellschaft selbstzerstörerische Handlungen ganz offensichtlich als einzige Äusserungsformen ihrer Autonomie und Eigenständigkeit übrig.

Die Mechanismen, die dazu führen, dass einzelne in ihren Familien ‹psychotisch› oder ‹verrückt› werden, und die Gründe, die bewirken, dass Aussenseitergruppen verzweifelte Ausbrüche als Protest gegen die Herrschafts- und Machtverhältnisse in der staatlichen ‹Familie› unternehmen, sind also ähnlich; doch diese Ähnlichkeit geht noch weiter: Auch der Wechsel zwischen ‹akutem Schub› und ‹chronischem› Zustand im Schicksal des ‹Schizophrenen› kann in der Auseinandersetzung zwischen der staatlichen Macht und den jugendlichen Aussenseitern wiedererkannt werden. Die Phase der Proteste und ‹Krawalle›, die allein als störend und ‹krank› betrachtet wird, entspricht dem ‹akuten Schub›; die Zeit der Ruhe, der stillen Resignation, der Anpassung, in der die ehemals Aufsässigen ihre eigenständigen Aktivitäten ersatzlos aufgeben, entspricht der ‹chronischen Phase› – der Phase, in der die (staatliche) Familie wieder problemlos funktioniert. Während dieser Zeit wird vielleicht andeutungsweise von Vorschlägen zur ‹Verbesserung› der gesellschaftlichen Situation gesprochen; doch mit Sicherheit wird nichts Wesentliches unternommen werden: ‹Ruhe und Ordnung›, der ‹status quo› sind gesichert, das Ziel ist erreicht. Doch das Wissen vom möglichen Widersacher vergessen die etablierten ‹Normalen› nicht. Dieser potentielle Gegner ist nötig, damit auf ihn als Sündenbock die Gefahr, das Unerwünschte, das bedrohliche ‹Böse› aus der eigenen Seele projiziert werden kann. Die Gefängnisse dürfen auf keinen Fall leer werden; die vorgeschlagene, sehr sinnvolle Amnestie für die ‹Täter› der vergangenen unruhigen Zeit der Jugendkrawalle (die sich im guten Sinn hätte therapeutisch auswirken können) wurde bekämpft und vom schweizerischen Parlament abgelehnt. Nun denn – *der nächste Ausbruch oder ‹Schub› kommt bestimmt...*

Einseitige Machtverteilung

Es ist wesentlich, die Tatsache der einseitig verteilten Macht und ihre Auswirkungen nicht zu übersehen. Vor allem gilt dies für unseren Umgang mit sozialen Problemen, für jede Form der Verhaltenskontrolle, für die Manipulation von Menschen in Schule und Ausbildung und für jede Anwendung von staatlicher Gewalt. *Bedeutende und besonders wirkungsvolle Machtpositionen nehmen diejenigen ein, die verantwortlich sind für Auswahl und Präsentation der Information in den Massenmedien.* Jede Form von Macht hat Ähnlichkeit mit der Macht, die Eltern über ihre Kinder ausüben.

Wer Normen festlegt, der hat Macht

Der Mächtige hat die Möglichkeit, allgemeingültige Werte und Normen festzulegen. Selbstverständlich wird kaum jemand diese Möglichkeit gegen seine eigenen Interessen benutzen.

Wer an der Gesetzgebung mitarbeitet, ist in dieser Position, aber auch, wer wie Richter die geltenden Gesetze auslegt. Macht haben jene, die festlegen können, was dem allgemeinen Interesse dienlich sei. Dieses allgemeine Interesse gibt es zwar nicht. Es gibt das Interesse von einzelnen, einzelnen Gruppen oder sozialen Schichten; und dies kann sehr wohl im Gegensatz stehen zu Interessen von anderen Personen oder Gruppen. Was ist tolerierbar? Was wird verfolgt? Was wird psychiatrisch ‹behandelt'? Was bestraft? Wer auf diesem Gebiet ein wesentliches Wort zu sagen hat, der ist ein Mächtiger im Lande. Was ist die ‹normale› Art zu leben, zu lieben, zu arbeiten? Welche Suchtmittel sind legal? Welche illegal? Sollen KonsumentInnen dieser Suchtmittel in Ruhe gelassen, bestraft oder ‹behandelt› werden? Ist Homosexualität eine ‹normale› Beziehungsform? Muss sie bestraft oder ‹behandelt› werden? Muss um jeden Preis die Arbeitsfähigkeit wiederhergestellt, widerspruchslos die Rolle der Mutter und Hausfrau übernommen werden? Ist, um diese Ziele zu erreichen, eine medikamentöse ‹Behandlung› gerechtfertigt? Müssen Diebe verfolgt werden? (Oder kann mensch vielleicht Diebe laufenlassen, wenn sie nur dort stehlen, wo ohnehin schon viel zu viel vorhanden ist?) Müssen diejenigen, die sich mit Jugendlichen sexuell einlassen, bestraft oder gar ‹behandelt› werden, oder kann mensch sie in Ruhe lassen? Ist es denn sinnvoll, dass immer mehr produziert wird in unserer Gesellschaft? Ist es sinnvoll, dass die Arbeit und Arbeitsfähigkeit an einer ‹vollen› Stelle als ‹normal› angeschaut wird? Diese Fragen lassen nur *subjektive* Antworten zu. Es gibt da nicht einfach richtige und falsche Antworten; die absolute Wahrheit, diejenige, die der menschlichen Natur an und für sich entspricht, existiert *nicht.* Die Entscheidungsbefugten werden diese Fragen immer in ihrem eigenen Interesse beantworten, so wie es für sie, für ihr persönliches Leben, für die Erhaltung ihrer gesellschaftlichen Stellung, am besten ist... Gelten die ‹Täter› aus der Zeit der Jugendkrawalle als ‹gestört› und ‹krank›, sind demzufolge Psychiater für dieses Problem zuständig? Sind sie ‹gewöhnliche› Kriminelle, zu verfolgen und zu bestrafen durch Polizei und Gerichte? Oder wird ihr Verhalten als verständliche Folge einer verfehlten Jugendpolitik betrachtet? Wichtig und mächtig, wer diese Fragen ‹endgültig› beantworten kann.

Über Selbstmordversuche, Selbstmorde und ihre Pathologisierung durch die Psychiatrie

Selbstmord als Anklage und Revolte

Der Selbstmord bedeutet neben Resignation auch Protest und Revolte – er ist damit vergleichbar mit dem akuten Schub einer ‹Psychose›. Was immer er sonst bedeutet – der Entscheid, sich selber umzubringen, richtet sich im Grunde gegen die Menschen, die eng mit dem Selbstmörder verbunden sind; dazu gehören Angehörige, aber auch PsychiaterInnen und TherapeutInnen. Wer mit seinem Leben, mit seinen Zukunftsaussichten auch nur einigermassen zufrieden ist, der bringt sich nicht um. Die Bezugspersonen wollen offensichtlich in dieser Gesellschaft weiterleben. Ihre Ablehnung der herrschenden Situation kann niemals so weit gehen, wie dies die Handlung des Selbstmörders zum Ausdruck bringt, sie sehen noch Möglichkeiten, sich zu arrangieren – wie auch immer.

In diesem Signal der Anklage und Revolte sehe ich den wesentlichen Grund, dass Menschen, die ernsthafte Selbstmordversuche begangen oder angekündigt haben, in unserer Gesellschaft wie Schwerverbrecher und schwerst ‹Geisteskranke› behandelt werden. Der Entscheid, sich selber umzubringen, sagt aus: «Unter den herrschenden Bedingungen will ich nicht mehr leben.» Mehr noch: «Ich sehe auch keine Möglichkeit, je einmal in Zukunft einigermassen zufrieden leben zu können.» Und Selbstmord bedeutet zudem eine grundsätzliche Absage an sämtliche Institutionen – *und ihre Vertreter* –, die sich mit menschlichem Leiden befassen. Wer vertrauensvoll daran glaubt, dass ihm der Psychiater mit seinem Wissen und seinen Methoden über seine ausschliesslich individuell zu verstehende, schwierige Situation hinweghelfen wird, der braucht sich nicht umzubringen; der kann sein Schicksal hoffnungsvoll und getrost in die Hände des sachkundigen Experten legen. Doch die hohen Selbstmordzahlen in der Schweiz und der übrigen ‹zivilisierten› Welt sprechen eine deutliche Sprache.

Professionelle Helfer ertragen offensichtlich Ablehnung schlecht. Sie haben die Möglichkeit, wissenschaftlich-‹diagnostisch› abgestützt mit therapeutischer Repression zu reagieren. So wird es verständlich, wieso Menschen, die Selbstmordversuche begangen haben, wie Aussätzige behandelt werden; jedes Mittel scheint gut genug, um diese Menschen zu demütigen. Im Kantonsspital Zürich wurden sie beispielsweise noch bis vor wenigen Jahren sicherheitshalber im ‹Glashaus› ‹aufbewahrt›: Über dem Bett befand sich ein vom ‹Patient› nicht zu öffnender, durchsichtiger, gewölbter Deckel, der es ihm unmöglich machte, ohne fremde Hilfe das Bett zu verlassen. Die Fixierung ans Bett durch einen breiten Gurt in psychiatrischen Kliniken – nach Selbstmordversuchen wird häufig eingewiesen – muss dagegen schon fast als ‹harmlos› bezeichnet werden. Auf die hochgradig isolierende, mystifizierende, unselbständig- und damit ‹verrückt›-machende Wirkung dieser Methoden muss kaum mehr hingewiesen werden. Heute ist das ‹Glashaus› im Kantonsspital nur noch ausnahmsweise im Einsatz. Dafür werden Selbstmordgefährdete möglichst rasch in eine psychiatrische Klinik verlegt.

Selbstmord bedeutet Revolte, und Revolte darf nicht sein! Wer akzeptiert, dass es für einen ‹normalen› Menschen hier und jetzt respektable und einfühlbare Gründe geben kann, seinem Leben aus eigenem Entschluss ein Ende zu setzen, der muss doch auch sich selbst die Frage nach der allfälligen Berechtigung eines Suizides stellen; damit kann er nicht mehr alles, was ihn im eigenen Leben bedrängt und ängstigt, auf die psychisch ‹Kranken› und andere Aussenseiter projizieren und aus deren ‹hilfreichen› und ‹liebevollen› Unterdrückung die Kraft fürs eigene un-‹gestörte› Funktionieren gewinnen.

Auch mit einer ‹suizidalen Patientin› ist ein Gespräch möglich

Ich erinnere mich in diesem Zusammenhang an einen Vorfall, den ich in meiner damaligen Funktion als psychiatrischer Berater (sogenannter ‹Konsiliarius›) eines Kantonsspitals erlebte: Ohne nähere Angaben wurde ich ins Zimmer einer Frau gerufen, klar war nur, dass die Sache sehr dringend war. Diese Frau war nach einem Selbstmordversuch eingewiesen worden. In einem unbeobachteten Moment war sie ans offene Fenster getreten. Ich sollte offenbar das Schlimmste verhindern. Im Gespräch stellte sich heraus, dass sie ganz einfach Lust auf frische Luft und den Ausblick in die sonnige

Umgebung gehabt hatte. Niemand war auf die Idee gekommen, mit der Frau zu reden. Das Klinikpersonal hatte reagiert, als sei jemand, der einen Selbstmordversuch hinter sich hat, etwas Fremdes, ‹Irres› und Bedrohliches – jedenfalls kein Mensch, wie es sich selber versteht.

Eine andere Reaktion des Personals wäre in einer ähnlichen Situation – vor allem in einer psychiatrischen Klinik – auch möglich gewesen: Eilig herbeigerufene kräftige Pfleger hätten die Frau mit Gewalt ans Bett fixiert und mit einer Spritze ‹beruhigt› – wobei niemand bemerkt hätte, dass sie gar nicht erregt war; allfälliger, begreiflicher Widerstand wäre als Ausdruck der uneinfühlbaren ‹Krankhaftigkeit› der ‹Patientin› interpretiert worden...

Die Meinung prominenter Selbstmord-‹Spezialisten›

«Selbstverständlich kann es unter menschlichen Extremsituationen (z.B. politischer oder rassischer Verfolgung) Suizidhandlungen geben, die einer mehr oder weniger freien Willensentscheidung entspringen. In der Regel wird aber nur ein kleiner Teil jener Menschen, die in einer absolut hoffnungslosen Situation sind, tatsächlich Selbstmord begehen. Auch die sog. ‹parasuizidale Geste (gemeint ist der ‹appellative›, ungefährliche Selbstmordversuch; mr), die als Appellfunktion interpretiert wird, muss als Symptom einer abnormen Entwicklung aufgefasst werden. *Damit steht heute fest, dass unter ‹normalen› Umweltbedingungen jeder Mensch, der eine suizidale oder parasuizidale Handlung begeht, an einer seelischen Störung oder Krankheit leidet.*»

Diese Sätze stehen in «Erscheinungsformen der Depression» (Programmed Verlag, Zürich)[45]. Prof. Kielholz, der kürzlich zurückgetretene, langjährige Direktor der psychiatrischen Universitätsklinik Basel und PD. Dr. M. Gastpar, Oberarzt, haben den Text durchgesehen und inhaltlich abgestimmt. Prof. Pöldinger, dessen Ansichten im obenstehenden Zitat zum Ausdruck kommen, ist Nachfolger von Kielholz als Chefarzt der Friedmatt in Basel. Beide Professoren sind international anerkannte Depressionsspezialisten. Pöldinger ist zudem Präsident der ‹Internationalen Vereinigung für Selbstmordprophylaxe›.

Psychisches Leiden darf nichts mit der gesellschaftlichen Situation zu tun haben. Die Verteidigung dieser Grundposition ist wichtige Aufgabe der Psychiatrie. Menschen, die unter den heutigen, ‹normalen› Umweltbedingungen Selbstmorde oder Selbstmordversuche begehen, sind demzufolge psychisch ‹krank›.

‹Menschliche Extremsituationen› wie ‹politische oder rassische Verfolgung› mögen allenfalls Grund für ‹Suizidhandlungen geben, die einer mehr oder weniger freien Willensentscheidung entspringen› – doch unter den bei uns herrschenden ‹normalen Umweltbedingungen› kommen nur seelisch ‹Gestörte› oder ‹Kranke› auf solche Gedanken. Dementsprechend beweist die grosse Zahl der Selbstmorde in unseren Gefängnissen (Sicherheitshaft!) nichts anderes als die ‹Krankhaftigkeit› der betreffenden Kriminellen.

Über die ‹bizarren› und ‹heroischen› Selbstmorde der ‹Psychotiker›

Es wird weiter in der erwähnten Publikation festgehalten, welche psychiatrischen ‹Erkrankungen› am ehesten mit der Durchführung von suizidalen oder parasuizidalen Handlungen verbunden sind[46]. An erster Stelle werden ‹depressive Zustandsbilder› genannt, gefolgt von der ‹Abhängigkeit von Alkohol, Medikamenten und Rauschgift›; zudem ‹psychopathische› und ‹neurotische Entwicklungen›, ‹schizophrene Psychosen (mit unerwarteten, bizarren, bisweilen heroischen Selbstmorden)› und ‹organische Hirnerkrankungen›.

Die Beschreibung der Selbstmorde von ‹Schizophrenen› als ‹unerwartet, bizarr, bisweilen heroisch›, stellt ein deutliches Beispiel für das Fehlen jeglichen Einfühlungsvermögens der Psychiater dar. Hier zeigt sich etwas Grundsätzliches in ihrer Haltung ‹schizophrenen› Menschen gegenüber. Schon nur die Tatsache, als ‹schizophren› zu gelten, als ‹schizophren› ‹behandelt› zu werden, muss doch grosses Leid bedeuten. Es ist sehr leicht zu verstehen, dass ein Mensch in dieser Lebenssituation die Freude am Leben, die Lust und den Antrieb, weiterzuleben, verlieren kann. Er hat praktisch keine Möglichkeit mehr, ernstgenommen zu werden; alles, was er sagt und tut, kann als ‹Symptom› seiner ‹Krankheit› aufgefasst werden. Dass dann, als allerletzter Versuch einer eigenständigen Handlung, die ernstgenommen werden muss, der Selbstmord wirklich durchgeführt wird, braucht nicht zu erstaunen. Der Aufenthalt in der psychiatrischen Klinik verstärkt diese Tendenz noch wesentlich. Unter den Insassen der geschlossenen Abteilungen unserer psychiatrischen Kliniken sind zum grossen Teil schwere ‹Schizophrenien› zu finden. Und diese Menschen haben guten Grund, an ihrer Zukunft zu zweifeln, zu resignieren. Zudem werden sie unter Kontrolle gehalten, sie dürfen unbeaufsichtigt kaum einen Schritt machen. Es ist verständlich, dass in dieser Situation die Idee des Selbstmordes sehr wichtig werden kann; sie muss doch dem Eingesperrten zeitweise als die einzige noch mögliche individuelle Handlung erscheinen. Und plötzlich eilt es dann sehr: Die Tür ist vielleicht für einen kurzen Moment offengeblieben, der ‹Patient› konnte sich hinausstehlen – der Entschluss zum Selbstmord war schon lange gefasst. Klinik-‹PatientInnen› sind niemals längere Zeit unkontrolliert. Wenn sie ausbrechen, müssen sie damit rechnen, dass sie gesucht und verfolgt werden. Auch dies zwingt zur Eile. Und ein Klinik-Insasse weiss genau, was mit ihm nach einer allfälligen Rettung geschehen wird. Sein Selbstmordversuch wird als Verschlechterung seines Zustandes betrachtet, er wird also vermehrt Medikamente erhalten, oft eine Dämmerkur, eine Neuroleptika-Spritzenkur. Und wenn der bewachte Insasse gar wegrennen muss, weil sogar beim Spaziergang eine Schwester oder ein Pfleger bei ihm sind, da muss er doch einfach schnell sterben, der Sprung unter ein Auto, unter den Zug oder von der Mauer ist verständlich. Für den Psychiater bedeutet diese ‹bizarre› Handlung jedoch die Bestätigung der ‹Diagnose›.

‹Schizophrene›, die hoch dosiert Neuroleptika erhalten, begehen vermehrt Selbstmord

Wer als ‹schizophren› gilt, erhält in einer psychiatrischen Klinik mit Sicherheit Neuroleptika. Neuroleptika dämpfen das Gefühlserleben, machen apathisch. Selbstverständlich nimmt unter dem Einfluss dieser Medikamente die natürliche Angst vor Schmerzen, vor schweren Verletzungen und vor dem Tod ab. Damit wird auch die Angst vor der Durchführung von Selbstmordhandlungen, die gelegentlich dramatisch sein können, vermindert. Doch Psychiater denken anders. Für sie wird alles, was ‹Schizophrene› tun, automatisch zu einem ‹Symptom› ihrer ‹Krankheit›.

Eine Bestätigung dieser Überlegungen fand ich im Artikel ‹Die Selbsttötung schizophrener Menschen› von Prof. Scharfetter aus dem Jahr 1986. Er verweist dort auf verschiedene Publikationen, in denen auf den Zusammenhang zwischen den Selbstmorden ‹Schizophrener› und der Dosierung der von ihnen eingenommenen Neuroleptika eingegangen wird: «Eine Reihe von Suiziden Schizophrener ereignete sich zur Zeit der stärksten Neuroleptikawirkung. Schizophrene Suizidanten hatten höhere Dosen von Neuroleptika und stärkere Nebenwirkungen als eine Kontrollgruppe. Vor kurzem sind 2 Kasuistiken von Suiziden Schizophrener mit einer neuroleptikainduzierten Akathisie beschrieben worden. *Solche Schizophrene sind vermutlich besonders schwer krank oder pharmakaresistent.*» (Hervorhebung mr.)[47] Alles, was Prof. Scharfetter hier angibt, bestätigt, dass diese Menschen Neuroleptika besonders hoch dosiert zu sich nehmen mussten. Je höher die Dosis, je stärker selbstverständlich auch die Nebenwirkungen. Auch die sogenannte Akathisie gehört zu diesen Nebenwirkungen: eine quälende Unruhe, mit Unfähigkeit, ruhig zu sitzen, sowie dem Drang zu ständiger Bewegung. Alles weist darauf hin, dass diese ‹Schizophrenen› die Wirkung der Neuroleptika besonders stark erleiden mussten. Doch für Prof. Scharfetter ist die naheliegende Erklärung, dass gerade die hohe Neuroleptikadosierung diese Selbstmorde ermöglichte, offensichtlich undenkbar.

Wer leidet, der gilt nicht als ‹normal›

Zurück zu der erwähnten Publikation von ‹Programmed›. Es werden dort auch die Motive für ‹suizidale oder parasuizidale Handlungen› genannt: Partnerprobleme, Schwierigkeiten mit der Familie, mit Nachbarn, im Freundeskreis und am Arbeitsplatz werden angegeben; weiter wird die Vereinsamung in Strafverfahren erwähnt[48]. Auf den ersten Blick tönt diese Aufzählung sinnvoll. Doch wenn die verschiedenen Aussagen in dieser Publikation miteinander in Beziehung gebracht werden, sieht es anders aus: Wer sich in seiner Vereinsamung während eines Strafverfahrens oder weil er vom Partner verlassen worden ist, umbringt (oder es versucht), der leidet an einer seelischen ‹Störung› oder ‹Krankheit›. Wer aus einem der genannten Motive eine suizidale oder parasuizidale Handlung durchführt, ist ‹depressiv›, ‹psychopathisch›, ‹neurotisch›, ‹schizophren› usw. Einfühlbare Gründe für Selbstmorde oder Selbstmordversuche wegen Schwierigkeiten in der Familie, am Arbeitsplatz, in der Schule oder wegen Geldproblemen kann es nach der Meinung dieser Psychiater nicht geben. Der ‹normale› Mensch hat also freudig und problemlos zu funktionieren (resp. zu verdrängen!); bewusst Probleme zu haben, muss als höchst verdächtig für das Vorliegen einer psychischen ‹Störung› betrachtet werden; wer leidet oder sogar sein Leiden anderen gegenüber zugibt, der kann demnach kaum mehr zu den ‹normalen› Mitgliedern unserer Gesellschaft gezählt werden... Es wäre sinnvoll und hoffnungsvoll, wenn darauf geantwortet würde – von vielen: «Schaffen wir uns doch eine Gesellschaft, in der Leiden wieder erlaubt ist!» In einer Gesellschaft, in der Leiden wieder erlaubt wäre, würde die Häufigkeit von Suiziden und Selbstmordversuchen abnehmen – davon bin ich überzeugt. Das erwähnte Motiv der Revolte würde damit wegfallen. Wem es erlaubt ist zu leiden, wer damit nicht automatisch abgelehnt, als ‹krank› oder ‹gestört› abgestempelt wird, braucht kein selbstzerstörerisches Zeichen mehr zu setzen, kein dramatisches Signal der Auflehnung. Er darf existieren, so wie er sich eben gerade fühlt; er hat Zeit und kann damit in Ruhe nach den Gründen seines Leidens und der Art, sie zu beheben, suchen. Eine Gesellschaft, in der psychisches Leiden erlaubt ist, wäre, so sonderbar dies auf den ersten Blick tönen mag, glücklicher.

In anderen Kulturen ist der Selbstmord weniger tabuisiert

Interessant ist in diesem Zusammenhang auch ein Blick über die Grenzen unserer christlich-abendländischen Kultur hinaus: Nirgendwo ist die Selbsttötung mit so vielen Ängsten und Tabus beladen wie bei uns[49]. Interessanterweise erreicht diese extreme Tabuisierung des Selbstmordes einen kontraproduktiven Effekt; so sind wir denn selbstmordgefährdeter als jede andere Kultur der Welt, den Islam miteingerechnet[50]. In vielen anderen Völkern und Zeiten war die Einstellung zum Selbstmord völlig anders: Etwa wenn Gefangennahme oder Versklavung drohte, auch wenn das Selbstbestimmungsrecht in Frage stand, galt Selbstmord gar als ehrenvoll... Dies weist einmal mehr darauf hin, dass es eben sehr wohl andere Möglichkeiten gäbe, mit psychischem Leiden umzugehen: Die Psychiatrisierung des Selbstmordes bedeutet weder die einzige noch die beste Möglichkeit. In unserem Kulturkreis gab es früher neben der Ächtung des Selbstmordes durch die Kirche sogar weltliche Sanktionen: «In England war bis vor zwanzig Jahren der Versuch, sich selber das Leben zu nehmen, strafbar. Noch heute ist es dort verboten, einem Suizidwilligen praktische Ratschläge zu geben oder positiv über den Suizid zu sprechen. Ein ähnliches Verbot existiert noch in einigen amerikanischen Bundesstaaten.»[51] «Die Behandlung des Leichnams wurde in den kommunalen Landrechten geregelt: In der einen Gegend musste er aufgeknüpft, in anderen ins Wasser geworfen, verbrannt oder vor die Stadttore geschleift werden. Das Landrecht von Lille gegen Ende des 13. Jahrhunderts sah vor, den Selbstmörder wie einen zum Tod verurteilten Verbrecher nachträglich nochmals hinzurichten. In vielen lokalen Gesetzen des deutschsprachigen Raums tauchte die Bestimmung auf, dass die Heiligkeit der Schwelle nicht verletzt werde. Um Unheil zu bannen, wurden hin und wieder die Häuser von Selbstmördern nachträglich verbrannt. In den meisten Ländern, später auch in den Schweizer Kantonen, wurde der Suizidversuch unter Strafe gestellt.»[52]

Das extreme Selbstmordtabu widerspricht dem bei uns als gesichert geltenden Recht des einzelnen auf Selbstbestimmung. Wer die Sache genauer betrachtet, der stellt jedoch fest, dass der Selbstbestimmung in unserer Gesellschaft weitgehend Grenzen gesetzt sind. Die Begrenzung der Freiheit des einzelnen beginnt nicht etwa erst bei groben, umstürzlerischen Angriffen auf das herrschende System. Die Psychiatrisierung des Suizids bedeutet eine indirekte, aber deutliche Einschränkung der persönlichen Freiheit.

Bei der Bekämpfung und Tabuisierung des Selbstmordes in unserer Gesellschaft geht es keineswegs einfach um die Erhaltung von Menschenleben; das zeigt eine weitere Tatsache: Die Gefährdung von Menschenleben, ja die wahrscheinliche Auslöschung jeglichen Lebens auf unserem Planeten wird von den Mächtigen – durch Zerstörung der Umwelt und auch durch die Folgen eines allfälligen

Nuklearkrieges – ganz offensichtlich hingenommen. Dies im grotesken Widerspruch zur rigorosen Bekämpfung des Freitodes: Kriegsopfer, Opfer von Umweltkatastrophen usw. sind im Gegensatz zu den Selbstmördern unfreiwillige Opfer.

Die Psychiatrie übernahm die Rolle, die zuvor die christliche Kirche innehatte

Die Psychiatrie hat die Rolle, die früher die Religion innehatte, übernommen. Die Kirche legt die Menschen auf unbedingt einzuhaltende Normen – Gebote und Verbote –, wie die Heiligkeit der Ehe, das Verbot des Ehebruchs und das Suizidverbot, fest. Wer diese Normen bricht, hat mit ‹Sanktionen›, vom Verlust des Seelenheils bis zur Verbrennung auf dem Scheiterhaufen (in früheren Zeiten), zu rechnen. Die Kirche gewährleistet damit – soweit dies möglich ist, bis heute die Erhaltung der bestehenden gesellschaftlichen Ordnung: eindeutig eine Verhaltenskontrolle. Durch die christliche Ausrichtung des Lebens auf das Heil nach dem Tod wird diese Tendenz untermauert und verstärkt. Die Aufgabe, den ‹status quo› zu stützen und zu bewahren, ging im Lauf der letzten 200 Jahre sukzessive von der Kirche auf die Psychiatrie über, die durch ihr Wirken, ähnlich wie die Kirche, die bestehenden Normen erhält: So wird denn auch von der Psychiatrie und ihren Vertretern Selbstmord tabuisiert, geächtet und verfolgt.

Vom sinnvollen Umgang mit der Suizidalität

Wer Hilfe wünscht, wer eine Aussprache als sinnvoll erachtet, dem soll unbedingt und sofort die Möglichkeit dazu geboten werden – aber nur dann. Wer wünscht, in Ruhe gelassen zu werden, dem soll auch dies unbedingt gewährt werden. Eine psychiatrische ‹Diagnose› bedeutet für den weiteren Lebensweg eine ungeheure Belastung – sie soll nicht gestellt werden. Gewaltsame Hospitalisation und ‹Behandlung› mit Medikamenten gegen den Willen des Betroffenen ist in jedem Fall abzulehnen. Was ist denn damit erreicht, wenn ein Selbstmord durch eine Zwangseinweisung verhindert werden konnte. Ein unsicherer Mensch wurde noch unsicherer gemacht. Ein Mensch, der zu abhängig war von seinen engsten Beziehungspartnern, ist nun noch zusätzlich dazu abhängig von den Psychiatern – von ihren Medikamenten, von ihrer Beurteilung der Lage. Die psychiatrische Mystifizierung schadet, einem Selbstmordwilligen kann sie den letzten Rest Selbstvertrauen austreiben. Grundsätzlich wichtig ist, dass berufliche oder freiwillige Helfer die Möglichkeit des Selbstmordes nicht als etwas prinzipiell Verbotenes, Schreckliches und ‹Krankhaftes› ansehen. Wo es Menschen gibt, da gibt es auch immer wieder Selbstmorde; und ob eine Lebenssituation nun wirklich den Selbstmord rechtfertigt, das kann letztlich einzig und allein der Betroffene entscheiden – niemand sonst. Derjenige, der mit einem Selbstmordwilligen spricht, der kann mithelfen, die Hintergründe seiner konflikthaften Situation aufzudecken und neue Lebensmöglichkeiten zu finden – mehr nicht; den endgültigen Entscheid kann und darf er dem anderen niemals abnehmen.

Für Menschen, die sich mit Selbstmordgedanken tragen, sollten Zufluchtsmöglichkeiten geschaffen werden – für je acht bis zehn Personen. Dort könnten sie sich *freiwillig,* ohne jeglichen Druck und ohne Stigmatisierung, für einige Tage – mehr nicht – von der Belastung ihrer aktuellen Beziehungskonflikte erholen; für Einsame wäre dies auch eine Möglichkeit der Kontaktaufnahme. Möglichkeiten zur Aussprache müssten gegeben sein: keine Intervention um jeden Preis oder gar Psychotherapie als Voraussetzung für die Bewilligung, eintreten oder bleiben zu dürfen. Die Freiwilligkeit, das Recht auf Selbstbestimmung, muss für die Hilfesuchenden unbedingt gewährleistet sein. Wichtig: absolut keine Beziehung dieser Häuser zur Institution Psychiatrie. Selbstverständlich könnten – im selben Sinn – auch nicht suizidale psychisch Leidende eintreten.

Mit seinem Selbstmordversuch möchte der Betreffende seiner Umgebung etwas sagen

Selbstmordversuche drücken immer etwas aus, bedeuten eine Botschaft an die Umgebung des Betreffenden, die ihm selber oft nicht oder nicht vollständig bewusst ist. Die Aufdeckung dieser Zusammenhänge kann sehr nützlich sein; doch auch hier gilt für den therapeutisch Tätigen (er braucht keineswegs professioneller Helfer zu sein) das Gebot der Zurückhaltung; es ist wichtig, dass er nie seine Sicht der Dinge mit Gewalt aufzwingt, denn sie ist immer auch nur ein Teil der ganzen Wahrheit. Prinzpiell drücken Selbstmordversuche eine sehr ähnliche Botschaft aus wie Selbstmorde; sie zeigen an, dass der ‹Täter› mit seinem Leben nicht mehr zufrieden ist; sie zeigen seinen nächsten Kontaktpersonen, dass der Verlauf und die Form seiner Beziehungen für ihn nicht oder nicht mehr befriedigend sind. Der Selbstmordversuch signalisiert also Unzufriedenheit und Leiden. Er signalisiert jedoch – im Gegensatz zum Selbstmord –, dass nicht alle Hoffnung aufgegeben wird, dass Änderungen, Verbesserungen der Lebenssituation noch als möglich erachtet werden. Selbstverständlich muss mit Menschen, die sich in dieser heiklen Situation befinden, einfühlend und rücksichtsvoll umgegangen werden. Wer mit dem ‹Wissen›, der Selbstmordversuch sei ja sowieso nicht ernst gemeint gewesen, er habe sicher ‹nur› Appellfunktion, an den ‹Fall› herangeht, der kann nichts als schaden. Der Selbstmordversuch zeigt eine Ausrichtung auf die nächsten Beziehungspartner; von ihnen wird eine Veränderung ihres bisherigen Verhaltens erwartet oder erhofft. Dies weist auf Unsicherheit und Abhängigkeit hin. Rückbesinnung auf sich selber und seine Möglichkeiten wäre für den noch immer Lebenden wichtig. Einsichten wie die folgenden könnten für ihn sinnvoll sein: «Ich bin durchaus in der Lage, andere Beziehungspartner zu finden, die Tatsache, dass meine wichtigste Beziehung unbefriedigend verläuft, muss nicht ausschliesslich mit mir, mit meinem prinzipiellen Unvermögen zu tun haben. Ich kann es jederzeit wieder neu versuchen, kann die begangenen Fehler vermeiden. Es ist für mich wichtig, nicht alle Lebenskraft aus dem Kontakt mit einem Menschen zu schöpfen; ich sollte mit weiteren Menschen freundschaftlich zusammenkommen. Und diese Kontakte könnten mir wahrscheinlich einfacher die gewünschte Bestätigung geben, weil sie undramatischer und entkrampfter verlaufen würden. Vor allem sollte ich auch meine eigenen positiven Seiten zu würdigen wissen, ohne dazu immer jemanden zu benötigen, der meine Selbstzweifel behebt...»

Vom sinnvollen Umgang des Psychotherapeuten mit seiner Angst

PsychotherapeutInnen fürchten sich oft vor möglichen Selbstmorden ihrer KlientInnen. Doch es sollte ihnen klar werden, dass sie niemals die Verantwortung über ein anderes Leben übernehmen können. Nur dann sind sie in der Lage, sich der Problematik ihrer KlientInnen wirklich zu stellen. «Ist die Suizidalität so gross, dass ich einweisen muss?», «Ist die Überweisung an den Psychiater indiziert?», «Sind Psychopharmaka nötig?» Diese Fragen lähmen und blockieren den Therapeuten. Und Angst in der psychotherapeutischen Situation wirkt sich fast immer sehr ungünstig aus; der Klient wird dadurch nur noch vermehrt verunsichert. Die Angst des Therapeuten bedeutet für den Klienten immer auch echtestes double bind: diese Angst und Unsicherheit bei einem Menschen, von dem er sich Hilfe und Sicherheit versprochen hat – Angst versteckt hinter der Maske einer ‹wissenschaftlichen› Gutmütigkeit. Und die Angst des Experten hat in dieser Situation oft sehr wenig mit seinem ‹Patienten› zu tun. Es geht ihm doch meistens vor allem um sein ‹Image›; und zum ‹Image› eines guten Psychiaters, eines guten Psychotherapeuten gehört es, dass möglichst wenige seiner KlientInnen sich umbringen. Wenn PatientInnen sich umbringen, werden oft möglichst beeindruckende ‹Diagnosen› gestellt. Dass sich beispielsweise ein ‹Schizophrener› aus der Praxis des Dr. X umgebracht hat, tönt harmloser, als wenn es sich ‹nur› um einen ‹gewöhnlichen› ‹Neurotiker› gehandelt hätte. Das heisst also, dass die Angst des Psychiaters um sein Ansehen ihn dazu verleiten wird, möglichst schwerwiegende ‹Diagnosen› zu stellen, möglichst oft ‹Psychosen› festzustellen.

Der Therapeut oder der Psychiater sollte seine Angst nicht zu verbergen suchen, er soll sich und seine Gefühle nicht verstecken hinter einer ‹Diagnose›. Sinnvoll ist allein Offenheit und Ehrlichkeit; es sollte auch offen über die Angst des Experten gesprochen werden; sie bedeutet nämlich keine Schande, sie kann für den ‹Patienten› ein Zeichen echter Anteilnahme sein und ihm helfen – von Mensch zu Mensch.

C. G. Jung, konservativer Verkünder psychiatrischer Grundannahmen – eine weitgehend übersehene Tatsache

Wieso schiebe ich an dieser Stelle einen längeren Abschnitt über C.G. Jung ein? Jung hatte doch nur sehr wenig mit der Psychiatrie zu tun. Jung hat doch neue Zugänge zum Verständnis von Mythen und Märchen eröffnet. Jung erkannte den wesentlichen Gehalt östlicher Religion. Jung interessierte sich unvoreingenommen für Astrologie, Jung schuf die wichtigen Begriffe des kollektiven Unbewussten und der Archetypen... Jung als Psychiater, wen interessiert das schon?

Weil vor allem die oben erwähnten Seiten von Jungs Werk immer mehr ins Zentrum rücken, weil sein Name stetig beliebter und bekannter wird, sollte auch sein Verhältnis zur Psychiatrie genau untersucht werden. Und es zeigt sich denn, dass Jung – verstreut über sein ganzes Werk – immer wieder in konservativster Weise auf psychiatrische Grundideen zurückkommt. Und nicht nur das. Jungs Aussagen belegen erstaunlicherweise die wesentlichen, mit dem psychiatrischen Denken verbundenen Gefahren.

Zur Gesamtbeurteilung von Jungs Werk ist es unerlässlich, seine weitgehende Verwurzelung im psychiatrischen Denken zu berücksichtigen.

Die Angst des Psychiaters vor der ‹Psychose›

Der Tiefenpsychologe C.G. Jung hat in seinem Werk ausgedrückt, was wohl für viele Psychiater und auch nicht ärztliche PsychotherapeutInnen gilt: In seinen Schriften zeigt sich die Angst, selber ‹psychotisch› zu werden. Er erwähnt auch immer wieder die grosse Gefahr, dass im Laufe von Psychotherapien ‹Psychosen› ausbrechen können – gefährdet sei nicht nur der ‹Patient›, sondern auch der Therapeut. In diesem Sinn ist C.G. Jung ein schlechtes – wenn auch ehrliches – Vorbild. Ich weiss von keinem anderen Psychiater oder Therapeuten, der dermassen offen von diesen Ängsten spricht.

Doch diese Ängste haben Folgen. Wenn im Lauf der Therapie ein Mensch vom anderen so weitgehend mystifiziert wird, dass eine ‹Psychose› ausbricht, dann ist praktisch ausnahmslos der ‹Patient› betroffen. Grundlos wird kein Mensch ‹psychotisch›; die Ursache dafür liegt immer ganz konkret in der Art, wie die bestimmenden Personen aus seinem Beziehungsnetz mit ihm umgehen. Die Entschuldigung der TherapeutInnen beim Ausbruch einer ‹Psychose›, dass solche Entwicklungen eben in der Natur dieser schrecklichen ‹Krankheit› liegen, kann nicht akzeptiert werden. Es wäre doch am Therapeuten, mitzuhelfen, dass der ‹Patient› die familiären Kämpfe seiner Kindheit erkennen und verstehen könnte; eine wichtige Voraussetzung dazu wäre, dass die Beziehung zwischen Therapeut und ‹Patient› offengelegt würde. Der in seiner eigenen Angst gefangene Therapeut läuft dagegen Gefahr, in der ‹Behandlung› die Wiederholung der ‹krank›-machenden Situation aus der Kindheit des ‹Patienten› zu inszenieren.

«. . .und nahm an, ich sei von einer Psychose bedroht.»

In den Jahren 1913 und 1914 hatte Jung wiederholt Weltuntergangsträume und -visionen – für die damalige Zeit verständlich und einfühlbar[53]. Doch er bezeichnet in seinem theoretischen Werk derartige Erlebnisse als Momente höchster Gefahr im Leben von ‹Latent-Schizophrenen›[54]. Entsprechend gefährlich schätzte er denn auch seinen damaligen Zustand ein: «So zog ich den Schluss, dass sie (die Visionen, mr) mit mir selber zu tun hätten und nahm an, ich sei von einer Psychose bedroht.»[55] «Ich fürchtete meine Selbstkontrolle zu verlieren und eine Beute des Unbewussten zu werden, und was das heisst, war mir als Psychiater nur allzuklar.»[56] «Es ist natürlich eine Ironie, dass ich als Psychiater bei meinem Experiment sozusagen auf Schritt und Tritt demjenigen Material begegnet bin, das die Bausteine einer Psychose liefert, und das man darum auch im Irrenhaus findet.»[57]

Wieso zog Jung denn nicht den anderen möglichen Schluss? Wieso fand er denn keine andere Begründung für die Tatsache, dass er selber Erlebnisse hatte, wie sie den Insassen von ‹Irren›-Häusern zustossen, als die, dass er – Jung – vom Ausbruch einer ‹Psychose› bedroht sei? Wieso ging ihm denn nicht auf, dass in gewissen Lebenssituationen, bei jedem Menschen ‹psychotische› Erlebnisse auftreten können, dass dies einfach eine mögliche Äusserungsform der menschlichen Psyche ist? Eine Rolle spielte dabei – neben der Verwurzelung von Jung im psychiatrischen Denken – wohl Angst vor den gesellschaftlichen Folgen einer rein psychologischen Erklärung des Phänomens ‹Schizophrenie›.

«. . .aber dann passiert es plötzlich, dass der Patient die Grenze überschreitet und sich eindeutig in einen wirklichen Psychotiker verwandelt.»

Jung hat sich also zweifellos davor gefürchtet, selber ‹psychotisch› zu werden; so ist es denn nicht erstaunlich, dass er auch die therapeutische Situation als sehr gefährlich einschätzte – gefährlich für den ‹Patienten› und gefährlich für den Therapeuten: «Die Neurose liegt auf dieser Seite des kritischen Punktes, die Schizophrenie auf der anderen . . . Eine Neurose nähert sich der Gefahrenlinie, aber es gelingt ihr irgendwie, auf der hiesigen Seite zu bleiben. Sollte sie die Linie überschreiten, hört sie auf, eine Neurose zu sein . . . Man weiss, es gibt Fälle, die man jahrelang für Neurosen hält; aber dann passiert es plötzlich, dass der Patient die Grenze übertritt und sich eindeutig in einen *wirklichen Psychotiker* verwandelt.»[58] Wozu soll denn das Studium der Symbolik der Träume, Mythen und Märchen dienen, wenn nicht zu einem tieferen Verständnis des Menschen, seiner Lebensweise, seiner Seele? Und wer sich mit den Tiefen der menschlichen Seele so lange intensiv beschäftigte wie Jung, der sollte doch erkannt haben, dass sich da keine grundlosen Ereignisse abspielen. Es verwandelt sich niemand plötzlich in einen ‹Psychotiker›: Ein Mensch wird in einem bestimmten Moment seines Lebens ‹psychotisch›, weil ihm zu genau diesem Zeitpunkt keine andere Möglichkeit des Verhaltens mehr offensteht. Gefangen in der Beziehungsfalle gibt es für den verwirrten ‹Patienten› eines Tages keinen anderen Weg. Das psychiatrische Denken macht Angst, verbreitet Angst: Wenn es so wäre, dass in jedem Moment, urplötzlich, ohne klar verständlichen Grund, die ‹Psychose› ausbrechen könnte, dann müssten wir ständig grosse Angst davor haben. Kein Wunder, dass sich Jung dermassen vor den ‹Psychosen› fürchtete, die Gefahr drohte ihm selber *und* seinen ‹PatientInnen›.

Von der grossen ‹Ansteckungsgefahr›, der PsychiaterInnen und PsychotherapeutInnen ausgesetzt sind

«Es sind mir Fälle bekannt, wo bei schizophrenen Grenzzuständen sogar kurze psychotische Intervalle ‹übernommen› wurden, wobei es vorkommt, dass eben gerade in diesem Moment sich die Patienten eines besonderen Wohlbefindens erfreuen. Ich habe sogar einen Fall induzierter Paranoia bei einem Arzt beobachtet, der eine Patientin mit anfänglich latentem Verfolgungswahn analytisch behandelte. Das ist insofern nicht erstaunlich, als *gewisse psychische Störungen in höchstem Masse infektiös sein können,* wenn der Arzt selber eine latente Disposition dazu besitzt.»[59)] Auf die enorme Gefährdung der ÄrztInnen und PsychotherapeutInnen, die sich mit ‹manifesten› und ‹latenten Psychotikern› einlassen, geht Jung noch wiederholt ein: «Diese Frage (wieviel die Konstitution des Therapeuten aushalten kann, mr) kommt nämlich ernstlich in Betracht, insofern die Behandlung gegebenenfalls nicht nur ungewöhnliche Anstrengungen erfordert, sondern auch *psychische Infektionen beim Therapeuten,* der selber eine etwas unsichere Disposition besitzt, veranlassen kann. Im Bereich meiner Erfahrung haben sich nicht weniger als drei Fälle von induzierter Psychose in derartigen Behandlungen ereignet.»[60)] Eine echt psychiatrische Argumentation: Seine ‹Konstitution› (die ‹vererbte Anlage›) oder die ‹Disposition› macht den Therapeuten anfällig für die ‹psychische Infektion›, für den Ausbruch einer ‹Psychose›. Von der Einstellung des Therapeuten dem Problem ‹Schizophrenie› gegenüber, von seinen ehemaligen Familienverhältnissen, seinen Ängsten und Hemmungen spricht Jung in diesem Zusammenhang nicht.

Jung ist auch ‹Kollegen› gegenüber nicht gerade zurückhaltend mit der ‹Diagnose› ‹Psychose›. Überall wittert er Gefahren und ‹diagnostiziert› ‹Infektionen›. Noch ein weiteres Mal wird die ‹schicksalsbedingte› Gefährdung des Arztes heraufbeschworen: «Der Arzt weiss es, oder sollte es wenigstens wissen, dass er nicht zufällig diesen Beruf ergriffen hat, und insbesondere muss der Psychotherapeut sich darüber klar sein, dass *psychische Infektionen,* auch wenn sie ihm überflüssig erscheinen, im Grunde genommen *schicksalsbedingte Begleiterscheinungen seiner Arbeit* sind und daher der *instinktiven Disposition* seines Lebens entsprechen.»[61)]

Aus Zeichnungen und Bildern lassen sich ‹Schizophrenien› ‹diagnostizieren›

Nicht nur Träume und Visionen sollen eine ‹Psychose› verraten, die sich im Gespräch oder durch Beobachtung noch nicht erkennen lasse: Auch aus Bildern, die seine ‹PatientInnen› gemalt oder gezeichnet haben, stellt Jung die ‹Diagnose› ‹Schizophrenie›. «Auf Grund eines solchen Bildes kann man sofort feststellen, wo der Patient steht, *ob er schizophren ist oder nur neurotisch. Man kann daraus sogar eine Prognose ableiten.*»[62)]

Wie Jung den ‹latenten Psychotiker› loswurde

Jung will ‹latenten Psychotikern› nicht zum Verständnis ihrer Situation verhelfen. Er schildert, wie er sich verhielt, als ihm ein ‹Patient› einen die ‹latente Psychose› verratenden Traum erzählte: «Nun wusste ich genug, das war eine latente Psychose! Ich kann Ihnen sagen, ich schwitzte, als ich versuchte, ihn aus dem Traum herauszuführen. Ich musste den Traum so harmlos wie möglich darstellen. Auf Details ging ich überhaupt nicht ein.»[63)] Und weiter: «Ich hatte ihn im letzten Moment erwischt, denn um ein Haar wäre die latente Psychose ausgebrochen und manifest geworden. Das musste verhindert werden. Es ist mir schliesslich mit Hilfe eines seiner Träumc gelungen, ein plausibles Ende für die Lehranalyse zu finden. Für dieses Ende waren wir beide einander sehr dankbar. Ich hatte ihn von meiner Diagnose nichts wissen lassen;...»[64)] Was Jung hier erzählt, ist reine Spekulation. Aus Angst lässt er einem erwachsenen Mann keine Chance, selbst zu entscheiden, und schickt ihn unter einem Vorwand weg. Ob ihm dieser Mann für das Ende der Analyse wirklich so dankbar war? Jungs Unsicherheit und Angst war mit Sicherheit deutlich fühlbar, und mit diesem unklaren Eindruck musste dieser Analysand nun weiterleben. Jungs in dieser Situation beschriebenes unoffenes, verstecktes Verhalten verwirrt und wirkt ‹krank›-machend. Mit der Befürchtung, ‹gestört› oder ‹krank› zu sein, erscheinen viele ‹PatientInnen› in den ersten Therapiestunden. Die einzige Möglichkeit, sich in dieser Situation sinnvoll zu verhalten, besteht darin, die Sache offen und ehrlich durchzubesprechen.

Vom Standesdünkel der Ärzte

Anschliessend an die Passage über den abrupten Abschluss dieser Analyse geht Jung noch weiter auf die Bedeutung der ‹latenten Psychosen› für den Psychotherapeuten ein: «Diese latenten Psychosen sind die ‹bêtes noires› des Psychotherapeuten, da sie oft sehr schwer zu erkennen sind.»[65] Und er unterstreicht sogleich die Sonderstellung der Ärzte – Laientherapeuten werden ihnen im Erkennen und ‹Behandeln› der ‹latenten Psychosen› immer unterlegen sein: «Damit komme ich auf die Frage der Laienanalyse. Ich setze mich dafür ein, dass auch Nichtmediziner Psychotherapie studieren und sie ausüben, aber bei den latenten Psychosen können sie leicht danebengreifen. Deshalb befürworte ich, dass Laien als Analytiker arbeiten, aber unter Kontrolle eines Facharztes. Sobald sie im geringsten unsicher werden, sollten sie ihn zu Rate ziehen. Schon für Ärzte ist es oft schwer, eine latente Schizophrenie zu erkennen und zu behandeln, umso mehr für Laien.»[66] Die psychiatrische ‹Diagnostik› erscheint da gleichsam als Judenschau; als Judenschauer sind die Ärzte den Laien offenbar überlegen.

Gerade die von Jung so eindrücklich geschilderten Ängste der Psychiater bedeuten für ihre ‹PatientInnen› eine grosse Gefahr. Der ‹Patient› fühlt doch diese Ängste – gerade wenn der Arzt, wie dies Jung beschreibt, nicht darüber spricht; er fühlt doch, dass der Experte, der ‹Spürhund› für ‹Geisteskrankheiten›, ‹Fährte› gerochen hat. Der ‹Patient› ist unsicher, er wünscht sich Hilfe, wartet gespannt auf die ‹Diagnose› und hofft, dass der Arzt seine Befürchtungen, psychisch ‹krank› zu sein, nicht bestätige. Und da trifft er auf einen Experten, der sich deutlich fürchtet; einen Experten, der sich widersprüchlich benimmt, der ein echtes double bind produziert: Er versucht nämlich, den ‹Patienten› zu beschwichtigen, er tut, als wäre die Sache völlig harmlos; doch aus seinem Verhalten geht klar hervor, dass er riesige Angst hat um den ‹Patienten›, seine Zukunft, sein Leben: Die Haltung von Jung im beschriebenen ‹Fall› und die Haltung von sämtlichen Experten, die sich auf diese Weise verhalten, ist eindeutig ‹krank›-machend. Für den Experten, in seiner Angst und seiner Blindheit über die Zusammenhänge, geht die Sache natürlich restlos auf – er wundert sich nicht, wenn die gefürchtete ‹Psychose› dann auch wirklich ausbricht; dass das Auftreten der ‹Psychose› sehr viel mit seinem eigenen Verhalten, mit seiner eigenen Angst zu tun hat, das wird er sicher nicht bemerken – wie sollte er auch? In seinem Weltbild, in seiner Befangenheit und Voreingenommenheit, hat diese Überlegung keinen Platz.

Mit dem Denken, das einer Ausbildung in körperlicher Medizin entstammt, an psychisch Leidende heranzugehen, erschwert in grossem Ausmass das Verständnis für diese Menschen. Sonderbarerweise sind ÄrztInnen überzeugt, dass gerade sie, und nur sie, in der Lage sind, psychische ‹Störungen› richtig zu verstehen und zu ‹behandeln›: Und zu diesem einzig richtigen Verständnis seien sie auf Grund ihres ärztlichen Wissens und ihrer ärztlichen Erfahrung befähigt.

Sämtliche Gefahren des psychiatrischen Denkens lassen sich an der Person Jung aufzeigen. Auch für diese penetrante Überzeugung der Überlegenheit der Ärzte ist er ein deutliches Beispiel: Weil nur Mediziner den Einblick in die Tiefen der menschlichen Seele haben können, *muss* in allen heiklen ‹Fällen›, ganz speziell natürlich, wenn es sich um ‹echte› psychische ‹Erkrankungen› handelt, die Verantwortung vom Arzt übernommen werden.

Sind denn diese Menschen wirklich so gefährlich?

Deutlich beschreibt Jung die Ängste des Psychiaters, und diese Ängste kreisen nur vordergründig um die geistige ‹Gesundheit› des ‹Patienten›. Der ‹Patient› ist interessant und gefährlich – besonders als ‹Infektionsquelle›. Für den medizinisch Geschulten ist das Verhalten einer Infektionsquelle gegenüber eindeutig festgelegt. Sie muss desinfiziert, sterilisiert werden: Die Erreger müssen unschädlich gemacht werden. Starke Desinfektionsmittel oder Antibiotika kommen da in Frage; und wenn es sich um eine ganz besonders gefährliche Infektionsquelle handelt, wenn alle Medikamente wirkungslos sind, dann bleibt nur noch die Flucht. Möglichst weit weg vom ansteckenden Herd, das ist dann die Devise. Und der Gedanke der Ausmerzung ist ebenfalls naheliegend. Die Notschlachtung von infizierten Tieren, die Vertilgung von ansteckenden Ratten oder Insektenstämmen ist eine korrekte präventivmedizinische Überlegung. Allenfalls kann der Arzt auch versuchen, gefährliche infektiöse Herde mit dem Skalpell herauszuschneiden, wie dies gelegentlich bei der Tuberkulose gemacht wird. Für Mediziner ist demnach die chirurgische ‹Behandlung› der ‹Psychose› ein naheliegender Gedanke. Doch es geht hier keineswegs um von Bakterien befallene Individuen, es geht um seelische Abweichungen. Jung überträgt Gedanken aus einem Gebiet ins andere, ohne es zu merken. Er projiziert, er spricht von gefährlichen ‹Patienten›, dabei sitzt die Gefahr in seiner eigenen Brust. Das ist das Geheimnis hinter der Psychiatrie, das Geheimnis auch hinter vielen anderen Formen der Machtausübung in unserer Gesellschaft. *Wenn Mächtige andere Menschen unterdrücken, dann geht es ihnen im Wesentlichen um ihre eigene Person, um ihre eigenen Ängste. Die unangepassten und deshalb bedrohlichen Inhalte der eigenen Seele werden auf andere Menschen projiziert und dort unschädlich gemacht oder – wenn dies nicht möglich ist – gemieden.*

Jungs ‹Toxinhypothese› ist die typische Idee eines Mediziners

Konsequent blieb Jung bis zu seinem Tode im Jahre 1961 seiner Ansicht über die Entstehung der ‹Schizophrenie› treu: 1907, als junger Assistent des bekannten *Eugen Bleuler*, sprach Jung erstmals von einem Toxin (Gift): Die Wirkung dieses Toxins auf das menschliche Gehirn sei die Ursache für die Entstehung der ‹Schizophrenie› – damals noch ‹Dementia praecox› (frühzeitige Verblödung) genannt. In zwei Aufsätzen in den Jahren 1958 und 1959 spricht er noch immer – diesmal in überzeugterem Ton – von diesem Toxin; 40 Jahre Studium der menschlichen Seele haben ihn also an dieser seiner medizinisch geprägten Grundannahme nicht zweifeln lassen:

«Für die Schizophrenie dagegen muss als erklärende Hypothese eine spezifische *Noxe* (krankheitserregende Schädigung, mr) in Anspruch genommen werden. Man kann sich darunter ein durch den exzessiven Affekt erzeugtes *Toxin* vorstellen; . . .»[67] Jung gibt ehrlich zu, dass seine ‹Toxinhypothese› auf Grund eines ‹psychologischen Eliminierungsprozesses› – also auf rein subjektiver oder ideologischer Grundlage – entstanden ist: «Aber gerade meine psychologische Betrachtungsweise führte mich zur Hypothese eines chemischen Faktors, ohne den ich gewisse pathognomonische Einzelheiten der Symptomatologie nicht hätte erklären können. Zur chemischen Hypothese gelangte ich durch einen psychologischen Eliminierungsprozess und *nicht* durch spezifisch chemische Forschung.»[68]

Die Idee der ‹psychischen Infektion› ist eine reine Übertragung von Wissen, das aus dem Gebiet der körperlichen Medizin stammt. Jung – der Arzt war – weist selber auf die Parallele zwischen seinem Konzept der ‹latenten› und ‹manifesten Psychose› und den Erscheinungsformen der Tuberkulose hin: «Das zahlenmässige Verhältnis der latenten zur manifesten Psychose dürfte etwa dasselbe sein, wie das der latenten Tuberkulose zu der manifesten.»[69] Doch die Parallele geht noch weiter: Die Tuberkuline, gelöste Gifte und Zerfallsprodukte der Tuberkelbakterien, bewirken im menschlichen Körper Nekrosen, d.h. sie zerstören Gewebe. Ähnlich wie die Tuberkuline Gewebe zerstören, soll demnach wohl das hypothetische ‹Schizophrenie-Toxin› menschliches Hirngewebe zerstören. Hier ist also der Ursprung der ‹Toxinhypothese› Jungs über die ‹Schizophrenie› zu finden – nur ein im medizinischen Denken gedrillter Arzt konnte darauf kommen. Und Spekulationen über die Ursache der ‹Schizophrenie› haben gesellschaftlich-politische Auswirkungen. Die organische Hypothese Jungs ist konservativ, unterstützt die bestehenden Verhältnisse und erübrigt die Auseinandersetzung mit gesellschaftlichen Ursachen der ‹Psychose›. Das Resultat des von Jung erwähnten psychologischen Eliminierungsprozesses, der ihn zur chemischen Hypothese führte, war also vorbestimmt – einerseits durch sein Medizinstudium, andererseits durch seine gesellschaftliche Stellung und seine persönliche Psychologie.

Noch 1959 war Jung Ehrenpräsident eines Symposiums über ‹chemische Konzepte der Psychose›

1959 schreibt Jung: «Beide Zugangswege (der psychologische und der physiologische Zugangsweg zur ‹Schizophrenie›, mr) eröffnen *weitreichende Ausblicke sowohl in theoretischer als auch in therapeutischer Hinsicht.*»[70)] Konsequenterweise übernahm er auch das Ehrenpräsidium eines Symposiums über ‹Chemical Concepts of Psychosis›, das 1957 in Zürich stattfand.[71)]

Worin würde denn der weitreichende therapeutische Ausblick liegen, den das chemische Konzept der ‹Schizophrenie› eröffnet? Es gibt auf diese Frage eine einzige mögliche Antwort: in einer chemischen, d.h. psychopharmakologischen ‹Behandlung›! Eigentlich müsste diese Hoffnung auf neue Psychopharmaka erstaunen bei einem Mann, der sich als Tiefenpsychologe und Psychotherapeut ein Leben lang mit der menschlichen Seele beschäftigt hat. Es zeigt sich hier, wie unverrückbar die psychiatrische Grundannahme und Prägung das ganze Leben eines Menschen – voll von entgegengesetzten Eindrücken – bestimmen kann.

Und eben – die Konfrontation mit der ‹Psychose› ist unheimlich, ja geradezu dämonisch; es ist verständlich, dass jemand, der sich dermassen vor seinen ‹PatientInnen› – und auch vor sich selber – fürchtet, resigniert und auf chemisch vermittelte Hilfe zu ihrer Bändigung hofft: «Aber durch die Übertragung verändert sich die seelische Gestalt des Arztes, ihm selber zunächst unbemerkt: Er wird affiziert und kann sich gleich dem Patienten nur schwer von dem, was ihn im Besitz hält, unterscheiden. Dadurch entsteht eine beidseitige, *unmittelbare Konfrontation mit der das Dämonische bergenden Dunkelheit.*»[72)] In diesen Sätzen wird einmal mehr deutlich, dass die Psychiatrie die frühere Rolle der Kirche übernommen hat. (Jungs Vater war protestantischer Pfarrer gewesen.)

Die Psychiatrie hat sehr viel mit Politik zu tun – nicht nur in der Sowjetunion

Am Beispiel von Jung lässt sich noch eine weitere verhängnisvolle Folge des psychiatrischen Denkens aufzeigen: Menschen, die das herrschende System in Frage stellen, können mit Leichtigkeit psychiatrisiert werden. Jung ist auch hier ehrlicher, offener und naiver als andere Vertreter dieser Denkweise. Interessant ist, dass diese Stellen von Jungs Werk so wenig bekannt sind. Gegenwärtig nimmt die Beliebtheit von Jung laufend zu. Viele seiner Gedanken passen gut zu der wachsenden Anhängerschaft von Mystik, Astrologie und Esoterik in der heutigen Zeit. Ich würde diesen neuen Verehrern von Jung empfehlen, sich genau anzuschauen, mit wem sie sich einlassen. Auch die weiteren Gedanken eines Autors, der dermassen im psychiatrischen Denken gefangen und befangen ist wie Jung, sollten mit grosser Vorsicht genossen und übernommen werden.

Jungs Aussagen sind exemplarisch für eine mit dem psychiatrischen Denken verbundene Gefahr: die direkte Umsetzung der psychiatrischen Ideologie in politisches Denken und Handeln. Dieser politische Gehalt der Psychiatrie wird immer wieder vergessen – wenigstens, was seine Berechtigung für unsere eigenen Verhältnisse anbetrifft. Sonderbarerweise wird für Beobachter aus der Schweiz die Situation sehr klar, wenn es sich um die Psychiatrisierung der russischen Dissidenten handelt.

In allen Staaten ist es wesentlich die herrschende Schicht, die die ‹normalen› Anschauungen und Verhaltensweisen definiert. Auch die bestehenden Machtverhältnisse sind Teil dieser allgemeingültigen ‹Normalität›. Durch ihre berufliche Tätigkeit bestätigen und erhalten Psychiater diese ‹normalen› Machtverhältnisse. Menschen, die dieser ‹Normalität› nicht entsprechen, werden als psychisch ‹krank› bezeichnet. Unter der Voraussetzung, dass Abweichung als ‹Krankheit› betrachtet wird, ist diese ‹Diagnostik› nicht unlogisch. Russische Dissidenten, wie auch andere politische Minderheiten, weichen wirklich ab; sie denken anders als die grosse Zahl der ‹Normalen›. Die hier bereits ausführlich besprochene *Subjektivität* der psychiatrischen ‹Diagnostik› erleichtert wesentlich den Ablauf dieses betrüblichen Vorganges. Damit scheinen Handlungen (‹Krank›-Schreibungen), die im Grunde auf rein politische Interessen zurückzuführen sind, ‹wissenschaftlich› und ‹objektiv› zu sein. Ihre Wissenschaftsgläubigkeit macht es auch für kritisch eingestellte Menschen schwierig, diesen Vorgang zu durchschauen. Ich behaupte, dass die Psychiatrisierung der sowjetrussischen Dissidenten aus psychiatrischer Sicht völlig rechtens geschehen ist und noch weiter geschieht, und dennoch bedeuten diese ‹Diagnosen› und vor allem ihre Folgen für die Betroffenen etwas äusserst Schreckliches.

Jung ging mit der Psychiatrisierung der Gesellschaft sehr weit: Musterbeispiel von politisch angewandtem psychiatrischem Denken

Jungs Gedanken zeugen von seiner riesigen Angst, gleichzeitig bedeuten sie für die Autonomie der Menschen eine andauernde, grosse Gefahr. Wissenschaftlich getarnt bieten sie sich an für Mächtige, die damit juristisch abgesichert Gewalt anwenden können – Gewalt gegen Andersdenkende, Gewalt gegen Menschen, die durch ihre Abweichung Seelenfrieden und Stellung der Vertreter der Macht zu bedrohen scheinen. Weil ich Jungs Äusserungen zu diesem Thema für exemplarisch wichtig halte, zitiere ich hier ausführlich aus seinem 1957 erschienen Aufsatz ‹Gegenwart und Zukunft›[73]: «Überall in der westlichen Welt sind ja schon jene subversiven Minoritäten, welche die Brandfackel bereithalten, vorhanden und erfreuen sich sogar des Schutzes unserer Humanität und unseres Rechtsbewusstseins, so dass der Ausbreitung ihrer Ideen nichts im Wege steht als die kritische Vernunft einer gewissen einsichtigen und geistig stabilen Bevölkerungsschicht. (...) Vernünftige Argumentierung ist nur möglich und aussichtsreich, solange die Emotionalität einer gegebenen Situation einen gewissen kritischen Grad nicht überschreitet. Übersteigt aber die affektive Temperatur dieses Niveau, dann hört die Wirkungsmöglichkeit der Vernunft auf, und an ihre Stelle treten der Slogan und das chimärische Wunschgebilde, das heisst, eine Art von kollektivem Besessenheitszustand, welcher sich zunehmend zu einer psychischen Epidemie entwickelt. In diesem Zustand kommen dann jene Bevölkerungselemente zur Geltung, welche unter der Herrschaft der Vernunft als asozial eine bloss geduldete Existenz führen. *Derartige Individuen sind keineswegs seltene Kuriosa, denen man bloss in Gefängnissen und Irrenanstalten begegnet. Auf jeden manifesten Geisteskranken kommen nach meiner Schätzung mindestens zehn latente Fälle, welche zwar nicht oft zum Ausbruch gelangen, deren Anschauungen und Gebaren aber trotzdem bei allem Anschein der Normalität unter unbewussten, krankhaften und perversen Einflüssen stehen. Über die Häufigkeit der latenten Psychosen gibt allerdings keine ärztliche Statistik Auskunft – aus verständlichen Gründen. Aber wenn auch ihre Anzahl weniger als das Zehnfache der manifesten Geisteskranken und Kriminellen betragen sollte, so wird ihr relativ schwacher prozentualer Anteil an der Bevölkerungsziffer aufgewogen durch die besondere Gefährlichkeit derartiger Individuen . . .»* (Hervorhebung mr) Und gleich noch einmal: «*Sie* (die latenten Psychosen, mr) *sind daher trotz ihrer im Vergleich zur Gesamtbevölkerung geringen Anzahl, als Infektionsquelle gefährlich, und zwar darum, weil der sogenannte Normalmensch nur über eine sehr beschränkte Selbsterkenntnis verfügt.»* (Hervorhebung mr)[74) Auf zur Hetzjagd gegen andersdenkende Minderheiten; das bedauernswerte Detail, dass diese subversiven Elemente sich noch immer des Schutzes unserer Humanität und unseres Rechtsbewusstseins erfreuen, sollte mit etwas Aufklärung, wie Jung sie im obenstehenden Zitat betreibt, mit Leichtigkeit zu beheben sein. Der Bedarf an Sündenböcken ist noch lange nicht gestillt.

Ich habe aufgezeigt, wie fragwürdig die psychiatrische ‹Diagnostik› schon an und für sich ist. Doch Jung spricht hier nicht etwa von Menschen, die auffallen, die durch ihre Abweichung oder durch ihr Leiden den ‹Normalen› zu einem Problem werden; Jung meint hier Menschen, die ‹bei allem Anschein der Normalität unter unbewussten, krankhaften und perversen Einflüssen stehen›, also Menschen, die völlig ‹normal› und unauffällig wirken . . . Es gibt für Jung also nicht entweder ‹normale› oder psychisch ‹kranke› Menschen, es gibt für ihn auch noch die ‹anscheinend Normalen›. Was Jung hier sagt, ist eine reine Projektion seiner eigenen Ängste – mit der Wirklichkeit hat seine Aussage nicht das geringste zutun. Gefährlich werden Menschen wie Jung, wenn sie solche Feststellungen – kraft ihrer wissenschaftlichen Autorität – verkünden, als handle es sich um absolut unanfechtbare Tatsachen.

Jung nennt wiederholt die manifest ‹Geisteskranken› und die Kriminellen gemeinsam: Die Psychiatrisierung der Kriminellen ist eine weitere Spezialität der Psychiater. Im Grunde logisch, stellen diese beiden Gruppen doch eine Abweichung vom ‹normalen› Verhalten dar, und was nicht ‹normal› ist, ist eben psychisch ‹krank› – so einfach ist das. Enttäuschend, dass gerade der Spezialist des ‹Bilderreiches der Seele›[75) sich als militanter Verfechter dieser destruktiven Ideologie entpuppt. Jung hat Angst vor einer Revolte dieser ‹latenten Psychotiker›, er befürchtet auch, dass noch weitere Menschen ‹angesteckt› werden könnten. Wiederholt betont er die besondere Gefährlichkeit derartiger Individuen. Seiner Meinung nach sind sie als ‹Infektionsquelle› gefährlich, und zwar darum, weil der sogenannte Normalmensch nur über eine sehr beschränkte Selbsterkenntnis verfüge. (Jung betrachtet ja nicht einmal ÄrztInnen und PsychotherapeutInnen als gefeit vor dieser Ansteckung.)

Es gibt in der Sicht von Jung die manifest ‹Geisteskranken› und die Kriminellen, das sind die ‹kränksten› Mitglieder unserer Gesellschaft; dann gibt es zehnmal mehr ‹latente Fälle› als manifest ‹Geisteskranke›. Doch damit ist die betrübliche Pathologisierung der Menschen noch nicht zu Ende; die restlichen sind Jung zufolge nicht etwa einfach ‹normal›, er bezeichnet sie als ‹sogenannte Normalmenschen›, die über eine sehr beschränkte Selbsterkenntnis verfügen; ihre Haupteigenschaft in Jungs Sicht scheint vor allem ihre Anfälligkeit für ‹Ansteckungen› zu sein. Jungs Glaube an die ‹Normalität› ist also gering. Wenn seine Gedanken zu Ende geführt werden, dann bleibt nur noch er selbst übrig, der wirklich ‹normal› und nicht nur ‹sogenannt normal› ist: Denn er hat sie doch wohl, die Selbsterkenntnis, die er den anderen ‹Normalen› abspricht. Es geht aber noch weiter: In seinen ‹Erinnerungen› gibt Jung ausdrücklich zu, dass er selber grosse Angst davor hatte, ‹psychotisch› zu werden; er fand ‹Material› bei sich, ‹das die Bausteine der Psychose liefert, und das man darum auch im Irrenhaus findet›. Auch Weltuntergangsträume, wie er sie selbst hatte, bezeichnet er, wie gesagt, als höchste Gefahr im Leben von ‹Latent-Schizophrenen›. Mit seiner eigenen ‹Normalität› scheint es also auch nicht so weit her zu sein.

Es zeigt sich hier, wie wenig Jung den Menschen überhaupt, wie wenig er sich selber traut, wie er offenbar seine Stellung, die Macht, ‹Diagnosen› zu verteilen, die Macht, ‹Endgültiges› über die menschliche Psyche auszusagen, ganz einfach braucht; sie dient ihm als Mittel, mit seinen eigenen, riesigen Ängsten fertigzuwerden. Ich bin der Meinung, dass Psychiater wie Jung ihre ‹PatientInnen› missbrauchen, dass sie ihnen dazu dienen, den Anschein eigener ‹Normalität› zu wahren – gegen aussen wenigstens.

Und noch ein weiterer Gedanke zu Jungs Ausführungen: Jung führt mit seiner Ausweitung der Psychiatrisierung der Bevölkerung, vor der er letztlich niemanden mehr – nicht einmal sich selbst –

ausnimmt, die gesamte psychiatrische ‹Diagnostik›, und damit auch die Psychiatrie als Ganzes, endgültig ad absurdum. Seltsam nur, dass dies niemand bemerkt, sondern dass Jung, wie gesagt, zunehmend beliebter wird... Wer als Fachmann anerkannt ist, dem wird geglaubt, was immer er auch sagt – leider!

Jungs oben diskutierte Ausführungen zeigen, wie eng Psychiatrie und Politik veflochten sind: Das ‹medizinische Modell› dient einmal mehr als Grundlage einer politisch äusserst brisanten Aussage. Was Jung tut, hat noch immer mit seinen Weltuntergangsängsten zu tun. Seine Angst davor, psychisch zu ‹dekompensieren›, besteht im Jahre 1957 offensichtlich noch in ähnlichem Ausmass, wie dies 1913 und 1914 der Fall war. Er fürchtet sich vor der Revolte, vor dem Umsturz, vor der Machtergreifung subversiver Elemente. Seine eigene Angst, die Orientierung zu verlieren, überträgt er auf die ganze Welt, die beherrscht von subversiven und asozialen Existenzen, haltlos dem Untergang zusteuert. Der sinnvolle Weg für ihn wäre es gewesen, sich zu überlegen, was denn seine Befürchtungen bedeuten; wieso ihm das Abweichende in seiner eigenen Brust so viel Angst macht, dass er es auf die unheimliche ‹latente Psychose›, auf die ‹subversiven Elemente›, die schon die Brandfackel bereithalten, projizieren muss.

Die ‹bewegte Jugend› der frühen 80er Jahre hätte sich nach dem Jungschen Rezept mit Leichtigkeit psychiatrisieren lassen

Wie leicht könnten im Sinn der obigen Ausführungen von Jung beispielsweise die ‹Zürcher Unruhen› der frühen 80er-Jahre gedeutet werden als *‹kollektiver Besessenheitszustand›*, als *‹kollektive Vernunftlosigkeit›, ‹getragen von fanatischen Ressentiments›, als ‹psychische Epidemie›;* wie mensch sieht, sind dies alles rein subjektive Ansichten, die allerdings durch den Gebrauch des ‹diagnostischen› Ausdrucks ‹Psychose› einen unanfechtbaren, ‹wissenschaftlichen› Anstrich erhalten würden. Keine Notwendigkeit, selbstverständlich, sich bei dieser Betrachtungsweise mit den gesellschaftlichen Ursachen der ‹Unruhen› auseinanderzusetzen. Hartes Durchgreifen, Einsperren der gefährlichen, *‹subversiven›* Elemente in psychiatrische Kliniken oder in Gefängnisse wären wohl die aus dieser

‹Diagnostik› abzuleitenden Gegenmassnahmen ... Und – der Verlauf der sogenannten ‹Krawallprozesse› zeigt, dass sich die Mächtigen heute genau in diesem Sinn verhalten ...

Vermittelt durch die Jungschen PsychotherapeutInnen wirken sich Jungs Ängste auch heute noch ungünstig aus

Gedanken und Ideen von Jung werden nicht nur durch seine Bücher verbreitet. An verschiedenen Jung-Instituten auf der ganzen Welt – so auch in Zürich – werden Studenten als Psychotherapeuten ausgebildet. Sie nennen sich ‹analytische Psychologen› und wenden die von Jung vertretene Form der Psychotherapie an. Die Lehre von Jung wird an diesen Instituten so rein als möglich weitergegeben; es wird auf eine strenge Abgrenzung von Freud beispielsweise, und auch von den vielen weiteren Formen der Psychotherapie geachtet. Die Ausbildungskandidaten der Jung-Institute sind verpflichtet, sich eingehend mit dem gesamten Werk von Jung bekanntzumachen. Ungezählte Studierende, die später beruflich mit hilfesuchenden und leidenden Menschen zu tun haben, müssen also Jungs hier diskutierte Ideen lernen und glaubwürdig vertreten. Die Gefährlichkeit und Infektiosität der ‹Psychotiker›, die Gefährdung des Therapeuten selber, die übergeordnete Autorität der Ärzte werden für sie damit zu Wahrheiten. Die kritische Diskussion von Jungs Ideen ist also keineswegs nur eine sterile, rein intellektuelle Sache. Jungs von seinen eigenen Ängsten bestimmten Ideen haben also auch hier und jetzt täglich Auswirkungen. Jungianer werden angeleitet, nach dem Rezept ihres Vorbildes, auf Kosten ihrer KlientInnen, mit ihren eigenen Ängsten, Hemmungen und Vorurteilen umzugehen.

Jung, gelehriger und treuer Schüler seines ehemaligen Chefs Eugen Bleuler

Jung bezeichnete sich zeit seines Lebens als Schüler von Eugen Bleuler, unter dessen Leitung er zu Beginn dieses Jahrhunderts am Zürcher Burghölzli gearbeitet hatte. Und bis zu seinem Tod im Jahre 1961 blieb er den Ideen seines ehemaligen Chefs treu, obwohl er nach seiner Tätigkeit an der psychiatrischen Klinik ungefähr 50 Jahre in freier Praxis Gelegenheit hatte, sich mit nicht hospitalisierten ‹PatientInnen› auseinanderzusetzen. Jung widemete sich in all diesen Jahren sehr intensiv dem Studium von Träumen, Mythen, Märchen, Religionen, und dennoch stellte er das psychiatrische Weltbild niemals in Frage. Bleuler vertrat in seinem berühmten Buch ‹Dementia praecox oder die Gruppe der Schizophrenien›[76)] – wie sein ‹Schüler› – die Auffassung, dass eine anatomische oder chemische Störung des Gehirnes die ‹Symptome› der ‹Schizophrenie› bewirke. Auch das unheilvolle Konzept der ‹latenten Schizophrenie›, die ja eben noch weit häufiger sein soll als die ‹manifeste Erkrankung›, wurde von Bleuler mit Überzeugung vorgebracht: «In noch unheilvollerem Licht erscheint die Krankheit, wenn man sich überlegt, dass eine grosse Menge von nicht als geisteskrank geltenden Psychopathen, die die Familie und die Gesellschaft in Atem halten, und von Neuropathen, die die Ärzte beschäftigen, ohne Heilung zu finden, latente Schizophrene sind. Ich habe Grund zur Annahme, dass diese unerkannten Schizophrenen noch viel zahlreicher sind als die ausgesprochen Geisteskranken.»[77)] Auch darin, dass er sich dermassen treu einer Lehrmeinung und dem diese Lehrmeinung vertretenden ‹grossen Mann› verbunden fühlt, steht Jung keineswegs allein da. Die Schwäche, Vorbilder nicht in Frage zu stellen, ist typisch für viele Psychiater, Psychologen und Psychotherapeuten der ganzen Welt. Für ‹Geisteskrankheiten›, ‹endogene Psychosen› und ‹Schizophrenien› gibt es für sie vor allem eine Kapazität. Wie Jung berufen sie sich alle – ganz besonders natürlich diejenigen, die im Bereich der direkten, wissenschaftlichen Ausstrahlung der Region Zürich leben – noch heute auf einen der ‹grössten Zürcher›, auf Eugen Bleuler.

«... Ohne Rücksicht auf Anschauungen und Gefühle ...» Vom engagierten Kampf der Psychiater gegen die ‹Degeneration der Rasse›

Die ‹Euthanasieaktionen› der Psychiater des ‹Dritten Reichs› standen keineswegs im Gegensatz zum psychiatrischen Denken[78)]

Ungefähr 270 000 ‹minderwertige› Insassen von psychiatrischen Kliniken, Heimen und Konzentrationslagern wurden im Laufe der Herrschaft der Nationalsozialisten umgebracht.[79)] Breggin sagt es deutlich: «Die Psychiatrie auf der ganzen Welt akzeptierte immer mehr die Euthanasie, aber nur in Deutschland erreichte sie das Stadium des offenen Planens der Lösung. Psychiatrisch gesehen war Deutschland einfach das weitestentwickelte Land der Welt.»[80)]

Der berühmte und geachtete Eugen Bleuler forderte lange vor Hitler den Ausschluss der ‹Schwachen› und ‹Degenerierten› von der Zeugung

Bemerkenswert, dass sich Psychiater, auch massgebende und berühmte Schweizer Psychiater, noch vor Hitler vehement für die Reinerhaltung der Rasse, für den Ausschluss der ‹Degenerierten› und Schwachen von der Zeugung aussprachen. Eugen Bleuler (1857–1939), langjähriger Chefarzt an der psychiatrischen Universitätsklinik Zürich, dem berühmten Burghölzli, ist einer der bekanntesten und anerkanntesten Psychiater überhaupt. Auf Bleuler geht der Begriff ‹Schizophrenie› zurück. Er ist Autor des bekanntesten Lehrbuches der Psychiatrie, das bis heute unter seinem Namen erscheint; 1983 in der 15. Auflage, neubearbeitet von seinem Sohn Manfred Bleuler. Und dennoch muss Eugen Bleuler geradezu als ein Wegbereiter der düsteren Ideen, die sich später im NS-Staat verwirklichen konnten, bezeichnet werden. Schon 1904 schrieb er: «Wie man der Degeneration begegnen sollte, das bleibt noch zu studieren. Etwas anderes als der Ausschluss der Schwachen von der Zeugung ist aber nicht wohl denkbar. An der Wissenschaft ist es, die Wege dazu zu finden, ohne Rücksicht auf Anschauungen und Gefühle, die einer vergangenen Kultur entstammen und unter jetzigen Verhältnissen schädlich sind.»[81)] Und auch: «Wer aber längere Jahre in der Irrenpflege tätig ist, erschrickt über die grosse Menge derjenigen, die nach der Erkrankung heiraten, oder wenn sie schon vorher verheiratet waren, wieder Kinder zeugen. Bei der grossen Neigung vieler Geisteskrankheiten zur Vererbung kann dies nicht ohne Einfluss auf die nächsten Generationen bleiben. Nimmt man noch alle körperlich und geistig irgendwie abnormen Leute, die früher sehr rasch zugrunde gingen, nun aber dank unserer Wohltätigkeitseinrichtungen weiter leben und sich fortpflanzen, hinzu, so braucht man nicht gerade Nietzsche gelesen zu haben, um die Sache sehr ernst zu nehmen.» Bleulers Engagement für einen Ausschluss der Schwachen von der Zeugung, «ohne Rücksicht auf Anschauungen und Gefühle», erschien in einem Aufsatz mit dem Titel, «Führen die Fortschritte der Medizin zur Entartung der Rasse?» Etwas später kommt Eugen Bleuler erneut auf die Schwierigkeit zu sprechen, die ‹Degenerierten› und die ‹Entarteten› von der Kinderzeugung abzuhalten: «Jetzt wäre es unsere Pflicht, unseren Nachkommen wenigstens das theoretische Material zu bieten, das ihnen ein rationelles Einschreiten ermöglichen wird.»[82)]

Eugen Bleuler war für die Einführung eines Schulunterrichtes für ‹Rassenhygiene›

In seinem Vortrag ‹Der Hygieneunterricht in der Schule›[83)] forderte Eugen Bleuler einen Schulunterricht für ‹Rassenhygiene›, in dem auch vor ‹Rassenmischung› gewarnt werden solle. Einmal mehr sprach er dort auch von seiner grossen Sorge, dass ‹Geisteskranke›, wie die ‹Schwachen› überhaupt – wegen der Fortschritte der Medizin –, nun älter werden und sich somit auch fortpflanzen können.

Auch August Forel kämpfte engagiert gegen die ‹Degeneration der Rasse›

Bleuler war nicht der einzige Psychiater seiner Zeit, der dieses Gedankengut verbreitete. Ein weiterer Schweizer, Bleulers Vorgänger als Chefarzt des ‹Burghölzli› in Zürich, August Forel (1848–1931), war ebenfalls ein engagierter Kämpfer für die Reinerhaltung der Rasse. Dies, obwohl Forel als Sozialist und Pazifist bekannt war; er war an der Gründung des Völkerbundes beteiligt und setzte sich eindrücklich ein im Kampf gegen den Alkoholismus. (Forel und auch Friedrich Ris – Bleulers Nachfolger als ärztlicher Leiter der psychiatrischen Klinik Rheinau – waren beide als Insektenforscher bekannt. Forel interessierte sich für Ameisen, Ris für Libellen.) Forel kommt die zweifelhafte Ehre zu, 1882 als erster Psychiater überhaupt die Sterilisation einer ‹Geisteskranken› angeordnet zu haben.[84)]

Die Gedanken dieser Psychiater und weiterer Eugeniker und Rassenhygieniker wurden von den Nationalsozialisten aufgenommen: Der ‹Vernichtung unwerten Lebens› waren ab 1934 Massensterilisationen vorausgegangen. Ungefähr 400000 Menschen wurden damals unfruchtbar gemacht. Die Auswahlkriterien waren ähnlich wie diejenigen der darauffolgenden ‹Euthanasie-Aktionen›; beide Ideen entstammten demselben Denken und hatten dasselbe Ziel: ‹Ausmerzung› der Schwachen und ‹Entarteten› – entweder erst in der nächsten Generation oder gleich sofort! Wie nahe Psychiater wie Forel schon dem Gedanken der ‹Euthanasie› standen, zeigt sein Schlusswort im Buch ‹Verbrechen und konstitutionelle Seelenabnormitäten›, das 1907 erschien.[85)]: «Unsere Altvorderen hatten ein einfacheres und radikaleres System. Bei der ersten, oft nicht einmal besonders schweren Tat hängten sie die Schuldigen ohne viel Umstände auf. In gewissen Beziehungen war das menschlicher, weil dies schnell ausgeführt wurde. Nur der Mangel an Unterscheidung hat oft zahlreiche Unschuldige aufhängen und zahlreiche Schuldige entschlüpfen lassen. *Aber im grossen und ganzen verhinderte man die Wiedererzeugung der schlechten Brut.* Die allzu einseitige, schwache, feige und blinde Humanität unserer gegenwärtigen Gesellschaft begnügt sich im Gegenteil oft damit, freizusprechen und laufen zu lassen, ohne den Mut zu haben, Präventivmassnahmen zu ergreifen, die sich immer dringender notwendig machen gegen das Verbrechen und seine Ursachen, wie gegen die *Degeneration der Rasse*.»

Der Gedanke der ‹Ausmerzung› geht logisch und korrekt aus dem erbpsychiatrischen Denken hervor

Das psychiatrische Denken, für das ‹Veranlagung›, ‹Vererbung› und ‹Disposition› so eminent wichtig sind, ist gefährlich. Für diejenigen, die an diese ‹Wissenschaft› glauben, muss die Ausschliessung der erbbiologisch ‹Minderwertigen›, der ‹Schwachen›, von der Zeugung als logisch zwingender Schluss erscheinen; wer so denkt, ist keineswegs einfach böse oder schlecht. Sogar die ‹Euthanasieaktionen› der Nazipsychiater werden dadurch in gewisser Weise verständlich. Etwas an diesem Denken kann nicht stimmen. *So plausibel und einleuchtend ein Modell auch immer tönen mag – falls sich damit dermassen unmenschliche Taten rechtfertigen lassen, muss es hinterfragt und korrigiert werden.*

Chefärzte des Zürcher ‹Burghölzli› vertraten Gedanken, wie sie Hitler ungefär 20 Jahre später in ‹Mein Kampf› formulierte. Dazwischen hatte 1918 der deutsche Zusammenbruch stattgefunden, der allgemein als Ausgangspunkt von Hitlers Regenerationsidee betrachtet wird; er appellierte damals noch zurückhaltend an erblich Belastete, aus eigenem Antrieb auf Nachkommen zu verzichten und sprach auch von der ‹Pflicht der Erhaltung der Rasse›: «Wer köperlich und geistig nicht gesund und würdig ist, darf sein Leid nicht im Körper eines Kindes verewigen (...) In all diesen Dingen muss das Ziel und der Weg bestimmt werden, von der Sorge für die Erhaltung der Gesundheit unseres Volkes an Leib und Seele. Das Recht der persönlichen Freiheit tritt zurück gegenüber der Pflicht der Erhaltung der Rasse.»[86)]

Der Massenmord an Psychiatrie-‹Patienten› in Deutschland kann also nicht einfach als ein deutsches Problem betrachtet werden, als ein Versagen der deutschen Psychiater. Damit wäre dieses schreckliche Ereignis allzuleicht erledigt und abgetan. Die Psychiatrie auf der ganzen Welt akzeptierte damals die Idee der ‹Euthanasie›. Der Gedanke, dass viele Schweizer Psychiater mitgemacht hätten, ist naheliegend...

Morde als ‹reine Heilbehandlung›

Die Angst vor dem Anderen, dem ‹Entarteten›, dem ‹Kranken›, letztlich die Angst vor dem Menschen mit all seinen Möglichkeiten, ist der gemeinsame Hintergrund oder das Verbindungsglied, das die ‹üblicheren› Eingriffe der Psychiatrie mit den Massenmorden in den Kliniken und Heimen des NS-Staates verbindet. Und erstaunlich, aber wahr, dass double bind der Macht hört nicht einmal an dieser Stelle auf: Sogar Tötungen werden als eine ‹*in Wahrheit reine Heilbehandlung*›, als ‹*unverbotenes Heilwerk von segensreichster Wirkung*› bezeichnet: Dies vom Psychiatrieprofessor Alfred Hoche und dem Professor des Rechts Karl Binding in ihrem berühmt-berüchtigten Buch ‹Die Freigabe der Vernichtung lebensunwerten Lebens. Ihr Mass und ihre Form›[87)] Die Namen, mit denen die beiden Professoren die Opfer dieser Aktionen bezeichneten, sind schrecklich: Sie sprechen von ‹*leeren Menschenhülsen*›, von ‹*Ballastexistenzen*›, von ‹*Defektmenschen*›, ‹*geistig Toten*› und ‹*furchtbaren Gegenbildern echter Menschen*›[88)].

Das systematische Töten der ‹Geisteskranken› ging unter der Führung der Anstaltsleiter weiter, obschon Hitler persönlich das Ende der Euthanasie-Aktion angeordnet hatte

Obschon Hitler persönlich am 24.8.1941 das Ende der ‹Euthanasieaktion T4› anordnete, ging das systematische Töten der ‹Geisteskranken› unter der Führung der Anstaltsleiter bis Kriegsende, und sogar noch darüber hinaus, weiter. Die Vergasungsanlagen wurden mit ‹eingearbeitetem› Personal in den Ostraum verschoben – die ‹Endlösung der Judenfrage› begann. Doch in den psychiatrischen Kliniken Deutschlands wurde routinemässig weitergemordet. Todesursachen waren von da an Überdosierungen von Veronal, Luminal, Morphium-Skopolamin usw., oder – Hunger.

1939, kurz vor dem offiziellen Start der ‹Euthanasieaktion T4›, begann die ‹Kinderaktion›: Alle Schwachen, Unwerten und ‹Entarteten› sollten ausgemerzt, Rasse und Erbgut aufgewertet werden. Wenn immer möglich musste verhindert werden, dass derartige Menschen je fortpflanzungsfähig wurden. ‹Idiotische›, missgebildete und gelähmte Neugeborene wurden getötet. Auch hier wurde die Indikation zur Tötung von den Ärzten laufend erweitert; ursprünglich waren Kleinkinder bis zu drei Jahren vorgesehen, bald einmal erhöhte sich das Alter der Opfer bis zu sechzehn Jahren.

Das Abweichende ist bedrohlich, die Gesellschaft soll davon befreit werden: Und das nennt sich ‹Heilung›

Psychiatrische Eingriffe und Euthanasie, ‹Behandlung› und ‹Ausmerzung› – dies alles hat dasselbe Ziel: Die Gesellschaft soll ‹gereinigt›, ‹verbessert›, in ihrem ‹Idealzustand› wiederhergestellt werden. Abweichendes soll verschwinden, denn es stört. Das Ziel lautet demnach, die Abweichung, diese existentielle Bedrohung für immer zum Verschwinden zu bringen, auszutilgen: *Und das nennt sich Heilung!* Geheilt werden soll dabei die Angst der ‹Normalen› und Angepassten.

Und dennoch wird es den Ketzer, den Feind der Gesellschaft immer geben

Und dennoch wären auch mit der Beseitigung des letzten Abweichenden die Ängste der ‹Normalen› und Angepassten noch nicht verschwunden. So wird denn auch das völlig widersprüchliche Verhalten der Mächtigen, deren Handeln durch diese Ängste bestimmt wird, verständlich. Einerseits wird ‹behandelt›, angepasst, ausgemerzt – so weit dies immer möglich ist. Doch wenn es einmal keine ‹Geisteskranken›, keine Kriminellen oder FixerInnen mehr geben sollte, keine bösen Feinde auch im anderen Land, ja dann wüsste sich die Macht kaum mehr zu helfen; das Andersartige wird gebraucht, Auszumerzendes muss fortwährend vorhanden sein. So erschafft sich denn unsere Gesellschaft ihre Abweichenden, ihre Aussenseiter, ihre Feinde immer wieder neu – konsequent und stetig. Nur der andauernde und ununterbrochene Akt der Unterdrückung hilft.

O'Brian, der Peiniger von Winston in Orwells ‹1984›, verdeutlicht dies auf eindrückliche Weise: «Aber immer – vergessen Sie das nicht, Winston, wird es den Rausch der Macht geben, das Gefühl, auf einem wehrlosen Feind herumzutrampeln. Wenn Sie sich ein Bild von der Zukunft ausmalen wollen, dann stellen Sie sich einen Stiefel vor, der in ein Menschenantlitz tritt – immer und immer wieder... Und vergessen Sie nicht, dass das für immer gilt. Das Gesicht zum Treten wird immer da sein. Den Ketzer, den Feind der Gesellschaft wird es immer geben, so dass er immer wieder besiegt und gedemütigt werden kann.»

Selektion von Menschen auf Grund ihrer genetischen Eigenschaften auch heute

Die Selektion von Menschen auf Grund ihrer genetischen Eigenschaften ist in den letzten Jahren wieder sehr aktuell geworden. Die Zeugung von qualitativ wertvollen Menschen soll gefördert, die Geburt von behinderten, ‹minderwertigen› Kindern verhindert werden. In Form der pränatalen genetischen Diagnostik hat sich die Selektion fast unmerklich erneut ins Leben von vielen Frauen eingeschlichen. Und selbstverständlich dreht sich diese Diagnostik nur um die eine zentrale Frage – um die Indikation zu einer allfälligen Schwangerschaftsunterbrechung, und damit um die ‹Ausmerzung› von genetisch ‹minderwertigen› Embryonen. MitarbeiterInnen von humangenetischen Beratungsstellen werden aktiv und versuchen auch durch Beratung vor der Zeugung, die Entstehung von ‹minderwertigem› Leben zu verhindern.[89)]

Die Entwicklung der Reproduktionstechnologien hat einen deutlich rassistischen Anstrich. Gesundheitsschädigende Verhütungsmittel und Zwangssterilisation in der Dritten Welt – künstliche Befruchtung, Embryotransfer und Mietmutterschaft bei Frauen der oberen sozialen Schicht in der ‹zivilisierten› westlichen Welt. Und zudem macht die Technik der In-Vitro-Befruchtung und des Embryotransfers den Genetikern das Material zugänglich, das sie für die Erforschung und Manipulation der menschlichen Erbsubstanz benötigen.[90)]

Unschädlich machen, was stört

Schon Eugen Bleuler erkannte klar, dass es ‹Wissenschaftlichkeit› und ‹Objektivität› in der Psychiatrie gar nicht geben kann

Beachtenswert die folgende Aussage von Eugen Bleuler: «Hat man z.B. einen moralischen Idioten vor sich, so muss man ihn für immer unschädlich machen, ob dann die moralische Idiotie als Krankheit angesehen wird oder nicht.»[91] Die ‹Diagnose› ‹moralische Idiotie› meint eine Abweichung im Bereich des ‹Moralischen›, des Gefühlslebens ohne Verwirrung der Gedanken, bei ‹normaler› Intelligenz. In der deutschen Psychiatrie wurde dieser Begriff für Menschen gebraucht, bei denen die Experten einen ‹Defekt der ethischen Gefühle› ‹diagnostizierten›.[92] Im obenstehenden Zitat geht es Bleuler um die Frage, wie mit Kriminellen umgegangen werden soll. An anderer Stelle hat er sich noch ausführlicher zu dieser Frage geäussert: «Erklärt man einen moralischen Idioten als geisteskrank, so kann er unschädlich gemacht, aber nicht bestraft werden, erklärt man ihn als gesund, so kann er bestraft, aber nur für so lange unschädlich gemacht werden, als die Haftstrafe dauert.»[93] Bleuler zeigt hier sehr deutlich auf, um was es in der Psychiatrie letztlich geht: Kriminelle stören, sie verhindern den harmonischen Ablauf des geregelten, gesellschaftlichen Lebens. Ein Staat, der ungestört funktionieren soll, muss etwas gegen die Kriminalität unternehmen. Bleuler geht davon aus, dass der Staat ein Interesse daran hat, dass ‹moralische Idioten› ‹unschädlich› gemacht werden – möglichst für immer. Der Staat und seine Bürger sollen vor weiteren Straftaten geschützt werden. Die herrschenden Verhältnisse sollen unverändert weiterbestehen, die herrschende Schicht unangetastet ihre Stellung behalten. Falls die störenden Menschen als ‹krank› bezeichnet werden, sind diese Ziele langfristig leichter zu erreichen, als wenn sie als ‹gesunde› Kriminelle betrachtet würden. Das Interesse des Staates ist entscheidend. Aus seiner, des Psychiaters Sicht können ‹moralische Idioten› sowohl als ‹gesund› oder auch als ‹krank› angesehen werden. Bleuler orientiert sich hier deutlich an Feststellungen, die mit Medizin, mit der Aufgabe, kranke Menschen zu heilen, nicht das geringste zu tun haben.

Psychiatrische ‹Diagnosen› können somit jederzeit – willkürlich – eingesetzt werden, um auszuschliessen, um unschädlich zu machen. Die Feststellung, was nicht sein darf, erfolgt völlig subjektiv; ‹diagnostiziert› und ausgeschlossen wird das, was diejenigen, die die Macht zu den entsprechenden Eingriffen besitzen, als ‹gefährlich› erachten. Aus den obenstehenden Zitaten kann entnommen werden, dass Bleuler dies alles klar erkannte; und dennoch fuhr er unbe-‹irrt› fort, abweichende Menschen zu etikettieren, auszuschliessen und zu ‹behandeln›. Dabei wäre seine Einsicht Grund genug gewesen, die psychiatrische ‹Diagnostik› für immer aufzugeben.

Bemerkenswert, wie klar Bleuler seine Situation als Psychiater erkannt hat. Darin unterscheidet er sich sicher von den meisten seiner KollegInnen. Wer – wie Bleuler – imstande ist, klar zu erkennen, was er macht, dessen Ängste müssten doch etwas geringer sein; vor allem sind dessen Möglichkeiten für verändertes Handeln klar gegeben. Doch Bleuler nutzte seine Entscheidungsfreiheit nicht; er machte weiter ‹Störende› unschädlich, wie das von ihm erwartet wurde. So blieb er berühmt und geehrt bis heute.

Die Tätigkeit der Psychiater entlastet die ‹Gesunden›

Bis der Abweichende als Insasse in der Klinik verwahrt ist, werden immer verschiedene Menschen mit seiner Handlungsweise konfrontiert. Angehörige fühlen sich in Frage gestellt, verschiedene Behörden, die Polizei, Lehrer oder Arbeitgeber fühlen sich bedroht, verwirrt durch ein Verhalten, das die klar abgesteckten Grenzen dessen, was bei uns noch toleriert werden kann, sprengt. Sie alle werden durch den Eingriff des Psychiaters, durch seine ‹Diagnose›, durch den Ausschluss des ‹Patienten› aus der Gemeinschaft der ‹Gesunden›, entlastet; dadurch, dass er ihnen mit der ‹Feststellung›, ‹dieser Mensch ist ‹krank›, ‹irr›, ‹verrückt› oder ‹schizophren›, die Aufrechterhaltung ihres Selbstverständnisses, das Fortführen ihrer gewohnten Lebensweise ermöglicht, macht sich der Psychiater beliebt.

Für ein Ende der Psychiatrisierung von Menschen, denn psychisches Leiden ist keine Krankheit

Wer durchschaut, wie und wieso Menschen ‹verrückt› werden, der braucht sich vor dem Phänomen ‹Geisteskrankheit› nicht mehr zu fürchten; er wird – ganz wichtig ist dies für PsychotherapeutInnen – kaum mehr ‹krank›-machend wirken, und er kann ohne Besorgnis um seine eigene ‹geistige Gesundheit› an die sinnvolle Gestaltung seines eigenen Lebens gehen.

Sinnvoll wäre einzig und allein die endgültige Aufhebung der übergeordneten Zuständigkeit der Medizin und der Mediziner für die ‹Diagnostik› und die ‹Behandlung› von psychischem Leiden, psychischer Abweichung und Auffälligkeit. Wenn es um die Seele des Menschen geht, kann das medizinische Denken nichts als schaden. Es verhindert das Verständnis von psychischem Leiden, von Abweichung und Auffälligkeit. Durch die offiziell anerkannte Zuständigkeit der Medizin erscheint der Einsatz von Medikamenten – ja sogar die Durchführung von chirurgischen Eingriffen – zur ‹Behandlung› von rein psychischen Phänomenen als selbstverständlich und sinnvoll. Die Behandlung einer Infektion mit Antibiotika ist etwas völlig anderes als die Unterdrückung von psychischen ‹Symptomen› durch Neuroleptika. Sicher, ‹Symptome› können so zum Verschwinden gebracht werden – falls die Dosierung hoch genug gewählt wird. Neuroleptika schädigen das menschliche Gehirn, sie unterdrücken nicht nur ‹Symptome› – was immer das auch ist –, unter ihrer Wirkung verliert sich die Wahrnehmung von Lust und Unlust, Freude, Leid und Wut. Psychopharmakalogische ‹Behandlungen› sind nie kausal auf das zu behebende Leiden ausgerichtet, sie können auf völlig unspezifische Weise ‹Symptome› wegdämpfen, mehr nicht.

Diese Zuständigkeit der Medizin für einen Bereich, wo sie völlig fehl am Platz ist, hat weitreichende Auswirkungen. Folgende Gedankenkette wird stillschweigend vorausgesetzt: Das Gehirn ist ‹erkrankt›, also handelt es sich um ein medizinisches Problem, also sind Ärzte zuständig, also können Medikamente und weitere medizinische ‹Behandlungs›-Methoden angewendet werden, also wird der Ort, wo diese ‹Behandlungen› stattfinden, Klinik genannt.

Sobald es allgemein anerkannt ist, dass psychische Abweichungen als ‹Krankheiten› zu betrachten sind, liegt es auf der Hand, dass sogar gegen den Willen der ‹PatientInnen› ‹behandelt› werden muss. Ihre Einsichtslosigkeit wird zum ‹Krankheitssymptom›; die Zwangseinweisung, die Zwangs-‹Behandlung› mit Psychopharmaka, die Einschliessung – all dies wird zu einem menschlichen Akt: Es wird ihnen ‹geholfen›, sie sehen dies nur noch nicht ein, später werden sie dankbar sein.

Das medizinische Modell macht somit gröbste Verletzungen elementarer Menschenrechte möglich, gesicherte Freiheiten und Rechte im liberalen Staat sind ausser Kraft gesetzt – im Namen der helfenden Menschlichkeit.[94)]

Psychopharmaka

Die moderne, medikamentöse Therapie wird von der pharmazeutischen Industrie und von den Psychiatern als tiefgreifende Wandlung der psychiatrischen ‹Behandlung› der ‹Geisteskrankheiten› gefeiert. Dank der Erfindung der modernen Psychopharmaka sei die moderne Psychiatrie humaner; die psychiatrischen Kliniken seien zu ruhigen Spitälern geworden – kein Unterschied mehr zu der Behandlung von körperlichen Krankheiten. Auf den ersten Blick scheint die medikamentöse ‹Behandlung› der ‹Geisteskranken› effektiv humaner zu sein, humaner als die früheren Methoden, wie körperliche Züchtigung, Hunger-Kuren, eiskalte Duschen, Untertauchen des ganzen Körpers, Zwangsjacken, Brechmittel, Tobsuchtszellen oder Drehbetten und vieles andere.

Neuroleptika

Die Wirkung der Neuroleptika beruht auf einer direkten Schädigung des menschlichen Gehirns

Es gibt keine spezifisch wirkenden Psychopharmaka: Psychopharmaka können hemmen, dämpfen, allenfalls antreibend wirken – mehr nicht. Ganz besonders gilt dies für die Neuroleptika, deren Einführung im Jahre 1952 nach der Meinung der Experten die Psychiatrie dermassen humanisiert haben soll. Das ist aber keineswegs so. Ja, es stimmt, Neuroleptika können psychiatrische ‹Symptome› zum Verschwinden bringen, sie können jede menschliche Regung wegdämpfen. Sensationell? Kaum, schon eher brutal. Sogar im berühmten ‹Lehrbuch der Psychiatrie› vergleicht Manfred Bleuler die ‹antipsychotische› Wirkung der Neuroleptika mit der ‹antipsychotischen› Wirkung psychochirurgischer Eingriffe.[95] Die Wirkung dieser beiden ‹Behandlungs›-Methoden sei ähnlich. Psychochirurgen operieren das menschliche Gehirn: Sie durchtrennen Hirngewebe, schneiden Hirnsubstanz heraus oder zerstören sie durch Elektrokoagulation. Die vielgepriesenen ‹humanen› Neuroleptika verdanken ihre Wirkung nichts anderem als einer direkten Schädigung des menschlichen Gehirns: Bleulers Bemerkung unterstützt diese Feststellung. Auch ein Blick auf die vielfältigen Nebenwirkungen der Neuroleptika spricht dafür. Neben anderen, massiven Störungen – schwersten Blutbildungsstörungen, die sogar tödlich enden können, schweren Leberschädigungen usw. – treten praktisch immer neurologische Nebenwirkungen auf. Dazu gehören: Zittern, steife Haltung, Zwang, mit trippelnden Schritten umherzugehen, fehlende Mitbewegungen der Arme beim Gehen, sogenanntes Maskengesicht (keine Regungen sind auf dem starren Gesicht erkennbar), Artikulationsstörungen, Mundtrockenheit, Schwitzen, Herzklopfen und auch schwerwiegende Krämpfe der Körpermuskulatur und des Kehlkopfes.[96)] In der Umgebung von psychiatrischen Kliniken sind Menschen mit der beschriebenen ‹Symptomatik› nicht zu übersehen. Diese bedauernswerten, trippelnden, zitternden, verkrampften und ‹abgestumpften› Wesen müsste es nicht geben. Ihr Leiden ist die Folge der Psychopharmaka-‹Behandlung›, mit der ‹Geisteskrankheit› dieser Menschen hat dies nicht das geringste zu tun. Neuroleptika können also die Beweglichkeit des ‹Patienten› einengen bis zur völligen Bewegungs- und Willenlosigkeit, andererseits bewirken sie oft eine äusserst quälende Unruhe, ein Drang zu ständiger Bewegung.

Die ‹Heilwirkung› dieser Medikamente, ihr ‹normalisierender›, ‹antipsychotischer› Effekt tritt erst bei Dosierungen auf, die zu Bewegungsstörungen führen, was bedeutet, dass dabei auch motorisches Nervengewebe geschädigt wird. Beide also, die ‹Heilwirkung› und die motorischen Nebenwirkungen der Neuroleptika, beruhen demnach auf einer Schädigung von menschlichem Nervengewebe. Gesunde Menschen werden so zu neurologisch Kranken, mit dem Aussehen und der Behinderung von Parkinson-PatientInnen. Die Wirkungsweise der Neuroleptika hat zweifellos grosse Ähnlichkeit mit Elektroschock und Psychochirurgie, deren unspezifischer Effekt ebenfalls auf Grund einer organischen Hirnschädigung zustande kommt. *Die ‹Heilwirkung› all dieser ‹Behandlungs›-Methoden für vermeintliche Hirnschädigungen beruht auf wirklicher Hirnschädigung.*

Neuroleptika können auch epileptische Anfälle bewirken. Immer häufiger werden die Meldungen über plötzliche Todesfälle (‹sudden death›) von Menschen, die mit Neuroleptika ‹behandelt› werden. Als Gründe dieser Todesfälle werden Herzrhythmusstörungen und Herzstillstand, plötzlicher starker Blutdruckabfall und Ersticken infolge Aspiration von Mageninhalt (bewirkt durch einen Schlund-Kehlkopf-Krampf) angegeben.[97)]

Dämmerkuren invalidisieren

Zusätzlich zur Verabreichung in Form von Tabletten werden Neuroleptika auf noch unheilvollere Art eingesetzt. Bei frisch ‹hospitalisierten› ‹PatientInnen› mit der ‹Diagnose› ‹Schizophrenie› oder ‹manisch depressive Psychose› werden oft zehntägige oder auch länger dauernde ‹Dämmerkuren› durchgeführt: Neuroleptika in hohen Dosen werden dreimal täglich injiziert; die ‹PatientInnen› sind bettlägerig und schlafen meist. Meiner Erfahrung nach werden solche ‹Kuren› auch zur ‹Behandlung› von nicht klinikkonformem Verhalten eingesetzt, ferner gewinnt das überlastete Personal Zeit, und die Angehörigen haben den Eindruck, etwas Sinnvolles (weil so medizinisch!) werde getan. Bei ‹akuten Zuständen› werden Neuroleptika in hoher Dosierung sogar intravenös gespritzt oder in einer Infusionslösung verabreicht.

Neuroleptika können auch als Tropfen in Getränken verabreicht werden; auf diese Weise ist es leichter zu kontrollieren, ob ‹uneinsichtige PatientInnen› das Medikament auch wirklich eingenommen haben; Tabletten können nämlich unter der Zunge aufbewahrt und später ausgespuckt werden...

Die berechtigte Angst vor der Medikamenteneinnahme wird als ‹psychotisches Symptom› gedeutet

Alles, was ‹Schizophrene› tun, wird für Psychiater zu einem ‹Symptom› ihrer ‹Krankheit›: So wird selbstverständlich auch die Verweigerung der Medikamenteneinnahme pathologisiert. Die berechtigte Angst vor den hochwirksamen und gefährlichen Neuroleptika versteht Prof. Kielholz aus Basel als ‹paranoides Misstrauen›, als ‹psychotisches Symptom›: «Zudem zeigt sich beim Schizophrenen eine besondere Neigung zu paranoidem Misstrauen gegenüber Medikamenteneinnahmen, das zuweilen die Form von Vergiftungsideen annimmt. Das Misstrauen kann bei zu starker Dosisreduktion als erstes psychotisches Symptom auftreten.»[98)] Die Ablehnung der Neuroleptika kann sehr wohl als realistische Einschätzung ihrer Wirkung verstanden werden. Eine Dosisreduktion lässt den ‹Patienten› so weit aus seiner neuroleptischen Dämpfung und Apathie erwachen, dass er nun erst zu der eigenständigen Handlung der Verweigerung fähig ist.

Depot-Neuroleptika – ideal für die ‹Behandlung› der unzuverlässigen ‹Psychotiker›

Eine sehr ‹praktische› Verabreichungsform dieser Medikamente bedeuten deshalb die ‹Depot- oder Langzeit-Neuroleptika›. Die ‹PatientInnen› erhalten Injektionen im Abstand von ein, zwei oder drei Wochen. Dieselbe Wirkung könnte selbstverständlich mit täglichen Tabletteneinnahmen erreicht werden; da jedoch ‹Schizophrene› bekanntlich unzuverlässig sind, ist durch diese Verabreichungsform gewährleistet, dass auch Gefühle, Emotionen und Individualität von nicht hospitalisierten ‹PatientInnen› erfolgreich und dauernd Tag für Tag weggedämpft werden können. Viele aus einer Klinik entlassene ‹Schizophrene› erhalten diese Depotpräparate; all diese ‹PatientInnen› werden also von ihren Ärzten als unzuverlässig eingeschätzt.

Neurologische Dauerschäden, auch nach dem Ende der ‹Behandlung› mit Neuroleptika

Zu den ‹Nebenwirkungen› der Neuroleptika gehören also die sogenannten Dyskinesien: anfallsweise auftretende, unwillkürliche Muskelkrämpfe im Bereich des Halses, des Gesichts, des Mundes, der Zunge, der Augen, des Stammes und der Extremitäten. *Diese ‹Symptome› können als bleibende Schädigung auch nach Absetzen der*

Neuroleptika-‹Behandlung› weiter bestehen. Manchmal treten sie sogar erst auf, wenn die ‹PatientInnen› keine Neuroleptika mehr erhalten. Das medizinische Fachwort für diese Schädigung heisst ‹Spätdyskinesie› oder ‹terminales, extrapyramidales Defektsyndrom›. Bei 70% der ‹PatientInnen›, die mindestens zehn Jahre mit Neuroleptika ‹behandelt› wurden (Neuroleptika werden oft als ‹Dauerbehandlung› eingesetzt), fand sich diese Dauerschädigung des Gehirns.[99)] Die Störung äussert sich vor allem in Form von regellosen, unwillkürlichen, ziellosen, schleudernden Muskelbewegungen im Bereich des Mundes, der Zunge, des Gesichts, der Hände und Füsse, Überstreckungen und Verdrehungen des Rumpfes und der Extremitäten; auch die Atemmuskulatur kann beteiligt sein.

Dies alles ist der Preis, den die ‹PatientInnen› bezahlen müssen, damit die heutigen psychiatrischen Kliniken von aussen den Anblick von ruhigen Spitälern bieten. Das ist die ‹medizinische Behandlung› von psychisch leidenden, auffallenden oder abweichenden Menschen, die ‹entscheidende Wende› in der Psychopharmakologie: «Eine entscheidende Wende in der Psychopharmakologie bedeutete die Einführung von Chlorpromazin (erstes Neuroleptikum) zur Behandlung psychisch Kranker im Jahre 1952 durch DELAY und DENIKER.»[100)]

Körperlich gesunde Menschen werden durch ärztliche ‹Behandlung› neurologisch geschädigt. Dies ist nur möglich, solange abweichendes Verhalten als ‹Krankheit› im medizinisch-biologischen Sinn betrachtet wird. Diese Tatsache macht die bereits formulierte Forderung für die Zukunft dringend: *Jeglicher Umgang mit psychischem Leid und mit psychischer Abweichung muss restlos von der Medizin und dem Begriff der Krankheit getrennt werden.*

Die neurologischen ‹Nebenwirkungen› der Neuroleptika werden routinemässig mit Antiparkinson-Medikamenten ‹behandelt›

Wie paradox die psychiatrisch-medizinische ‹Behandlung› psychischer Störungen ist, wird am Beispiel der Neuroleptika noch aus einem weiteren Grund deutlich: Die durch Neuroleptika hervorgerufenen Bewegungsstörungen sind dermassen unangenehm, dass sie sehr oft mit weiteren Medikamenten, den sogenannten Antiparkinsonmitteln, ‹behandelt› werden müssen. Ein grosser Teil der Psychiater verschreibt vom ‹Behandlungs›-Beginn an jeweils gleich zusammen mit dem Neuroleptikum ein Antiparkinsonmittel. Antiparkinsonmittel wirken ebenfalls direkt im menschlichen Gehirn und haben selber unangenehme ‹Nebenwirkungen›: Trockener Mund, Hautbrennen, verschwommenes Sehen, Schwindel, Übelkeit, Magenbeschwerden, Harnverhalten, Blutbildungsstörungen, Schlafsucht oder schlechter Schlaf und auch Bewegungsstörungen wie unsicheres Gehen: Und genau diese Medikamente setzt der gewissenhafte Mediziner zur ‹Vorbeugung› und ‹Behandlung› der durch Neuroleptika bewirkten Bewegungsstörungen ein. (Zudem werden Antiparkinson-Mittel wegen ihres euphorisierenden Effekts sogar auf dem Drogen-Schwarzmarkt gehandelt.)

Die ‹Nebenwirkungen› der Neuroleptika können leicht als psychiatrische ‹Symptome› verkannt werden

Die mannigfaltigen Störungen, die die Neuroleptika hervorrufen, können nur allzu leicht als psychiatrische ‹Symptome› verkannt werden; beispielsweise gelten sowohl Bewegungsarmut wie der Drang zu ständiger Bewegung – beides Neuroleptika-‹Nebenwirkungen› – als ‹Symptome› der ‹katatonen Schizophrenie›. Die durch Neuroleptika bewirkten Krämpfe können auch leicht mit ‹hysterischen Anfällen› verwechselt werden. Die Tendenz und Gefahr, Schädigungen durch die ‹Behandlung› als ‹Krankheitssymptom› zu deuten, besteht selbstverständlich auch bei Elektroschocks und psychochirurgischen Eingriffen.

Neuroleptikawirkungen – die Bilanz ist erschreckend: Schwerste Störungen als Folge einer ‹medizinischen Behandlung› werden einerseits als ‹Krankheitssymptome› verkannt, andererseits mit weiteren Medikamenten bekämpft, die selber Störungen hervorrufen, die wiederum als ‹Krankheitssymptome› verstanden werden können ... Und dies alles als ‹Behandlung› einer ‹Krankheit›, die darin besteht, dass der Arzt einen Menschen «nicht mehr dem eigenen Wesen verwandt empfinden kann.»[101)]

‹Psychotische Zustände› können auch als Komplikation der ‹Behandlung› mit weiteren stark wirkenden Medikamenten beobachtet werden. Genannt werden Tuberkulostatika, verschiedene Hormonpräparate, Diuretika, Antidepressiva, Antabus und viele andere.[102] Die Gefahr ist selbstverständlich gross, dass die Ursache dieser ‹Psychosen› verkannt wird und diese ‹PatientInnen› mit Neuroleptika ‹behandelt› werden.

Die mit Neuroleptika ‹behandelten› ‹PatientInnen› können ihre eigenen Gefühle nicht mehr wahrnehmen – ihre Lebenslust wird weggedämpft

Die wichtigste psychische Wirkung der Neuroleptika ist die Dämpfung des Gefühlserlebens. Die ‹behandelten› ‹PatientInnen› können ihre eigenen Gefühle nicht mehr wahrnehmen, abgestumpft sind sie dazu verurteilt, ein lebloses, leidenschaftsloses Leben zu führen, ohne Lust und Potenz. Grauenhaft, wenn mensch bedenkt, dass die Ursache ihrer ‹Erkrankung›, die Mystifizierung, gerade darin besteht, dass ihnen die Fähigkeit der richtigen Gefühlswahrnehmung abgesprochen wurde. Zweifel an der Richtigkeit ihrer Wahrnehmungen ist für sie das zentrale Problem. Die Gründe dieser Zweifel aufzudecken und langsam das Vertrauen in ihre eigenen Empfindungen wiederzugewinnen, das würde für sie sinnvolle Hilfe bedeuten. Was die Psychiatrie diesen Menschen zu bieten hat, sind Medikamente, die sie von innen her daran hindern, ihre eigenen Gefühle wahrzunehmen. Und diese unsinnige ‹Behandlung› ist meist auf unbestimmte Zeit, auf Jahre hinaus, geplant, wenn einmal die ‹Diagnose› ‹Schizophrenie› gestellt ist.

Die Neuroleptika-‹Behandlung› verstärkt die ‹verrückt›-machende Problematik

Die ‹Behandlung› mit Neuroleptika verhindert also grundsätzlich, dass die Problematik dieser Menschen an ihrem Ursprung angegangen werden kann; sie macht sie abhängig von ihren Betreuern, liefert sie hilf- und wehrlos jeder Form der Manipulation aus. Damit wird klar, dass das einzig mögliche ‹positive› Resultat dieser ‹Behandlung› eine verbesserte Anpassung sein kann. Mit Hilfe der Medikamente sind diese Menschen dann vielleicht in der Lage, die Verhältnisse, die für sie ‹ver-rückt›-machend waren, unauffälliger zu ertragen... Verbesserte Anpassung, Unauffälligkeit – das ist im wesentlichen die Wirkung der Eingriffe der Psychiatrie. Wenn dies nicht gelingt – Ausgrenzung, Verwahrung in den Kliniken...

Neuroleptika beeinträchtigen die intellektuellen Fähigkeiten

Doch die psychische Wirkung der Neuroleptika besteht nicht nur in einer Unterdrückung der Gefühlswahrnehmung. Vergesslichkeit, schwere Gedächtnisstörungen, Konzentrationsschwäche, schwere Minderung der intellektuellen Fähigkeiten gehören zu den Folgen einer Neuroleptika-‹Behandlung›. Dies sind alles ‹Symptome›, die auch nach Elektroschock-‹Behandlungen› auftreten. Elektroschocks verdanken ihre Wirkung ja ebenfalls einer direkten Schädigung des menschlichen Gehirns. Klar, dass Menschen mit intellektuellen Berufen besonders unter diesen Wirkungen leiden. Klar auch, dass die psychiatrisierten sowjetrussischen Dissidenten durch die Neuroleptika-‹Behandlung› entscheidend daran gehindert werden, weiterhin intellektuellen Widerstand zu leisten. Ihre gesellschaftskritische Stellung bedeutet mit Sicherheit einen wichtigen Teil ihrer Identität; ihre Persönlichkeit wird durch die ‹Behandlung› gebrochen.

Neuroleptika machen ‹depressiv›

Dass die Erinnerung an ihre, nun medikamentös weggedämpfte, frühere Lebendigkeit diese Menschen, die mit Neuroleptika ‹behandelt› werden, ‹depressiv› erscheinen lässt, ist kaum erstaunlich. Aus der Zeit, als ich noch als Assistenzarzt arbeitete, erinnere ich mich an die elegante Behebung dieses Problems. ‹Depressionen› bei ‹Neuroleptika-PatientInnen› ‹behandelt› der erfahrene Psychiater mit niedrigen Dosen von Tofranil, einem Antidepressivum – so einfach ist das. Wichtig ist dabei, nicht zuviel Tofranil zu verschreiben, denn bekanntlich sind bei hochdosierter Antidepressiva-‹Behandlung› gelegentlich ‹schizophrene Symptome› zu beobachten...

Sollen Neuroleptika verboten werden?

Nach all diesen Ausführungen ist es kaum mehr erstaunlich, dass von einem Verbot jeglicher Verabreichung von Neuroleptika gesprochen wird: Lars Martensen, ein schwedischer Arzt, setzt sich ein für ein gesetzliches Verbot der Neuroleptika. Der Schaden, den sie anrichten, überwiege jeden Nutzen ihrer Anwendung. In einem fundierten Artikel begründet er ausführlich seine Ansicht.[103)]

Antidepressiva

Alle ‹Depressionen› sollen pharmakologisch ‹behandelt› werden

Aus der chemischen Gemeinsamkeit aller ‹Depressionen› – dem Mangel an bestimmten Neurotransmittoren – leitet der Zürcher Psychiatrieprofessor H.-K. Knoepfel[104)] ab, dass auch bei ‹*neurotischer Depression*› auf ‹Antidepressiva› nicht verzichtet werden solle. Prof. Knoepfel – wie auch Prof. Kielholz[105)] – vertreten die Ansicht, dass alle ‹Depressionen› mit Antidepressiva ‹behandelt› werden müssen. Also ausdrücklich auch Psychopharmakatherapie bei psychogenen Depressionen. Dies, obschon Prof. Kielholz die Zunahme der ‹Depressionen›, die insbesondere im städtischen Milieu festgestellt werde, auf die ‹Beziehungslosigkeit und Vereinsamung der Menschen in unserer Konsum- und Wegwerfgesellschaft› zurückführt.[106)] Die beiden Professoren sind offenbar der Meinung, dass psychogenes Leiden, ausgelöst durch gesellschaftliche Missstände, durch Psychotherapie allein nicht mehr genügend effizient behoben werden könne. Eine gesellschaftlich bedingte Problematik wird medikamentös angegangen.

Die beiden Depressionsspezialisten Prof. Pöldinger und Prof. Kielholz[109)] empfehlen zudem bei ‹therapieresistenten Depressionen› eine kurzzeitige, intensive ‹Behandlung› mit Neuroleptika. Dass Neuroleptika auch bei ‹Depressionen› wirken, ist keineswegs erstaunlich – in genügend hoher Dosierung können sie mit Sicherheit jedes psychische ‹Symptom› wegdämpfen.

Dabei sind Antidepressiva keineswegs harmlose Medikamente

Im ‹Lehrbuch der Psychiatrie›[107)] werden ungezählte, unangenehme und gefährliche Nebenwirkungen erwähnt: u. a. Müdigkeit, Benommenheit, Schwindel, Übelkeit, Erbrechen, trockener Mund, Kopfschmerzen, Schwitzen, Zittern, Herzbeschwerden, wie schneller oder unregelmässiger Puls mit tiefem Blutdruck (bis zum Herzinfarkt), Abnahme der sexuellen Bedürfnisse, Mühe beim Urinieren,

Störung der Blutbildung, Krämpfe, Akkomodationsstörungen. In höheren Dosen sind die ‹Antidepressiva› gefährliche Gifte: «Vorsicht beim Verschreiben von grösseren Dosen wegen der Gefahr des Missbrauchs des Mittels zum Suizid.» (Manfred Bleuler)[108)]

Tranquilizer und Schlafmittel

«Keine Angst vor Benzodiazepinen – sie sind besser als ihr Ruf»

Sehr beliebt und in grossem Ausmass eingesetzt werden Tranquilizer und Schlafmittel aus der Gruppe der sogenannten Benzodiazepine. Valium, Librium, Lexotanil, Seresta, Mogadon, Rohypnol gehören u. a. dazu. Seit langem ist bekannt, dass mit diesen Medikamenten extremer ‹Missbrauch› (oder ist dies der eigentliche Gebrauch?) betrieben wird. Mengen von beispielsweise täglich zehn bis zwanzig Stück Valium à 100 mg sind keine Seltenheit. Ähnlich wie die KonsumentInnen von Heroin fühlen sich diese Menschen wie in Watte gepackt, als ob sie auf einer Wolke gehen würden. Zwischenmenschliche Probleme, Probleme am Arbeitsplatz usw. sind wie weggewischt oder können auf jeden Fall das Befinden kaum mehr behelligen. Unter dem Einfluss dieser Medikamente werden Situationen nicht mehr in ihrer belastenden Wirklichkeit erfahren.

Die meisten späteren Benzodiazepinabhängigen betraten die Apotheke beim ersten Kauf ihrer Tabletten mit einem Arztrezept in der Hand. Der Griff zum Rezeptblock erspart dem praktischen Arzt schwierige Konfrontationen. Dies ist – vor allem bei den vielen ‹PatientInnen› ohne klare körperliche Diagnose – wesentlich einfacher und weniger zeitraubend als die Suche nach den vermuteten psychischen Ursachen der Beschwerden.

Wer begonnen hat, seine Probleme mit Benzodiazepinen zu ‹behandeln›, der wird damit kaum mehr aufhören. Verhängnisvollerweise gehört zur Abhängigkeit die fortwährende Steigerung der für den gewünschten Effekt benötigten Dosis. Und wer die regelmässige Einnahme von Benzodiazepinen unterbricht, leidet unter Entzugserscheinungen.

‹Keine Angst vor Benzodiazepinen – sie sind besser als ihr Ruf›. Dies der Titel eines Artikels von Prof. D. Ladewig aus Basel, der 1985 publiziert wurde[110)]. Hoffmann La Roche – Herstellerin von Valium, Librium, Lexotanil, Nobrium, Mogadon, Rohypnol – hat ihren Hauptsitz bekanntlich in Basel ... Ladewig berichtet von den Resultaten einer Umfrage bei den niedergelassenen Schweizer Ärzten, bei denjenigen also, die so freizügig diese Benzodiazepine verschreiben: Während eines Jahres werden in der Schweiz weitaus mehr als eine Million Rezepte für Benzodiazepine ausgestellt[111]. Prof. Ladewig schreibt, dass eigentliche Suchterscheinungen selten beobachtet wurden. «Tranquilizer vom Benzodiazepin-Typ gehören offenbar dank ihrer Sicherheit und ihrer therapeutischen Effizienz bei der symptomatischen Behandlung von Angst, psychosomatischen Störungen und Schlafstörungen zum alltäglichen therapeutischen Arsenal des praktischen Arztes.»[112] Selbst Prof. Ladewig ist überrascht vom hohen Anteil der niedergelassenen Ärzte, die Langzeit-‹Behandlungen› durchführen (72% bis 82% der Allgemeinärzte, Internisten/Psychiater und Psychotherapeuten, die Tranquilizer verordnen).[113] Doch er kritisiert dieses betrübliche Phänomen mit keinem Wort.

Benzodiazepine sind Drogen

Benzodiazepine sind Drogen, starkwirkende Drogen. Drogen, Suchtmittel sind nicht prinzipiell böse oder schlecht; es kommt auf die Form und das Ziel ihrer Einnahme an. Wenn Drogen eingesetzt werden, um Probleme, Angst, psychosomatische ‹Störungen› und Schlafstörungen zu ‹behandeln, dann ist die Situation von Anfang an gefährlich. Die Ursachen des Leidens werden durch diese ‹Behandlung› mit Sicherheit nicht behoben. Und wenn der Einsatz dieser Drogen vom Arzt verordnet wird, dann ist die Gefahr, dass schwere Abhängigkeit entsteht, besonders gross. Der Arzt, der Tranquilizer verschreibt, unterstützt damit die verhängnisvolle Idee, dass Psychopharmaka, genauso wie Antibiotika, Krankheiten zu heilen vermögen.

Nicht immer galten die Benzodiazepine als harmlos. Der ehemalige Chefarzt der psychiatrischen Klinik Münsterlingen, Prof. Kuhn, erwähnt beispielsweise schwerwiegende Auswirkungen dieser Medikamente[114]. Er schreibt, dass Benzodiazepine abhängig machen, dass oft schon nach kürzerem Gebrauch beim Absetzen physische und psychische Abstinenzerscheinungen auftreten: «In schweren Fällen kommt es zu Delirien und epileptischen Anfällen. Häufig sind neurovegetative Symptome wie Zittern, Erregung, Übelkeit,

Erbrechen, Herzklopfen, Schweissausbrüche, Hitzewallungen und Kältegefühle, Schmerzen am Stamm und in den Gliedern, Kopfschmerzen, Schwindel, Schwächegefühle und Schlafstörungen. Meist kommt es zu Angstzuständen und Depressionen.» Interessanterweise verschwinden all diese unangenehmen ‹Symptome› bei erneuter Einnahme eines Benzodiazepinpräparates innerhalb von ca. 20 Minuten.[115)] Ärzte, die Tranquilizer oft und langfristig verordnen, werden deshalb Entzugserscheinungen nur sehr selten sehen. Und wer keine Angst hat vor Benzodiazepinen, der wird die beschriebenen Beschwerden viel eher als ‹Symptome› einer ‹Neurose›, ‹Psychose› oder ‹Depression› verstehen und entsprechend medikamentös ‹behandeln› – meistens vorerst einmal mit Benzodiazepinen. So kann sich der gute Ruf dieser Medikamente zusehends verfestigen.

Auch in Spitälern und psychiatrischen Kliniken werden Benzodiazepine praktisch routinemässig verabreicht – als ‹harmlose› Schlaf- oder Beruhigungsmittel. In Apotheken ist es leicht, an diese Medikamente heranzukommen. Mit einem Rezept können sie wiederholt bezogen werden. Oft genügt das Vorweisen einer leeren Packung.

Über weitere Formen der medizinischen ‹Behandlung› psychiatrischer ‹Erkrankungen›: Exzesse des medizinisch-biologischen Denkens

Grausame Ideen eines Psychochirurgen

Genauso wie die ‹Behandlung› mit Psychopharmaka sind alle weiteren medizinischen ‹Behandlungen› psychiatrischer ‹Symptome› völlig unspezifisch. Dazu gehört selbstverständlich auch die Psychochirurgie. Ich möchte nur kurz in Erinnerung rufen, dass seit 1935 Hunderttausende von Menschen, ‹Geisteskranke›, sogenannt ‹Sexualperverse› usw., durch chirurgische Zerstörung von Teilen ihres Gehirns psychiatrisch ‹behandelt› wurden.[116)]

Es scheint, dass die unmenschlichen Experimente der ‹Medizin ohne Menschlichkeit›[117)] im NS-Staat nicht einfach eine einmalige Entgleisung der deutschen Ärzte bedeutete: Wohin das biologisch-technische ärztliche Denken führen kann, zeigt die Methode der ‹chronisch implantierten Elektroden›. Bis 125 Elektroden werden dabei operativ ins Gehirn eines lebenden Menschen eingesetzt. Kontaktlos ferngesteuert können mit diesen Elektroden verschiedene Hirngebiete nach Bedarf gereizt werden. Der u.s.-amerikanische Neuropsychiater Robert G. Heath versuchte, auf diese Weise ‹zwangsneurotische› Menschen zu ‹heilen›.[118)] Seine Überlegung dazu: Ein Waschzwang beispielsweise verschwindet, wenn durch Stimulation des Lustzentrums im Gehirn Schmutz lustvoll wahrgenommen wird. Heath versuchte auch, einen 24jährigen homosexuellen Schwarzen auf heterosexuelles Verhalten ‹umzutrainieren›; Heath spielte dem Mann unter elektrischer Hirnreizung Sexfilme vor und brachte ihn schliesslich – wiederum unter Elektrostimulation – mit einer Prostituierten zusammen.[119)] Einer 34jährigen Frau wurden – zusätzlich zu der elektrischen Reizung – durch Kanülen Substanzen wie Acetylcholin direkt ins Gehirn gespritzt; sie kam dadurch wiederholt zum Orgasmus.[120)] Eines der Ziele dieser Experimente bestand darin, das ‹Lustzentrum› im Gehirn zu lokalisieren. Dr. Heath beschäftigt sich seit Jahrzehnten mit der Aktivierung sogenannter ‹Lustzentren› im Gehirn. Offensichtlich waren nicht nur die Naziärzte bereit, mit lebenden Menschen zu experimentieren. Es fragt sich, welche Experimente Dr. Heath und seine Gesinnungskollegen nicht publizieren. Vertreter dieser Forschungsrichtung geben jedenfalls an, dass mit elektrischer Stimulation die äussere Kontrolle über Emotionen, Bewusstsein, Gedächtnis und Verhalten möglich sei; Menschen könnten also wie Roboter durch Druckknöpfe kontrolliert werden.[122)]

Elektroschock-‹Behandlungen› werden noch immer durchgeführt

In der Schweiz werden in vielen psychiatrischen Kliniken noch immer regelmässig Elektroschock-‹Behandlungen› durchgeführt. (In der psychiatrischen Universitätsklinik in Zürich nimmt die Zahl der Elektro-‹Behandlungen› seit Ende der 70er Jahre wieder langsam zu.) Die Wirkung dieser ‹Behandlung› beruht ebenfalls eindeutig auf einer Schädigung des menschlichen Gehirns. Es gibt umfangreiche Untersuchungen über bleibende Hirnschädigung und sogar Hirntod als Folge von Elektroschocks. Neurologische Störungen, Verwirrung, Desorientiertheit, Gedächtnisstörungen, Abnahme der intellektuellen Fähigkeiten, des abstrakten Denkens und der Emotionalität treten nach Elektroschocks auf. Es ist unbestritten, dass nach Elektroschocks psychiatrische ‹Symptome› verschwinden können. Die innere Erfahrung wird ausgelöscht, Konflikte werden vergessen: sonderbare ‹Therapie›.[122)]

Schädigungen durch Elektroschock-‹Behandlungen› werden als psychiatrische ‹Symptome› gedeutet

Die grosse Gefahr, dass Schädigungen durch psychiatrisch-medizinische ‹Behandlungen› als ‹Krankheitssymptome› gedeutet werden, wurde am Beispiel der Neuroleptika bereits beschrieben. Das zeigt sich auch im Leserbrief von Cecile Ernst, Psychiaterin an der Zürcher Universitätsklinik ‹Burghölzli›.[123)] Sie spricht von der Elektro-‹behandlung›: «Vereinzelte Patienten klagen darüber, dass Erinnerungen an Geschehnisse vor der Behandlung auch nach Jahren nicht zurückgekommen sind. Solche ‹retrograde Lücken› lassen sich schwer objektivieren. *Vielleicht sind sie Symptom einer weiterbestehenden Depression oder schizophrenen Persönlichkeitsveränderung...»* Das Schicksal von Menschen, die als ‹geisteskrank› ‹diagnostiziert› wurden, zeigt sich hier deutlich: Jedem anderen Menschen wird vorerst einmal Glauben geschenkt; doch die Aussagen der Psychiatrie-‹Patienten›, der ‹Geisteskranken›, müssen ‹objektiviert› werden. Auch ihre richtigen Wahrnehmungen können bei Bedarf – besonders, wenn sie nicht in das Konzept des Arztes passen – jederzeit als ‹Symptom› ihrer ‹Krankheit›, als Wahnidee oder Halluzination interpretiert werden.

Frau Ernst wirbt sogar für die Elektro-‹behandlung›: «Vor allem bei älteren Schwerdepressiven ist Elektrobehandlung oft ungefährlicher als eine Behandlung mit antidepressiven Medikamenten.»[124] Aus dieser Aussage ist vor allem auch zu entnehmen, dass die Ärztin Antidepressiva als sehr gefährlich einschätzt: Schweizer ÄrztInnen stellen pro Jahr über eine Million Rezepte für Antidepressiva aus.

Ethische Bedenken bestehen nicht

Das ‹Kompendium der Psychiatrie› des Berner Professors Th. Spörri wurde zur Vorbereitung des Staatsexamens für Schweizer ÄrztInnen noch kürzlich rege benutzt. Sein Inhalt entspricht damit ziemlich genau dem Wissensstand der heute praktizierenden Schweizer Ärzteschaft im Fach Psychiatrie. Darin ist zu lesen: *«Ethische Bedenken gegen die ärztlich indizierte Operation bestehen nicht.»*[125] Gemeint ist die Kastration von ‹*Sexualperversen*›, die durch andere ‹Behandlungen› nicht zu beeinflussen seien. *«Auch schwer Imbezile, schwere Psychopathen und Geisteskranke können sich eignen.»* Als Ziel und Resultat dieser ‹Behandlung› wird angegeben: *«Verminderung der Triebstärke, allgemeine Beruhigung und Sozialisierung. Die Kastrierten werden lenkbarer, ausgeglichener, fleissiger...»* Dies ist eine kurze und treffende Zusammenfassung des Zieles und der Resultate von fast allen psychiatrischen Eingriffen: Die ‹PatientInnen› werden lenkbarer, ausgeglichener, fleissiger – eine allgemeine Beruhigung und Sozialisierung findet statt. Ein aus psychiatrischer Sicht sicher günstiger Nebeneffekt besteht darin, dass Kastrierte sich bekanntlich nicht mehr fortpflanzen können ...

Veränderung der Genstruktur als ‹Depressions›-Prophylaxe

Es ist nicht nur äusserst wichtig, bestehende Missstände im Bereich der Psychiatrie zu durchschauen und wenn immer möglich zu beheben; ebenso wichtig ist es, geplante, gefährliche Entwicklungen wachsam zu verhindern. In einer Publikation mit dem Titel «Vom Elektroschock zum Antidepressivum: Eine Kosten-Nutzen-Analyse» (herausgegeben von Pharma Information, Informationsstelle der forschenden pharmazeutischen Firmen Ciba-Geigy, Roche und Sandoz) findet sich folgende Information: 33 Experten verschiedener Fachrichtungen (Professoren an psychiatrischen Universitätskliniken, sowie Mediziner, Ökonomen, Juristen, Biochemiker, Soziologen und Pharmakologen in unterschiedlichen Funktionen bei den Herstellerfirmen der Antidepressiva) wurden über die zukünftige Einführung neuer Behandlungsmöglichkeiten der Depression befragt. Mehr als die Hälfte dieser Experten ist der Meinung, dass «gezielte Beinflussung biochemischer Störungen» zur Therapie und Prophylaxe dieser ‹Erkrankung› eingesetzt werde. Und sieben dieser Experten rechnen damit, dass bis im Jahre 1997 eine «Veränderung der Genstruktur» des Menschen prophylaktisch das Auftreten von Depressionen verhindern werde.[126)] Mittels gezielter Genmanipulation soll offensichtlich – nach der Vorstellung dieser Fachmänner – das ‹Menschen-Material› verändert werden. Es dürften also nur mehr Kinder geboren werden, deren Genstruktur gewährleistet, dass sie – auch unter zunehmend unerträglicheren gesellschaftlichen und umweltbedingten Einflüssen – das Leben ertragen könnten, ohne ‹depressiv› zu werden. Dies wäre selbstverständlich nur unter totalitären Verhältnissen durchführbar.

Beklemmende Gedanken stellen sich ein. Aldous Huxleys bedrohliche Utopie – beschrieben in seiner ‹Schönen neuen Welt› – rückt näher. Wer ‹Normalität› festlegen kann, der ist im Besitz von sehr viel gesellschaftlicher Macht – heute schon. Es ist erwähnenswert, was der ‹Brut- und Norm-Direktor› der ‹Schönen neuen Welt› verkündet: «Unser ganzes Normungsverfahren verfolgt dieses Ziel:

die Menschen ihre unentrinnbare soziale Bestimmung lieben zu lehren.» Und: «Man wird so genormt, dass man nichts anderes tun kann, als was man tun soll.» [127] Wir müssen aufpassen, dass nicht auch hierzulande bald ‹Brut und Norm-Direktoren› das Schicksal der Menschen bestimmen werden!

Die erwähnten Experten wären offenbar zu extremen Unternehmungen bereit. Zu hoffen, dass ihre schreckliche Vision nie Wirklichkeit wird. Dennoch ist es wichtig zu wissen, mit welchen Konzepten sich die Fachmänner befassen. Was möglich wird, das wird gemacht: Im Namen der Wissenschaft – skrupellos.

Das Drogen-‹Problem›

Nina

Durch Nina kam ich zum ersten Mal in Berührung mit dem Drogenproblem. Längere Zeit – mehr als ein Jahr – injizierte sich Nina täglich Heroin und lebte ziemlich gut dabei. Sie war damals noch nicht ganz 17jährig, arbeitete bei einer Versicherungsgesellschaft, verdiente sich damit das Geld für ihren Heroinkonsum. Heute wäre dies nicht mehr möglich: Zu Beginn der 70er Jahre war Heroin noch nicht so teuer. Wer heute täglich fixt, der verbraucht viel mehr Geld, als er mit einer ‹normalen› beruflichen Tätigkeit verdienen kann. Damals konnte Nina – trotz ihres täglichen Heroinkonsums – völlig unauffällig leben und arbeiten: Ihre ArbeitskollegInnen hatten von ihrem Fixerdasein nicht die geringste Ahnung. Heute müsste Nina, um ihren damaligen Heroinverbrauch zu finanzieren, sich entweder prostituieren, dealen oder stehlen, wie dies eben viele FixerInnen zu tun gezwungen sind.

Als Assistenzarzt einer psychiatrischen Klinik lernte ich Nina 1973 kennen. Ein gutmeinender praktischer Arzt, den sie wegen einer harmlosen körperlichen Erkrankung aufgesucht hatte, bearbeitete sie solange, bis sie – zögernd, fast widerwillig – bereit war, eine Entziehungskur zu machen. Ein sinnloses Unterfangen. Nina machte damals ihre erste Entziehungskur und verlor auch gleich endgültig den Glauben an die Psychiatrie, den Glauben daran, dass ihr auf diese Weise geholfen werden könnte. Sie lief davon, bevor die Kur zu Ende war, und nahm auch sofort wieder ‹Gift›. Weitere Entziehungskuren verliefen ähnlich, keine kam auf Grund ihres freiwilligen Entscheides zustande. Nach der Flucht, die ihren ersten Klinikaufenthalt beendete, war sie nie mehr in der Lage, regelmässig zu arbeiten; so verkaufte sie bei Geldmangel Heroin auf der Gasse – zur Finanzierung ihres eigenen Konsums – und stand auch bald als Kleindealerin vor Gericht, wie dies für HeroinkonsumentInnen üblich ist.

Von 1974 an erhielt Nina Methadon – verschrieben von einem Allgemeinpraktiker. Dieses Opiat, das bei uns seltsamerweise noch immer als Medikament gilt, war damals noch leichter erhältlich. Es genügte, dass ein praktizierender Arzt Methadon abgab oder Rezepte dafür ausstellte. Nina erhielt Methadon-Ampullen; sie konnte also den ‹Stoff› spritzen; heute dagegen wird peinlich genau darauf geachtet, dass die Methadon-Bezieher ihr ‹Gift› nicht fixen können; es wird ihnen gelöst in Orangensaft gegeben, und sie müssen es in der Arztpraxis oder der Apotheke in Gegenwart einer Vertrauensperson trinken. Die intime Handlung der Einnahme eines hochwirksamen Suchtmittels wird offiziell beobachtet.

Nina ging es ziemlich gut, solange sie Methadon erhielt. Sie zog Methadon eindeutig dem Heroin oder Morphium vor. Das Verhängnis bahnte sich an, als ihr der Kantonsarzt Anfang 1977, für Nina völlig überraschend, die Bewilligung für den weiteren Bezug von Methadon verweigerte. (Die Abgabe von Methadon war in der Zwischenzeit bewilligungspflichtig geworden.) Es folgte eine erneute Entziehungskur in einer somatischen Klinik, diesmal ‹erfolgreich› abgeschlossen: keine körperliche Abhängigkeit mehr von Opiaten, nun aber Medikamentenkonsum, vor allem grosse Mengen von Rohypnol.

Im Sommer 1977 starb Nina an ihrem ersten Heroin-‹Schuss› nach dem ‹erfolgreichen› Entzug. Die Injektionsspritze steckte noch in ihrem Arm . . .

Ich hatte Nina, wie gesagt, anlässlich ihrer ersten Entziehungskur in der psychiatrischen Klinik kennengelernt. Später meldete sie sich wieder, als sie im Zusammenhang mit einem Gerichtsverfahren Unterstützung brauchte. Von da an sah ich sie mehr oder weniger regelmässig, versuchte therapeutisch mit ihr zu arbeiten. Ich glaube, dass ich nicht viel erreichen konnte, weniger, als ich damals meinte. Es herrschte niemals Ruhe in Ninas Leben, die Therapiestunden verliefen oft hektisch. Einmal drohte ein Gefängnisaufenthalt, ein anderes Mal ging es um die Bewilligung für den Bezug des Methadons, um den Entscheid für eine Entziehungskur usw.; oft schimpfte sie über die Polizisten, die sie ‹gefilzt› und erniedrigt hatten.

Nina sah ihre eigene Situation sehr klar. Es war ihr bewusst, dass sie Angst hatte vor engem Kontakt mit anderen Menschen, dass das ‹Gift› sie schützte vor ihren Mitmenschen; das ‹Gift› sei für sie wie ein Panzer, es helfe ihr, mit der Angst zu leben; dank diesem Panzer erlebe sie die anderen Menschen nicht mehr als so gefährlich. Es gelang mir nicht, viel zur Behebung dieser Angst vor Nähe beizutragen. Es war unschwer zu erkennen, dass dieses Problem mit ihrer Mutter zusammenhing, das war auch für Nina klar; doch viel weiter kamen wir nicht. Es zeigte sich bei Nina etwas, das meiner Ansicht nach grundlegend wichtig ist bei jeder Psychotherapie von Süchtigen, bei jeder Psychotherapie überhaupt. War Nina wirklich motiviert für diese Therapie? War es ihr eigener, freiwilliger Entscheid, diese Psychotherapie zu beginnen und auch fortzusetzen? Ich denke, nein. Nina brauchte Unterstützung, Hilfe im Zusammenhang mit ihrem Gerichtsverfahren. Diese Hilfe war von mir nur zu erhalten, wenn sie mich als Therapeuten akzeptierte; und auch die Richter erwarteten dies von ihr. Nina schimpfte über unsere Behörden, war der Meinung – beeinflusst von einem Aufenthalt in England –, dass Heroin und Methadon völlig frei abgegeben werden sollten. Damals teilte ich ihre Meinung noch nicht, ich hatte – wie dies in Ärztekreisen so üblich ist – Bedenken. Ich wollte helfen, hatte aber auch mein unabdingbares Ziel: Ich wollte Nina endgültig von ihrer Sucht befreien. Ich glaube, Nina mochte mich gut; doch sie war gezwungen, mein Spiel zu spielen, sie war gezwungen, mich irgendwie ‹warmzuhalten›, denn sie brauchte mich. Eine ungünstige Ausgangslage. Sehr schwierig war für mich die Situation nach Ninas ‹erfolgreichem› Methadon-Entzug. Nina war auch für diese Entziehungskur nicht motiviert gewesen, sie war nicht gewillt, wesentliche Änderungen in ihrem Leben zu versuchen. Sinnlos, jemandem ein Suchtmittel wegzunehmen, ohne sicher zu sein, dass dieser Mensch die Absicht hat, grundlegend anders mit sich selber, mit seinen Ängsten umzugehen. Will er das nicht, wird er sich innert kurzer Zeit wiederum ein Suchtmittel verschaffen, dasselbe wie zuvor oder ein anderes. Für diejenigen Junkies, die wirklich ohne Opiate leben wollen, ist es erstaunlicherweise einfach, ihren Konsum endgültig zu beenden.

Nina besorgte sich einen Ersatz – das Schlafmittel Rohypnol. Ich stufe die Wirkung dieses Benzodiazepinpräparates als gefährlicher ein als diejenige von Heroin. Mein Fehler damals, so sehe ich es heute, dass auch ich Nina gelegentlich Rohypnol gab. Ich verschrieb es nicht, vertraute den Apothekern nicht (aus meiner Erfahrung heraus, das sie immer ganze Packungen und nicht, wie verordnet, wenige Tabletten abgeben). So übergab ich es ihr selber, Tag für Tag – im Wissen, dass sie es sich sonst selbst verschaffen würde, in der Angst auch, dass sie sonst wieder fixen würde. Als Nina Morphium, Heroin und später Methadon zu sich genommen hatte, war es ihr weitaus besser gegangen als mit Rohypnol. Rohypnol, dieses potente Schlafmittel (bezeichnend, dass es auch zur Narkoseeinleitung eingesetzt wird), ist eine schreckliche Substanz. Nie wirkte Nina so kaputt, so ‹verladen›, so fremd, wie unter der Wirkung von Rohypnol. Nie zuvor hatte ich Nina torkeln sehen; was die ‹bösartigen› Opiate nicht bewirkten, das geschah durch das ‹Wundermittel›, den ‹Verkaufsschlager› der Hoffmann-La Roche. Besonders erschreckend für mich war eine weitere Wirkung dieses Medikaments: Nach der Einnahme von Rohypnol kommt es nicht selten zu sogenannten Amnesien; Nina erinnerte sich nun öfter nicht mehr daran, was sie gemacht hatte; es kam wiederholt vor, dass wir uns gesehen hatten, und sie davon nichts mehr wusste; von unseren Gesprächen blieb ihr oft kein Wort. Ich hatte Nina als interessante und lebhafte Gesprächspartnerin kennengelernt, als eine junge Frau, die sich gut ausdrücken konnte, die schnell auffasste, die nie verwahrlost, immer gepflegt auftrat – dies alles während ihres regelmässigen Opiatkonsums. Traurig Ninas Abstieg, nachdem sie ‹trocken› war, nachdem sie nur noch legal erhältliche Substanzen zu sich nahm.

Auch Silvia, auf die ich im Nachwort noch ausführlich eingehen werde, hatte im letzten halben Jahr vor ihrem Tod Rohypnol in grösseren Mengen zu sich genommen. Eine widerliche Substanz.

Ninas Tod kam völlig unerwartet. Auch sie selber hatte damals offensichtlich nicht damit gerechnet. Ungefähr drei Monate nach ihrem Entzug erhielt ich abends um zehn Uhr einen Telefonanruf, Nina war am selben Tag noch bei mir gewesen. Auf dem Weg zum Bahnhof hatte sie sich zum ersten Mal wieder Heroin gekauft. Und an diesem ‹Schuss› starb sie. Der Tod war nicht geplant gewesen. Sie war zu ihrer Mutter gefahren, hatte es sich im Bett bequem gemacht, Musik gehört und dann das Heroin injiziert. Als sie gefunden wurde, steckte der Löffel noch im ungeleerten Yoghurtbecher. Sonderbar die Haltung des Arztes, der mir die Todesnachricht am Telefon mitteilte: Er entschuldigte sich bei mir dafür, dass er keine Wiederbelebungsversuche unternommen hatte.

Wieso ist Nina überhaupt gestorben? Ein Selbstmord war es sicher nicht. Nina hatte schon längere Zeit kein Heroin mehr zu sich genommen, sie wusste also nicht, wieviel sie injizieren musste, um die gewünschte Wirkung zu erzielen. Nina hatte sich offenbar unvermittelt und spontan entschlossen, dieses Heroin zu kaufen. Da sie nicht mehr abhängig war, war es sicher nicht ein dringender Kauf. Ich vermute deshalb, dass es sich um eine günstige Gelegenheit, um einen besonders billigen ‹Schuss› gehandelt hatte. Nina musste also damit rechnen, dass das Heroin nicht sehr rein war, sicher war sie auch nicht mehr über die Qualität des zu diesem Zeitpunkt auf der Gasse gehandelten ‹Stoffes› informiert. Alles Gründe dafür, dass sie sich verrechnet und zuviel injiziert hatte. Typischer Tod von FixerInnen – *Atemstillstand nach einer Überdosis, weil der ‹Stoff› reiner war als vermutet.* Und Nina hatte regelmässig Rohypnol zu sich genommen. Eine weitere Eigenschaft dieser unerfreulichen Substanz (wie auch der übrigen Benzodiazepine): *Rohypnol verstärkt die atemlähmende Wirkung der Opiate.* Eine Heroindosis, die, ohne dass die Betreffenden gleichzeitig Rohypnol im Blut haben, problemlos ertragen wird, kann zusammen mit diesem Schlafmittel tödlich sein.

Nina hätte mit Heroin oder Methadon gut leben können. Die Zeit, während der sie zu Beginn ihrer Opiatabhängigkeit als Sekretärin arbeitete, zeigt dies deutlich. Auch später ging es ihr jeweils relativ gut, wenn sie regelmässig, unter einigermassen ruhigen Bedingungen, Heroin oder Methadon zu sich nehmen konnte. Nina pflegte sich, war gut ernährt, war keineswegs ‹verwahrlost›. So hätte sie noch viele Jahre nicht allzuschlecht leben können. Geschadet hätte sie mit ihrem Opiatkonsum mit Sicherheit niemandem.

Wieso soll dies in unserem liberalen Staat nicht möglich sein? Wieso müssen Menschen gequält werden, die unauffällig ihr Leben leben könnten? Haben wir tatsächlich nur die eine Antwort: «Wir müssen uns an die geltenden Gesetze halten; wir führen ja nur den Auftrag des Gesetzgebers aus.» Absurd. Gesetze sind von Menschen gemacht, von Menschen mit ihren Ängsten, ihren Hemmungen und auch mit ihrer projizierten Wut und ihrem Hass. Gesetze können geändert werden. Gesetze, die Menschen ins Elend und schliesslich in den Tod treiben, müssen abgeschafft oder geändert werden, alles andere ist unmenschlich. Sinnvoll ist einzig und allein die bedingungslose Freigabe, die Legalisierung von allen Opiaten, mit eingeschlossen das Heroin. Dies war die Meinung von Nina – schon damals.

Ich konnte von Nina viel lernen. Auch das von ihr verwendete Bild, dass Opiate vor bedrohlicher Nähe schützen wie ein Panzer, war für mich sehr nützlich. Es half mir, die FixerInnen besser zu verstehen; und da FixerInnen im Grunde vor psychologischen Schwierigkeiten kapitulieren, mit denen sich viele weitere Menschen schwertun, hilft es mit, die Problematik unserer Gesellschaft besser zu verstehen.

Ausgehend von Ninas Schicksal wurde mir immer deutlicher bewusst, dass Psychotherapie nur dann sinnvoll ist, wenn sie auf der Grundlage eines freiwilligen Entscheides der KlientInnen begonnen und auch fortgesetzt wird. Dies war bei Nina nicht so. Mann hätte Nina einfach leben lassen sollen, so wie sie es wollte, auf ihre Art – mit der Droge. Niemand hätte sie mit moralischem Druck immer wieder zu Entziehungskuren und zu Klinikaufenthalten überreden sollen. Wenn sie dann vielleicht einmal aus eigenem Antrieb hätte aufhören wollen, ‹Gift› zu nehmen, wenn sie dann einmal – freiwillig – hätte in einer Psychotherapie die Ursachen ihrer Sucht und neue Lebensmöglichkeiten ohne Droge aufspüren wollen...; ja, dann hätte mensch ihr, vorsichtig zwar, aber mit aller Kraft helfen sollen – nur dann.

Information und Überlegungen zum Drogen-‹Problem›

Zum besseren Verständnis der Bedeutung von Drogen und Sucht in unserer Gesellschaft ist vor allem Aufklärung wichtig. Bei diesem emotionsbeladenen Thema sind die Wirklichkeit und ihre Hintergründe nur sehr schwer auszumachen.

Legal? Illegal? – Willkürliche und subjektive Entscheide

Verschiedenste psychoaktive Substanzen, die alle als Rausch- und Suchtmittel bezeichnet werden müssen, sind bei uns erhältlich. Dazu gehören vor allem Alkohol, Schlaf-, Schmerz- und Beruhigungsmittel und auch Drogen, wie Marihuana, Haschisch und Heroin. Der Konsum von legalen Suchtmitteln ist in unserer Gesellschaft etwas Selbstverständliches und Alltägliches. Völlig frei erhältlich sind Alkohol und gewisse Schmerz-, Schlaf- und Beruhigungsmittel, andere bezieht der unbescholtene Bürger mit dem Arztrezept. Sogar ein Opiat, Methadon, mit weitgehend denselben Wirkungen wie Heroin und Morphium – Schmerzbetäubung, Atemlähmung, Sucht –, wird in der Schweiz von Ärzten oder in Apotheken an ausgewählte Süchtige abgegeben. Die gesellschaftliche Wertung einer psychoaktiven Substanz hat mit ihrer Wirkung sehr wenig zu tun. Die KonsumentInnen der einen bleiben ehrenwerte Bürger, diejenigen der anderen werden kriminalisiert und verketzert und gelten als der letzte Abschaum. Die Festlegung, welche Substanzen als legal, welche als illegal gelten sollen, ist völlig willkürlich. Wer dabei mitbestimmen kann, ist im Besitz von gesellschaftlicher Macht.

Alkohol, Schmerz- und Schlafmittel sind die gefährlicheren Gifte als die Opiate

«Im Gegensatz zu Alkohol, Zigaretten und Phenacetin (Schmerzmittel, mr) sowie vielen anderen gebräuchlichen Medikamenten ist das Methadon ebenso wie die anderen Opiate bei regelrechter Anwendung von keiner schädlichen Wirkung. Insbesondere ist keine

Beeinträchtigung intellektueller und psychomotorischer Funktionen und der pränatalen und neonatalen Entwicklung zu erwarten.»[128] Diese klare Aussage gilt ausdrücklich für alle Opiate, mit eingeschlossen das Heroin. Sie findet sich in einem Artikel, den Prof. Uchtenhagen, der Leiter des sozialpsychiatrischen Dienstes der psychiatrischen Universitätsklinik Zürich zusammen mit seinem Mitarbeiter Dr. Gmür publiziert hat. Keine Beeinträchtigung der Fahrtüchtigkeit nach Opiatkonsum, keine Missbildung oder sonstige Schädigung des Kindes während der Schwangerschaft, keine Störung der Entwicklung nach der Geburt, wenn die Mutter regelmässig Heroin zu sich nimmt. Das Rauchen einer schwangeren Frau ist weit gefährlicher. Bekannte Folgen des Konsums von legal erhältlichen Schmerzmitteln wie Tonopan, Optalidon, Treupel usw., sind Blutbildungsstörungen, schwere Nierenerkrankungen, Lebererkrankungen und allergische Überempfindlichkeitsreaktionen. Für Heroin und die übrigen Opiate gilt nichts von alledem; ihr Konsum führt auch nicht zu Koordinationsstörungen, Müdigkeit, Schläfrigkeit oder Abbau der intellektuellen Fähigkeiten. ‹Harmlose›, zum Teil rezeptfrei erhältliche Medikamente gegen die Reisekrankheit, Seekrankheit und Heuschnupfen stehen schlechter da, selbstverständlich auch die Schlaf- und Beruhigungsmittel. Wenn der regelmässige Konsum von Alkohol, aber auch von Schmerz-, Schlaf- oder Beruhigungsmitteln unterbrochen wird, treten oft bedrohliche, mehrtägige Delirien auf. OpiatkonsumentInnen sind auch vor dieser Gefahr gefeit. Im ‹Arzneimittelkompendium der Schweiz› – herausgegben unter dem Patronat der ‹Gesellschaft für chemische Industrie› – steht unter dem Stichwort Treupel die Warnung: «Nicht während der letzten vier Wochen der Schwangerschaft einnehmen».[129] Sie wäre bei Heroin unnötig. Unter dem Stichwort Tonopan-B steht dort, dass es die allgemeine Reaktionsfähigkeit beeinträchtigen könne (Strassenverkehr, Maschinenbedienung), während der Schwangerschaft sei Vorsicht geboten usw.[130]

Der legal erhältliche Alkohol ist ein äusserst gefährliches Gift

Sogar über die offensichtliche Gefährlichkeit des sehr verbreiteten Alkoholkonsums wissen nur wenige genau Bescheid. Wer Alkohol als Suchtmittel einsetzt, wer nur mit Hilfe seines täglichen Alkoholkonsums in der Lage ist, sein Leben zu ertragen, der wird zwangsläufig immer schwerere, organische Veränderungen erleiden – bis hin zum Tod. Regelmässiger Alkoholkonsum führt zu Leber-, Nieren- und Herzerkrankungen, zu Entzündungen der Magenschleimhaut, einer Beeinträchtigung der Blutbildung, neurologischen Störungen (u. a. Zittern, Sensibilitätsstörungen) und einer organischen Schädigung des Gehirns. Bekannt sind auch die länger oder kürzer dauernden Bewusstseinsveränderungen, Halluzinosen und Delirien, die tödlich ausgehen können. Der legal erhältliche Alkohol ist das weitaus gefährlichere Gift als die Opiate.

Jahrzehntelange Einnahme von sauberen Opiaten führt nicht zu körperlichen Störungen

Wer täglich Morphin, Heroin oder ein anderes Opiat in sauberer Qualität zu sich nimmt, sich genügend ernährt und ein einigermassen geregeltes Leben führt, der kann dies, ohne körperlich zu erkranken, jahrzehntelang tun. Es ist bekannt, dass viele ÄrztInnen und Angehörige weiterer medizinaler Berufe unauffällig und ‹gesund› bis ins hohe Alter Opiate konsumieren. Der Chirurg Dr. W. W. Halsted, einer der Gründer der berühmten John Hopkins Universität, nahm beispielsweise täglich Morphium zu sich. Dennoch war er in der Lage, erfolgreich als Chirurg bis zu seinem Tod im Alter von siebzig Jahren zu arbeiten.[131)]

Neben dem Toten wurden Fixerutensilien gefunden...

Und wie steht es mit den immer wieder hochgespielten Herointodesfällen? Wie kommt es, dass diese ‹harmlose› Substanz immer wieder tötet? Täglich finden sich diese Meldungen in der Zeitung. Doch die Hintergründe dieser Todesfälle kennen nur wenige. Fast genüsslich werden die Herointodesfälle gemeldet, gezählt und mit dem Vorjahr verglichen. Immer wieder wird bekanntgegeben, dass der oder die Tote Fixerutensilien neben sich liegen hatte oder dass sie bei der Polizei als OpiatkonsumentInnen registriert waren...

Ich weiss nicht genau, wo entschieden wird, ob Todesfälle bekanntgemacht werden oder nicht. Klar ist, dass dieser Entscheid Wirkungen hat – gesellschaftliche und politische.

Etwas erhellt werden die Hintergründe der Entscheide, ob Tatbestände den Weg in die Medien finden, durch eine kürzlich publizierte Mitteilung des Zürcher Regierungsrates: «Nach den Ausführungen der Regierung gibt die Polizei Straftaten nur dann bekannt, wenn eine Veröffentlichung ‹dem Zweck der Untersuchung dient oder aber überwiegenden öffentlichen Interessen entspringt›.»[132] Was sind denn öffentliche Interessen? LeserInnen selber haben dazu jedenfalls nichts zu sagen. Lange Zeit war es offenbar im öffentlichen Interesse, möglichst jeden Herointodesfall zu melden. In letzter Zeit wird dieses Thema in den Medien zurückhaltender abgehandelt. Es wäre interessant zu wissen, wer sich diesbezüglich jeweils mit wem bespricht.

Das Heroin-‹Problem› wird hochgespielt

Das Drogen-‹Problem›, vor allem die Gefährlichkeit des teuflischen Heroins, wird wirkungsvoll verbreitet. Mensch vergleiche einmal: In der Schweiz gibt es ca. 150000 Alkoholiker, ungefähr zehn mal weniger Heroinabhängige. Als Folge ihres Alkoholismus sterben in der Schweiz ungefähr pro Jahr 3000, als Folge ihres Tabakkonsums 4000 und im Zusammenhang mit dem Konsum von legal erhältlichen Medikamenten ungefähr 6000 Menschen; an den Folgen ihres Drogenkonsums sterben in der Schweiz bis heute jährlich noch immer weniger als 200 Menschen. Auch der Vergleich mit den polizeilich bekanntgewordenen Selbstmorden ist aufschlussreich: 1985 starben 1531 Menschen durch Selbstmord (463 Frauen und 1068 Männer)[133]. Offensichtlich soll jede Frau und jeder Mann jederzeit an die Drogentoten erinnert werden – dies im Gegensatz zu den übrigen Toten. Die Alkoholabhängigen sind für das Land weitaus die grössere Belastung. Wieso wird nur so wenig davon berichtet? Würde auch nur von jedem zehnten Menschen, der infolge seines Alkoholismus stirbt, ähnlich auffallend berichtet, würden unsere Zeitungen anders aussehen.

Praktisch alle Herointodesfälle wären vermeidbar Herointodesfälle sind Missgeschicke

Anders als die mit Alkohol-, Tabak- und legalem Schmerzmittelkonsum verbundenen Todesfälle sind Herointodesfälle nicht eine zwingende Folge des Konsums. Wer an einer alkoholbedingten Lebererkrankung oder an einer Nierenschädigung als Folge seines Schmerzmittelkonsums stirbt, für den hätte es – auch bei der allerbesten medizinischen Versorgung – keine Möglichkeit gegeben, weiterzuleben und weiterhin sein Suchtmittel zu konsumieren. Ganz anders beim Heroin. Herointodesfälle sind immer Missgeschicke – abgesehen von den seltenen Heroinsuiziden. Herointodesfälle wären leicht zu vermeiden. Sie sind die Folge der Illegalität dieses Opiates. Um so beachtenswerter ist die trotzdem geringe Zahl der Herointoten. Aber jeder Todesfall ist ein Toter zuviel.

Über die Ursachen der Gefährlichkeit des FixerInnendaseins

Wer täglich Heroin zu sich nimmt, der verbraucht für den Erwerb seines ‹Giftes› ca. 10000 bis 30000 Franken pro Monat. Natürlich gibt es nur wenige OpiatkonsumentInnen – aber es gibt auch sie –, die so viel Geld auf legale Weise verdienen können. Fixer zu sein ist ein Fulltime-Job. Eine harte Sache – immer in der Angst vor der Polizei diese grosse Summe auftreiben zu müssen. Absurderweise ist die Schweiz in der Kriminalisierung der Junkies noch weitergegangen, als dies die internationalen Abkommen, die sie alle unterzeichnet hat, vorsehen. Nirgends wird dort die Bestrafung des Drogen-Konsums verlangt. Dennoch hat die Schweiz die Bestrafung des *Konsums* von Betäubungsmitteln 1975 ins Betäubungsmittelgesetz aufgenommen. Auch der Eigenkonsum ist also strafbar; der Besitz von kleinsten Mengen von Heroin, aber auch von Haschisch oder Marihuana kann stundenlange Verhöre oder gar Untersuchungshaft zur Folge haben. Doch würde die Legalisierung des Konsums von Betäubungsmitteln an der heutigen misslichen und unmenschlichen Situation kaum etwas ändern. Um die horrenden Summen aufbringen zu können, ist derjenige, der täglich Heroin fixt, gezwungen, mit illegalen Drogen, fast immer auch mit Heroin, zu handeln: Und wer zwölf Gramm Heroin verkauft hat, ist schon ein schwerer Fall – gemäss der Meinung der schweizerischen Gerichte. Zwölf Gramm stellen eine Menge dar, die ein Fixer in weniger als einer Woche verbrauchen kann. Der Einsatz unser Polizei ist praktisch ausschliesslich auf die Unterbindung dieses Kleinhandels ausgerichtet; und die verfolgten Kleindealer sind nichts anderes als die kleinen KonsumentInnen...

Auch die weiteren Möglichkeiten für FixerInnen, zu Geld zu kommen, sind unmenschlich. Frauen und Männer sind oft gezwungen, sich zu prostituieren; sie machen Einbrüche, Diebstähle – die Auswahl ist klein. FixerInnen sind kriminalisiert, leben unter enormem Stress, in ständiger, grosser Angst, haben keine Zeit, sich vernünftig zu ernähren, genügend zu schlafen, finden keine günstigen Wohngelegenheiten. Ihre Anfälligkeit für Krankheiten steigt damit enorm. Dazu kommt, dass es ihnen bis vor kurzem nicht einmal möglich war, saubere Spritzen zu erhalten: Der Zürcher Kantonsarzt berief sich dabei auf die Gesetze: Wer an FixerInnen sauberes Injektionsmaterial abgebe, könne gerichtlich verfolgt werden – wegen Anstiftung zum Verbrauch von illegalen Betäubungsmitteln. Diese klare Haltung fördere wenigstens nicht noch weiteren Heroinkonsum. Dabei ändert das Vorhandensein von sauberen Spritzen nichts an der Menge des verbrauchten ‹Giftes›. Jedoch nimmt bei der Verwendung von gebrauchtem Injektionsmaterial die Gefahr des Auftretens von infektiöser Hepatitis (Gelbsucht), von Abszessen und Aids unter den Junkies massiv zu. Beim geschwächten Allgemeinzustand der Junkies ist eine Hepatitis eine bedrohliche Erkrankung.

Das Spritzenabgabeverbot hat sich ausgewirkt. Bei einer überwiegenden Mehrheit der FixerInnen wurden in der Zwischenzeit Antikörper gegen das Aidsvirus nachgewiesen. Und endlich dann, nachdem der Druck von ÄrztInnen und einigen PolitikerInnen riesengross wurde, ist das Spritzenabgabeverbot vorerst gelockert und dann ganz aufgehoben worden. Wobei leider verschiedene Apotheker ihre neue Rolle nur sehr zögernd und zurückhaltend ausüben. Noch immer ist es für FixerInnen schwierig, sauberes Injektionsmaterial zu erhalten. Bezeichnenderweise handelte es sich nicht um ein grundsätzliches Umdenken des Kantonsarztes oder des Gesundheitsdirektors, sondern der Verzicht der Polizei, weiterhin Spritzen einzuziehen, gab den Ausschlag für die Aufhebung des Verbotes.

Heroin wird verschiedene Male weiterverkauft und gestreckt. Todesfälle können auch durch Vergiftungen mit einem Streckungsmittel verursacht werden. Dass Heroin gestreckt wird, ist einzig und allein eine Folge seiner Illegalität.

Der ‹typische› Herointodesfall – Atemstillstand nach unbeabsichtigter Überdosierung

Atemstillstände, die häufigste Todesursache von HeroinkonsumentInnen, wären zu vermeiden. Atemstillstände kommen nur deshalb vor, weil die FixerInnen sehr oft nicht wissen, wie rein das ihnen zur Verfügung stehende Heroin ist. Ein Junkie muss jeden Tag erneut gefühlsmässig abwägen, wieviel er von dem erstandenen Pulver braucht – eine heikle Sache. Wenn zu wenig injiziert wird, dann sind die paar hundert Franken vergeblich ausgegeben worden, wenn zuviel injiziert wird, droht der Tod. Die wechselnde Reinheit des Gassenheroins ist ausschliesslich eine Folge des Handels unter Schwarzmarktbedingungen; mit der Substanz Heroin, mit ihrer Gefährlichkeit, hat dies nicht das geringste zu tun. Also auch diese Todesfälle wären zu vermeiden, wenn Heroin in gleichbleibender, kontrollierter Qualität zur Verfügung stehen würde. Ein Grund unter vielen, die für die Legalisierung sprechen... Die von der Zürcher Polizei seit einigen Jahren betriebene sogenannte ‹Zerstreuungstaktik› – die Vertreibung der Junkies von allen Orten, wo sie noch einigermassen ungestört verweilen konnten – erhöht eindeutig diese Todesgefahr.

Minimalforderung: ein behördlich bewilligter Fixerraum

Es ist dringend notwendig, dass es für FixerInnen einen Ort gibt, wo mann sie in Ruhe lässt. Sie könnten dort ungestört das zu kaufende ‹Gift› betrachten, prüfen, vergleichen und mit anderen Junkies Erfahrungen bezüglich der Wirkung austauschen.

Die Gefahr der Überdosierung, und damit auch die Gefahr der

Todesfälle, würden dadurch ganz wesentlich vermindert. So wären die Junkies weniger isoliert. Es wären auch Leute in der Nähe, die allenfalls Hilfe leisten oder Hilfe holen könnten. Denn auch bei lebensbedrohlichen Situationen infolge einer Heroinüberdosierung ist die Hilfeleistung recht einfach. Oft genügt künstliche Beatmung. In schwereren Fällen ist es nötig, ein Gegenmittel zu injizieren (Naloxon oder Nalorphin). Und nach der Rettung haben die Betreffenden an keinen Folgen der hohen Giftdosis zu leiden.

Wir erschaffen uns unser Drogen-, unser Heroinproblem und auch unsere Drogentoten künstlich. Dies müsste nicht sein. Diejenigen Entscheidungsbefugten, die sich immer wieder hinter den Gesetzen verstecken, sprechen sich damit deutlich dafür aus, dass weiter regelmässig und unnötigerweise junge Menschen sterben sollen.

Unsinnige und unmenschliche Aufgabe für unsere Polizei

«In der Damentoilette des Parkhauses Hohe Promenade ist am Mittwochabend der 18. Drogentote dieses Jahres im Kanton Zürich aufgefunden worden ... *Gemäss Informationen der Polizei war der Drogensüchtige in den letzten zwei Jahren 23mal wegen Beschaffungskriminalität verhaftet, wegen Hafterstehungsunfähigkeit aber immer wieder freigelassen worden.*»[134] Unsinnige Tätigkeit unserer Polizei. Es wird noch lange dauern, bis es – vielleicht – zur dringenden Änderung des Betäubungsmittelgesetzes kommen wird. Und so werden weiterhin derartige Schrecknisse stattfinden. Im übrigen ist die Isolation in der Gefängniszelle bei beginnenden Entzugserscheinungen eine dermassen unerträgliche Situation, dass sie Selbstmorde geradezu provoziert.

Es gibt viele unauffällige FixerInnen, die aus eigener Kraft vom Heroin loskommen, und es gibt andere unauffällige FixerInnen, die ihren geringen Heroinkonsum bewusst unter Kontrolle halten

Es wird keine Gelegenheit ausgelassen, um den Mythos des unheimlichen, des teuflischen Heroins zu verbreiten. Dazu gehört die Unwahrheit, dass ein jeder, der diese Substanz zwei- oder dreimal zu sich nehme, süchtig werde und bleibe – bis zu seinem baldigen Ableben. Es wird auch immer so getan, als gäbe es keine anderen FixerInnen, als die in den Grossstädten sichtbaren und auffallenden schwer Süchtigen. Auch dies stimmt nicht. Heroin wird nicht nur gefixt, es wird auch gesnifft (geschnupft). Die grosse Mehrheit derer, die einmal Heroin probiert haben, hören damit nach einigen, wenigen Malen problemlos und ohne fremde Hilfe auf. Und von denjenigen, die abhängig werden, schafft es ein grosser Teil, ohne Hilfe von der Droge loszukommen. Wenn wirksame Hilfe geleistet wird, ist es oft die Hilfe von Freunden, private, unauffällige Hilfe, die den gewünschten Erfolg bringt. Dann gibt es auch GelegenheitsfixerInnen, sie setzen sich beispielsweise jeweils am Wochenende einen ‹Schuss› im Wert von hundert Franken (sogenanntes ‹Lappenpiece›). Zum Vergleich: Die schwer abhängigen FixerInnen, von denen immer geredet wird, verbrauchen bis zu 1000 Franken im Tag. Es gibt noch andere, die häufiger fixen, aber beispielsweise nie an zwei aufeinanderfolgenden Tagen; sie achten peinlich genau darauf, nicht körperlich abhängig zu werden. Andere machen Entziehungskuren, nicht etwa, um endgültig vom ‹Stoff› loszukommen, sondern um die wirksame Dosis und damit die Kosten zu senken. *Doch von all diesen weniger problematischen, unauffälligen FixerInnen spricht niemand; sehr wenige nur wissen überhaupt, dass es sie gibt. Sie passen nicht ins düstere Bild, sie passen nicht in den Mythos des verheerenden, des tödlichen Heroins, also wird ihre Existenz gar nicht erst wahrgenommen.*[135)]

Je auffälliger ein Fixer wird, je mehr er Kontakte mit Polizei, Gerichten und Psychiatrie hatte, desto schlechter stehen seine Chancen, vom Heroin loszukommen.

Eine Minderheit der FixerInnen gibt den Ausschlag für ihre offizielle Einschätzung

Eine kleine Minderheit der FixerInnen bestimmt also das offizielle Bild der HeroinkonsumentInnen. Es sind diejenigen, die in die ‹Mühlen› der Gerichte und der Psychiatrie kommen, diejenigen, die gegen ihren Willen eingesperrt und ‹behandelt› werden. Sie bestimmen das Bild, das für die Bezirksanwälte, Richter, für die meisten

Psychiater und Sozialarbeiter Gültigkeit hat. Kein Wunder, dass sie alle den Heroinabhängigen eine dermassen schlechte Prognose stellen. Wer nur FixerInnen sieht, die sich unter dem Druck eines Gerichtes oder einer Vormundschaftsbehörde für eine Entziehungskur oder eine Psychotherapie entschieden haben, dessen Einschätzung der Drogensituation muss einseitig und verzerrt sein.

Zwangsmassnahmen haben zwangsläufig ausschliesslich negative Auswirkungen

Weiter oben habe ich schon erwähnt, dass in unserer Gesellschaft eine deutliche Tendenz besteht, durch Eingriffe Probleme zu verschärfen, ja sogar Probleme zu erschaffen. Beim Heroin ist die Situation eindeutig: Das Betäubungsmittelgesetz erschuf das Drogenproblem, und sämtliche weitere staatliche Eingriffe verschärften es. Aus der Erfahrung, dass die Eingriffe der Polizei, der Gerichte, aber auch der Psychiatrie die Chancen der betroffenen Junkies verschlechtern, wäre doch etwas zu lernen. Vor allem ÄrztInnen, Psychiater und weitere Helfer sollten sich endgültig klar werden, dass Zwangseinweisung, Zwangsentzug, Zwangspsychotherapie, selbstverständlich auch Untersuchungshaft und Gefängnis, nur negative Auswirkungen haben können. Auch die PolitikerInnen sollten sich dies endlich merken. All ihre Zwangs-Massnahmen, ob sie rein repressiv sind oder als helfender und heilender Eingriff gelten sollen, sind kontraproduktiv und verschärfen das Leid dieser Menschen. Und die Resultate all der Zwangs-‹Behandlungen›, Zwangsentziehungskuren und Zwangseinsperrungen werden säuberlich registriert und ausgewertet. Sie bestätigen immer wieder das negative Bild des Heroins und geben, wissenschaftlich untermauert, Anlass zu immer strengeren und einschränkenderen Eingriffen: «Die Erfahrung, dass nach unfreiwilligen Entziehungskuren eine grosse Mehrheit der Betroffenen bei erster Gelegenheit wieder Heroin zu sich nimmt, zeigt doch deutlich, dass Fixer in geschlossenen Institutionen eingesperrt und ‹behandelt› werden müssen – und dies für möglichst lange Zeit...» Der wohlmeinende Staat, wohlmeinende Behörden, wohlmeinende HelferInnen setzen sich ein, es entsteht eine emsige Betriebsamkeit im Dienste der bedauernswerten FixerInnen. Die Resultate sind schlecht; doch alle sehen, mann tut, was mann kann. Noch mehr Zwang, noch einschneidendere Massnahmen für alle FixerInnen, das ist der offizielle Schluss – er sollte Menschlichkeit beweisen, hat jedoch mit der tatsächlichen Situation nichts zu tun.

Hilfe kann sinnvoll sein, wenn der Junkie sie aus eigenem, freiem Entschluss wirklich will, nur dann. Für diese FixerInnen sollten gut motivierte BeraterInnen und TherapeutInnen – professionelle und Laien – zur Verfügung stehen. Ihr Einsatz lohnt sich, wie jeder therapeutische Einsatz bei motivierten KlientInnen.

Ein Oberrichter und der Stadtpräsident suchen nach Möglichkeiten, die Durchführung von Zwangsmassnahmen zu erleichtern

Unsere wohlmeinenden Stadtväter und Richter möchten vermehrt eingreifen, sonderbarerweise sind ihnen die rechtlichen Möglichkeiten für Zwangsmassnahmen noch nicht griffig genug. Nach Ansicht des Zürcher Stadtpräsidenten Thomas Wagner stellten die Stark Drogenabhängigen, die nicht bereit sind, freiwillig einen Entzug zu machen, ein besonders grosses Problem dar. Die rechtlichen und humanitären Fragen, wie man Drogenabhängige gegen ihren Willen zu einem Entzug bringen kann, seien noch nicht geklärt. Diese – sehr heiklen – Fragen würden geprüft.[136)]

Der Zürcher Oberrichter Karl Spühler schrieb im Auftrag von Regierungsrat Wiederkehr ein vielbeachtetes Gutachten.[137)] Es geht darin um die Möglichkeit, Uneinsichtige und Unwillige möglichst rasch und ungestört zwangsweise einweisen zu können. Der Oberrichter beklagt sich über die umständliche gesetzliche Regelung. Die ‹fürsorgerische Freiheitsentziehung› – so bezeichnen die Juristen die Zwangseinweisung – darf vorläufig nur erfolgen, wenn der gesetzliche Vertreter des ‹Kranken› oder ein nächster Angehöriger ein schriftliches Gesuch gestellt hat. Der Oberrichter will diese Bestimmung abschaffen, ferner stört es ihn, dass gelegentlich mit der Anordnung einer Zwangs-‹Behandlung› gewartet werden muss, bis die Gerichtsverhandlung stattgefunden hat.[138)] Und seiner Meinung nach ist eine Freiheitsentziehung sinnlos, wenn sie weniger als ein Jahr dauert. Also möglichst rasch eingreifen – gegen den Willen des

Betroffenen – und einsperren, nicht weniger als ein Jahr. Durch Gerichte ausgesprochene Freiheitsstrafen können sehr wohl milder ausfallen.

Auch ‹noch nicht Süchtige›, ‹Suchtgefährdete› und ‹Verwahrloste› sollen zwangsweise eingewiesen werden

Doch dem Oberrichter ginge die Möglichkeit, Süchtige jederzeit ungehindert mit dem Mittel der ‹fürsorgerischen Freiheitsentziehung› zwangsweise einweisen zu können, noch immer nicht weit genug. Er denkt auch an ‹noch nicht Süchtige› und ‹Verwahrloste›. ‹Noch nicht Süchtige›, ‹Suchtgefährdete›, ‹Verwahrloste› – diese Zustände festzustellen, ist noch subjektiver und willkürlicher, als dies für die sehr subjektiven und willkürlichen psychiatrischen ‹Diagnosen› im engeren Sinn (‹schizophren›, ‹manisch-depressiv›, ‹psychopathisch› usw.) gilt.[139)] Es geht offensichtlich darum, jederzeit im Sinn der Freiheitsentziehung eingreifen zu können, es geht um noch mehr Macht über Menschen. Und zudem wird noch heute nach dem unverändert gültigen Betäubungsmittelgesetz kein Unterschied zwischen den verschiedenen, illegalen Drogen gemacht; nach dem Text des Gesetzes sind Heroin, Marihuana, Haschisch, Kokain und LSD einander gleichgestellt – eine Unsinnigkeit. Wohl wird in der Praxis der Gerichte der Konsum und Besitz von Haschisch und Marihuana wesentlich milder beurteilt als Konsum und Besitz von Heroin. Und dennoch – die Möglichkeit besteht, es kann eingegriffen werden, auch wenn das ‹Delikt› nur weiche Drogen betrifft.

Die Bestrafung des Haschischkonsumenten entspricht einer Notwendigkeit und einem Bedürfnis

Die Legalisierung des Konsums von Haschisch und Marihuana bedeutet für jeden, der sich im Bereich der psychoaktiven Substanzen einigermassen auskennt, eine Selbstverständlichkeit. Doch hierzulande sind leider die zuständigen Männer anderer Meinung. So stellt ein Zürcher Obergerichtssekretär in seinem Aufsatz im Drogenbulletin zusammenfassend fest: «Als Ergebnis bleibt somit festzuhalten, dass die Bestrafung des *Haschischkonsumenten* einer Notwendigkeit und einem Bedürfnis entspricht.» (Hervorhebung mr)[140)]

Die Ängste, die mit Heroin gedämpft werden, unterscheiden sich kaum von den Ängsten der ‹Gesunden›: Wir sind alle Drogengefährdete

Wer täglich Heroin fixt, der leidet, der setzt das Heroin ein als Medikament. Zwangsentzug kann nicht das geringste helfen; nach zwei Wochen ist das Problem, das Leiden des Junkies mit Sicherheit noch genauso gegenwärtig wie zuvor. Wenn er vorher nicht in der Lage war, ohne Suchtmittel zu leben, dann wird er es danach auch nicht sein. Ob dieses Suchtmittel nun Heroin, Methadon, Rohypnol oder Alkohol heisst. Doch diese FixerInnen sind auch nicht einfach *Drogen-‹Kranke›*. Wer auf diese Weise an die Sache herangeht, der macht es sich zu einfach. Wir alle sind Kinder unserer Gesellschaft und sind damit alle auch Drogengefährdete. So leiden denn die meisten – auch die nicht manifest ‹Erkrankten› – an den Folgen: Beispielsweise ist die Angst vor Nähe[141)] – Ninas Problem – keine Krankheit. Diese Angst ist weit verbreitet, es braucht für ihr Auftreten keine ungünstige Veranlagung, kein ‹minderwertiges Erb-Gut›.

In Psychotherapien kommen bei nichtsüchtigen, unauffälligen Bürgern, bei Abhängigen von legalen Suchtmitteln wie auch bei Junkies ähnliche Schwierigkeiten zum Vorschein: Partnerschaftsprobleme, Probleme in der Schule, in der Ausbildung und bei der Arbeit, Ängste und das Gefühl, die erwarteten Leistungen niemals erfüllen zu können. Erfolgreich sein möchte doch jede und jeder. Dem Anspruch, erfolgreich zu sein, entgeht kaum ein Kind unserer Familien, und damit begleitet er uns ein Leben lang. Die Ängste, diesen Ansprüchen nicht genügen zu können, verfolgen uns bis in die Partnerschaften. Bis in unsere engsten Beziehungen hinein werden wir vom Erfolgszwang gequält. Die Angst, wegen Ungenügens vom Partner verlassen zu werden, ist weit verbreitet.

Drogenkonsum schützt auch vor den eigenen Aggressionen. Wir alle haben Angst, dass unsere Aggressivität sichtbar wird, dass wir gewalttätig werden könnten. Aggressionen werden verdrängt, solange es geht. Viele sogenannte Beziehungsverbrechen sind darauf zurückzuführen, dass sich ein Leben lang angestaute Wut über immer wieder erlittene Unterdrückung nicht mehr unter Kontrolle halten liess. Drogen und weitere Suchtmittel helfen, diese Aggressionen zu unterdrücken. Und immer wieder schildern mir junge Männer, wie sie in der aggressiv-autoritären Atmosphäre des Militärdienstes ihre eigene Aggressivität nur unter der Dauerdämpfung durch Haschisch unter Kontrolle halten können.

Nur das Ausmass der Problematik unterscheidet uns von den Junkies

Wir sind alle problematische Erwachsene, mit etwas mehr oder etwas weniger Angst und Unsicherheit, etwas mehr oder weniger manipulierbar und etwas mehr oder weniger anfällig für Suchtmittel. Uns ‹Gesunde› trennt nur das Ausmass der Problematik von den deutlicher Süchtigen. Unsere äusseren Lebensumstände waren etwas günstiger – dies ist der einzige Unterschied. Wer sein Leben ohne Suchtmittel nicht mehr aushalten würde, der kann sein Leben mit Heroin besser ertragen. Solange er unter der Wirkung seines ‹Stoffes› steht, fühlt er sich sicher, wie in Watte gepackt, geschützt.

Für die schwer abhängigen FixerInnen sind die Lebensumstände so schrecklich und unmenschlich, dass sie nur mit noch mehr Heroin zu ertragen sind

Wieso soll es denn nicht erlaubt sein, mit Heroin zu leben? *Auch der täglich fixende Junkie schädigt keine anderen Menschen.*

Die Lebensumstände eines Fixers, einer Fixerin sind so schlimm, dass sie niemand ohne Abtötung der Gefühle, ohne Schutz durch den ‹Stoff› ertragen würde: ein Teufelskreis, aus dem nur sehr schwer zu entkommen ist. Mensch stelle sich einmal die Situationen einer heroinabhängigen Prostituierten vor: Da ist eine junge Frau, die Angst davor hat, eine Beziehung mit einem Mann einzugehen, sie scheut sich auch vor sexuellem Kontakt. Und diese Frau ist gezwungen, um den ‹Stoff›, von dem sie abhängig ist, erstehen zu können, sich mit irgendeinem Mann, den sie nicht kennt, sexuell einzulassen. Klar, dass dies eine Situation ist, die sie nur unter einer hohen Dosis des betäubenden ‹Giftes› ertragen kann.

Gewöhnung und Entzugserscheinungen können auch als psychische Phänomene verstanden werden

Es wird immer von der körperlichen Opiatabhängigkeit gesprochen, als wäre dies eine klar definierte Sache: Körperliche Abhängigkeit, weil beim Unterbruch der Einnahme körperliche Erscheinungen wie allgemeine Unruhe, Schlaflosigkeit, Herzklopfen, schneller Puls, Schwitzen, Gähnen usw. zu beobachten sind. Doch jeder, der je mit derartigen Beschwerden zu tun hatte, weiss, dass dies alles Zeichen einer psychischen Belastung sind. Die sogenannt köperlichen Beschwerden der Junkies sind also möglicherweise psychischer Natur, hervorgerufen durch die äusserst missliche Situation, in der sie leben – und dies hat mit Physiologie nichts zu tun. Wenn er, ohne innerlich darauf vorbereitet zu sein, plötzlich kein Heroin mehr auftreiben kann, dann ergreifen die oben beschriebenen Ängste den Junkie mit all ihrer Wucht. Und derartige Ängste können massivste körperliche Beschwerden bewirken. Sicher, die Einnahme jeder Substanz bewirkt im Körper biochemische Vorgänge. Die Steigerung der täglich benötigten Dosis, um die gewünschte Wirkung zu erzielen, kann auch mit einem rascheren Abbau des ‹Stoffes› erklärt werden; doch ändert dies nichts an der Tatsache, dass sich Entzugserscheinungen in keiner Weise von den körperlichen Anzeichen einer grossen, psychischen Belastung unterscheiden. Die enormen Ängste, in der sich der Junkie befindet, der ohne ‹Stoff› dasteht, genügen vollauf zur Erklärung aller jeweils auftretenden Symptome: Seine starken Emotionen werden dann nicht mehr vom Heroin gedämpft.

Die Betonung der körperlichen Auswirkungen des Heroinkonsums kann als politisches Phänomen verstanden werden; dadurch wird der Mythos des Heroins als ‹teuflisches› Gift unterstrichen, und gleichzeitig wird der Unterschied zu den ‹harmloseren›, legalen Produkten der pharmazeutischen Industrie, wie beispielsweise die Tranquillizer, hervorgehoben.

Die Lehrbuchautoren können das Entstehen der Entzugserscheinungen nicht erklären

Für meine Erklärung der Entzugserscheinungen erhalte ich, indirekt, sogar Unterstützung von den Autoren des ‹Lehrbuchs der Psychiatrie› von Bleuler. In der 1969 erschienenen Ausgabe findet sich im Kapitel über den Morphinismus die folgende Aussage: «Worauf die Abstinenzerscheinungen beruhen, wissen wir nicht.»[142] Seit der 1979 erschienenen Ausgabe des Lehrbuches fehlt dieser Satz; doch er wurde ersatzlos gestrichen; worauf die Entzugserscheinungen nun wirklich beruhen, erfährt auch der Leser des neueren Buches nicht. Dieses Nichtwissen der Experten legt nahe, dass gesellschaftlich bedingte, psychische Gründe wirklich auslösend sein könnten für das Auftreten von Entzugserscheinungen. Die gesellschaftlichen Verhältnisse sind grundsätzlich eine wesentliche Ursache für das Auftreten von psychischen ‹Störungen›. Doch die praktischen Eingriffe und die theoretische Haltung der Psychiater leisten einen wichtigen Beitrag zur weit verbreiteten Verdrängung dieser Tatsache.[143] So finden die psychiatrischen Experten dann jeweils eben organische Ursachen oder – wie hier – ganz einfach nichts.

Die tägliche Einnahme einer psychoaktiven Substanz führt zur Verschärfung der ursprünglichen Problematik und damit zur Dosissteigerung

Die *‹Gewöhnung›* – die Steigerung der benötigten Heroindosis zur Erreichung des gewünschten Effekts – sei ein biochemisches Phänomen. Für ‹wissenschaftlich› Denkende gibt es da keinen Zweifel. Trotzdem ist es sehr leicht, sich eine psychologische Erklärung der ‹Gewöhnung› vorzustellen; doch keinem Experten kommt sie in den Sinn: Problematisch wird die Einnahme einer psychoaktiven Substanz dann, wenn sie zur Bewältigung von Ängsten, Unsicherheiten, Hemmungen und Problemen des Konsumenten eingesetzt wird. Wer so mit seinem ‹Stoff› umgeht, der wird abhängig. Wer auf die Wirkung einer bestimmten Substanz angewiesen ist, um sein Leben ertragen zu können, der ist süchtig. Doch psychoaktive Substanzen, legale, illegale oder ‹Medikamente› können nichts lösen, keine Unsicherheit, keine Angst, keine Hemmung. Und mit der Dauer der regelmässigen Einnahme verschärft sich die Problematik dieser Menschen. Sie stehen in Beziehungen, haben Bedürfnisse, Ängste, zu denen sie nicht zu stehen wagen; sie schieben Entscheide vor sich her – unter der Wirkung ihres ‹Stoffes› fühlen sie diesen Druck kaum mehr; sie leben, als wären sie in Watte gepackt. Doch das Leben geht weiter, das entgeht auch ihnen nicht. PartnerInnen wenden sich von ihnen ab, weil sie nicht mehr auf die ‹Besserung› warten können oder wollen, Arbeitsstellen gehen verloren, es wird immer unmöglicher, Ausbildungen nachzuholen, Termine werden verpasst – endgültig. Um die objektiv verschlimmerte Situation zu ertragen, braucht es eine höhere Dosis des ‹Stoffes›, zunehmende Dämpfung. Die stärkere Dämpfung verschärft die ursprüngliche Problematik – ein Teufelskreis. Durch die regelmässige Einnahme der psychoaktiven Substanz verschlechtert sich die gesamte Lebenssituation des Konsumenten, die Verelendung des Süchtigen nimmt laufend zu. Um diese zu ertragen, muss die Dosis regelmässig gesteigert werden. Die Dosissteigerung, die ‹Gewöhnung›, kann also allein als Folge des veränderten psychischen Zustandes verstanden werden.

Diese Erklärung der ‹Gewöhnung› ist, wie für die Heroinabhängigkeit, auch für die Abhängigkeit von Tranquilizern, legalen Schmerzmitteln usw. möglich. Dabei ist die weitaus grössere Belastung der Junkies durch ihre ungünstigen Lebensbedingungen zu berücksichtigen.

Die soziale Situation der KonsumentInnen bestimmt wesentlich die Wirkung einer psychoaktiven Substanz[144)]

Das Erleben des Menschen wird fast auschliesslich von sozialen und psychischen Einflüssen gesteuert. Wer es auf biochemische und physiologische Mechanismen reduzieren will, der kann ihm niemals auch nur andeutungsweise gerecht werden. Auch die Wirkung eines Suchtmittels kann nicht einfach physiologisch erklärt werden. Das soziale Umfeld muss mit berücksichtigt werden. Niemand nimmt eine psychoaktive Substanz zu sich, ohne schon vorher eine Vorstellung von deren Wirkung zu haben. Und diese Vorstellung beeinflusst die dann effektiv eintretende Wirkung hochgradig. Psychoaktive Substanzen sind nicht gut oder schlecht, nützlich oder schädlich: Sie können auf sinnvolle oder ungünstige und gefährliche Art eingesetzt werden. Andere Kulturen gingen mit derartigen Stoffen vorsichtiger um, als wir das tun. Aufschlussreich ist das Beispiel der Halluzinogene. Der Unterschied zwischen der Einnahme der rituellen Substanz unter der Leitung eines Medizinmannes während einer religiösen Zeremonie und dem hastigen, versteckten Konsum der unter Schwarzmarktbedingungen gekauften, illegalen Droge ist immens. Wo der seltene Gebrauch von Drogen – auch wenn es sich um Dosierungen handelt, die massive Wirkungen hervorrufen – in eine lebendige Religion eingebettet ist, wird selbstverständlich kaum je Abhängigkeit und Sucht entstehen.

Placebo-Effekt und Drogenwirkung

Zum weiteren Verständnis der Drogenwirkung gehe ich auf den Placebo-Begriff ein: Wer Placebos (= unwirksame Scheinmedikamente) erhält, der ist der Meinung, dass er eine wirksame Substanz zu sich nimmt. Und dieses vermeintliche Wissen genügt interessanterweise, um eine Reihe von Wirkungen hervorzurufen: Placebo kann heilen, bessern, es kann aber auch Nebenwirkungen wie trokkenen Mund, Übelkeit, Schweregefühl, Konzentrationsstörungen, Kopfschmerzen und häufig Müdigkeit auslösen. Selbstverständlich zeigt sich dieser Effekt auch, wenn wirksame Medikamente verabreicht werden. Die zu beobachtende Wirkung setzt sich zusammen aus dem physiologischen Effekt des betreffenden Medikaments und der Placebowirkung. Die Placebowirkung ist mit der Einnahme der betreffenden Substanz ausschliesslich zeitlich verbunden, der Akt der Einnahme löst ein rein psychisches Phänomen aus. Es ist demnach besonders schwierig, den Placebo-Effekt bei der Einnahme von psychoaktiven Substanzen, die gerade wegen ihrer Wirkung auf die Psyche konsumiert werden, zu beurteilen. Praktisch unmöglich, Placebo-Effekt und die eigentliche Wirkung dieser Substanzen zu unterscheiden. Wer unkritisch jegliche psychische Wirkung der Droge oder dem Medikament zuschreibt, wird ihn mit Sicherheit übersehen.

Von Placebowirkung wird nur im Zusammenhang mit ärztlich verordneten Medikamenten gesprochen. Doch selbstverständlich gibt es sie – sogar in hohem Mass – auch nach dem Konsum von Alkohol und illegalen Drogen. Gerade bei der Einnahme von illegalen Drogen, ganz besonders beim Fixen von Heroin, das durch die Verbindung von Gefahr, Sensation, Tabu und Geheimnis mit sehr viel Emotionalität verbunden ist, muss der Placebo-Effekt riesig sein – weitaus bedeutungsvoller als die rein physiologische Wirkung. In Verbindung mit illegalen Drogen wird nie an den Placebo-Effekt gedacht; doch nur, wer ihn in seine Überlegungen mit einbezieht, kann Bedeutung und Wirkung von Drogen sinnvoll und wirklichkeitsnah einschätzen.

Beim Heroinkonsum wird der Placebo-Effekt natürlich nicht durch die Suggestion des Arztes ausgelöst. Doch das allgemein über das schädliche und gefährliche Heroin verbreitete ‹Wissen› hat ebenfalls suggestive Auswirkungen. Dieses allgemein bekannte ‹Wissen› wirkt sich im Sinn eines Langzeit-Placebo-Effektes aus. Er ist, davon bin ich überzeugt – neben der Auswirkung der katastrophalen Lebensbindungen unserer Junkies, neben Schwarzmarkt und Kriminalisierung – ein wesentlicher Grund unseres Drogenelends. Der Begriff der sich selbst erfüllenden Prophezeiung[145)] beschreibt dasselbe, was ich mit diesem negativen Placebo-Effekt meine. Solange dieses ‹Wissen› über das Heroin und seine KonsumentInnen weiterverbreitet wird, wird es auch immer Menschen geben, deren Sucht, deren Leben dieses ‹Wissen› bestätigt. Genauso, wie die ‹Existenz› der ‹Geisteskranken› das allgemein bekannte ‹Wissen›, dass es ‹irres› oder ‹ver-rücktes› Verhalten gibt, immer wieder bestätigt.

Von der versteckten Werbung für den Heroinkonsum

Wieso snifft ein junger Mensch zum ersten Mal Heroin, wieso setzt er sich überhaupt den ersten Schuss? Es gibt keine Werbung für Heroin wie für Alkohol, Zigaretten oder Schmerzmittel. ‹Schmerzen halt, nimm Spalt›: Die meisten haben diesen Satz schon gelesen oder gehört. ‹Ängste, Unsicherheiten halt, nimm Heroin›. Dieser Satz ist in «Meyers Modeblatt», im «Gelben Heft» oder im «Blick» niemals zu lesen. Und doch findet etwas damit Vergleichbares statt – indirekt, aber kaum weniger deutlich. Die Botschaft schwirrt durch die Luft und ist überall zu empfangen: «Hör einmal, mein lieber Unzufriedener, hör gut zu, was ich dir zu sagen habe. Dich kotzt dein Leben an, das zeigst du deutlich mit deinem Verhalten. Du hast keine Lust zu leben, du hast keine Lust zu sterben. Dein Leben ist mühsam; Arbeit lohnt sich nicht, Liebe lohnt sich nicht, Kinder haben lohnt sich nicht. Aber da gibt es doch einen Ausweg. Du weisst schon, was ich meine. Er heisst H, H wie Heroin. Tu nur nicht so, als ob du noch nie etwas davon gehört hättest. Ein jeder kennt es doch – dieses H. Sicher, es wird auch Unschönes darüber erzählt; H sei gefährlich, H sei tödlich. Das wissen alle, nicht wahr? Und dennoch gibt es immer wieder Leute, die es konsumieren. Da muss doch etwas dran sein; die wissen nämlich auch, wie gefährlich H ist. Und dennoch nehmen sie es täglich. H muss diesen Leuten ungeahnte Wonnen bereiten, wenn sie diese Gefahren, diese Unannehmlichkeiten auf sich nehmen, nur um dabei zu sein, nur um sich täglich dieses wunderbare Gift hereinzulassen. Kein Problem mehr für diese Leute, das Leben zu ertragen, sie haben ja H. Und – es ist doch wirklich etwas ganz Besonderes, ein Junkie zu sein; das schafft nicht jeder, da haben die meisten grosse Angst davor. Die Welt, die Gesellschaft, das Leben scheisst dich an. Dies kannst du sehr deutlich zeigen, in dem du zur Spritze greifst. Ein ‹Schuss›, und du bist dabei. Und sag nur nicht, du wüsstest nicht, wo und wie du Heroin erhalten kannst. Halt nur etwas die Augen offen, du kannst nicht fehlgehen.» So lautet die Propaganda; täglich wird sie verbreitet, in den Massenmedien, in der Schule, in den Familien, unaufhörlich werden wir damit berieselt. Keiner kann dieser Botschaft entgehen; und so findet sie immer wieder den Weg zu denjenigen, die ansprechbar sind. Und solange diese Botschaft verbreitet wird, wird es das Drogenproblem und HeroinkonsumentInnen geben – Junkies, die auffallen, Junkies, die leiden, die krank werden und sterben – unnötigerweise.

Es ist niemals sinnvoll, psychisches Leiden mit psychoaktiven Substanzen zu ‹behandeln›

Heroin ist eines unter vielen Suchtmitteln. Sie alle werden ähnlich eingesetzt. Was sie unterscheidet, ist in erster Linie der Kreis ihrer KonsumentInnen. Was sie verbindet, ist ihre Eigenschaft, Probleme, Sorgen, Ängste, Unzufriedenheit zuzudecken, zu ‹behandeln›. Psychoaktive Substanzen wurden in unserer Gesellschaft zum Problem, weil sie oft wie Medikamente eingesetzt werden. Es ist niemals sinnvoll, psychisches Leiden mit psychoaktiven Substanzen zu ‹behandeln›, wegzudämpfen. Bei dieser Verwendung ist Abhängigkeit und Sucht von Anfang an vorprogrammiert. Probleme, die so angegangen werden, lösen sich nie, sie müssen fortwährend künstlich unterdrückt werden. Wer zuvor sein Leben nicht meistern und ertragen konnte, wer erfahren hat, dass ihm mit Hilfe seines ‹Stoffes› nun vieles leichter fällt, der geht kaum mehr freiwillig ins alte Elend zurück. Dies gilt für Drogen, Alkohol wie auch für Psychopharmaka. (Allenfalls können gelegentliche Erfahrungen, ausgelöst durch Halluzinogene, zur Verminderung von Leiden und zum sinnvolleren Umgang mit Problemen beitragen.)

Für jede und jeden das passende Suchtmittel

Für verschiedene Personengruppen gibt es die auf sie zugeschnittenen, psychoaktiven Substanzen: Legal erhältliche, hochprozentige, teure Alkohole für die ‹besseren Kreise›, Bier für Arbeiter und Schmerzmittel für unzufriedene, aber ängstliche Hausfrauen. Tablettensucht ist, zu Beginn wenigstens, leichter zu verbergen als Alkoholismus, weder Mundgeruch noch Torkeln verraten die Abhängigen.

Offensichtlich soll es so sein, dass in unserer Gesellschaft Probleme weggedämpft werden, dass die Aufdeckung der Hintergründe des Leidens unerwünscht ist. Zu den ‹Wunder›-Drogen, die zu diesem Zweck den verschiedenen gesellschaftlichen Schichten und Gruppierungen zur Verfügung stehen, gehört auch das Heroin; es stellt keine Ausnahme dar.

Schwere Abhängigkeit beginnt nicht selten mit einem Arztrezept

Bei denjenigen, die sich nicht in eigener Regie mit einem Suchtmittel ‹behandeln›, geht die Sucht oft auf einen Arztbesuch zurück. Sie gehen zum Arzt, respektive werden zum Arzt gebracht, weil sie schlaflos, ‹depressiv›, suizidal oder ‹psychotisch› sind. Für den Arzt Grund genug, eine ‹Behandlung› mit Tranquillizern, Schlafmitteln, Neuroleptika oder Antidepressiva einzuleiten. Es handelt sich um Menschen, die es nicht wagten, sich selber mit psychoaktiven Substanzen einzudecken. Da nun der Fachmann die Leitung übernommen hat, brauchen sie sich keine Sorgen zu machen: Ein Arzt ist doch gut ausgebildet, er hat jahrelang studiert, ihm darf vertraut werden.

Magenschmerzen, Herzbeschwerden, Kopfschmerzen und andere körperliche Beschwerden gehen oft auf ungelöste Konflikte zurück. Meist erhebt der Arzt keinen klaren, körperlichen Befund. Um die ‹Erwartungshaltung› des ‹Patienten› nicht zu enttäuschen, verschreibt er Tranquillizer, Schmerzmittel und auch Antidepressiva: Der gute Arzt kennt natürlich die ‹larvierte Depression›, eine ‹Depression›, die vor allem körperliche Symptome bewirke.

Ob Sucht ihren Anfang nahm mit einem Arztrezept oder ohne – das Resultat sieht sehr ähnlich aus.

Ja, so erstaunlich dies tönen mag, schwere Schmerzmittelabhängigkeit beginnt nicht selten mit einem Rezept. So, wie der Arzt bei Lungenentzündung das beste Antibiotikum verschreibt, so kennt er selbstverständlich das ‹beste› Medikament gegen Kopfschmerzen. Es ist für den überlasteten Arzt sicher einfacher, mit allwissendem Gesichtsausdruck den Rezeptblock zu zücken, als die hinter den Kopfschmerzen verborgene Problematik anzugehen.

Eine ungute Erinnerung: Eine junge Frau, von der ich über längere Zeit immer wieder gehört habe, erhielt vom Hausarzt wegen Kopfschmerzen zum ersten Mal in ihrem Leben das Schmerzmittel Optalidon (alte Formel). Langsam steigerte sie die Dosis. Eines Abends rief sie an und bat mich um ein Rezept für das als Heroinersatz dienende starke Schmerzmittel Valoron. Einige Monate später starb sie den typischen Junkietod.

Alkohol und legal erhältliche Schmerzmittel sind die ‹Einstiegsdrogen› und nicht Haschisch oder Marihuana. Das Beispiel der Eltern spielt dabei eine wichtige Rolle

Ist Optalidon ‹Einstiegsdroge› für die spätere Heroinabhängigkeit? Bei der oben erwähnten jungen Frau war dies der Fall. Kaum ein Junkie, der nicht früh und regelmässig legale ‹Drogen› – Schmerzmittel und vor allem auch Alkohol – konsumiert. Viele Kinder müssen jahrelang mit ansehen, wie die Eltern zur Lebensbewältigung Alkohol, Schmerzmittel, Schlafmittel oder Tranquillizer einsetzen. Kaum erstaunlich, dass diese Kinder später selbst dazu neigen, Suchtmittel in diesem Sinn zu verwenden. Als Einstiegsdrogen müssten demnach viel eher Alkohol und legal erhältliche Medikamente bezeichnet werden und eben nicht das harmlosere Haschisch oder Marihuana.

Die KonsumentInnen illegaler Drogen sind – auch – sehr typische Mitglieder unserer Gesellschaft

Paradox: Da wird das Wegdämpfen von Problemen durch psychoaktive Substanzen gefördert. Da wird fleissig für Alkohol und Schmerzmittel geworben, Ärzte verschreiben millionenfach Tranquillizer, Schlafmittel, Antidepressiva und Schmerzmittel. Und gleichzeitig werden die KonsumentInnen der illegalen Drogen, die doch genau im Sinn dieser Ideologie leben, kriminalisiert, bestraft, eingesperrt und zwangs-‹behandelt›.

Sicher – es gibt bei den legalen Suchtmitteln wirtschaftliche Interessen: Alkoholproduzenten melden ihre Bedürfnisse an, die pharmazeutische Industrie überflutet mit ihrer immensen Werbung unsere Ärzte. In Zeitungen wird für alkoholische Produkte, Schmerzmittel und Zigaretten geworben. Sind nur die böse Industrie, die bösen Alkoholproduzenten, die böse Mafia, die Apotheken, die Weinhandlungen schuld an unserem Suchtproblem? Diese Sicht der Situation ist zu einfach, zu naiv. Der Einsatz von Suchtmitteln zur Verdeckung von menschlichem Leid, zur Verschleierung von gesellschaftlichen Missständen ist erwünscht – die meisten Anzeichen weisen in diese Richtung.

Tendenziöse Berichterstattung

Was über Heroin in unseren Medien und Schulen verbreitet wird, muss als Propaganda bezeichnet werden. Je mehr über Heroin in der bekannten Art berichtet wird, desto grösser ist die Zahl derjenigen, die sich dadurch zum ersten ‹Schuss› – zum Start in die vorbestimmte ‹Karriere› mit dem tödlichen Ausgang – verleiten lassen.[146)] *Die Zahl der Heroinabhängigen verhält sich proportional zum Ausmass der Berichterstattung über diese Droge.* Von welcher Seite mensch auch immer die Problematik betrachtet, der Schluss ist immer derselbe: Unser Heroinelend erscheint als gesellschaftliche Notwendigkeit, eine gewisse Zahl schwer Heroinabhängiger, und als Folge davon die entsprechenden Todesfälle, wird es weiterhin geben. Die sinnvollen Massnahmen, die lindern und helfen könnten, werden nicht ergriffen. Dies muss Gründe haben. Eine leicht zu verwirklichende Massnahme wäre *der sofortige Stopp der tendenziösen Berichterstattung über Heroin.* Je weniger davon geredet wird, desto besser. Und wenn informiert wird, dann soll dies möglichst sachlich geschehen. Die Gefährlichkeit des Heroins darf nicht masslos übertrieben und diejenige von Alkohol, Schmerz-, Schlaf- und Beruhigungsmitteln fast vollständig unterschlagen werden: korrekte, sachliche Information über alle psychoaktiven Substanzen, keine Werbung, keine Verharmlosung der einen Gruppe und keine Verketzerung der anderen. Die ganzen Aufklärungsprogamme in den Schulen – wie gut sie auch immer gemeint sind – schiessen neben das Ziel. Was braucht es noch Warnung, was braucht es noch Hinweise über die Gefährlichkeit des Heroins. Jeder Jugendliche, der sich den ersten ‹Schuss› setzt, weiss ganz genau, was er tut. Auch für Schulen gilt also: möglichst wenig Gerede über das böse Heroin, allenfalls knappe, sachliche und korrekte Information über legale und illegale Suchtmittel.

Suchtmittel stabilisieren die bestehenden Herrschaftsverhältnisse, die Verteilung von Macht und Ohnmacht

Das Leiden des einzelnen schadet im Grunde ja niemandem. Wieso wird die Unterdrückung dieses Leidens dermassen gefördert?

Wo Leidenszustände nicht zugedeckt werden, stellt sich die Frage nach der Aufdeckung ihrer Ursachen. Diese Ursachen würden sich in der Biografie des einzelnen finden; und diese Biografie hängt mit der gesellschaftlichen Situation, in der wir leben, zusammen. Allenfalls müssten dann auch zielbewusst Änderungen dieser gesellschaftlichen Situation angestrebt werden. Und genau davor fürchten sich die Mächtigen, denn diese Änderungen könnten an der Verteilung von Macht und Ohnmacht in unserer Gesellschaft rütteln. So festigt der verbreitete Konsum psychoaktiver Substanzen die Stellung der oberen sozialen Schicht.
Vom immer wieder verbreiteten, erschreckenden Bild des Heroinkonsums fühlt sich ein ganz bestimmter Personenkreis angezogen. Mit ihrem Griff zur Spritze machen diese Menschen einen sehr deutlichen Schritt aus unserer Gesellschaft hinaus. Sie zeigen, dass sie bereit sind, sehr weit zu gehen: Ihre Unzufriedenheit ist so gross, dass sie der wahrscheinliche Tod nicht von ihrer Absicht abhalten kann. Diese Menschen könnten eine Quelle des Widerstandes sein, Menschen, die bereit wären, sich einzusetzen, die, um Neues zu erproben, Risiken auf sich nehmen würden. Doch durch die Lebensbedingungen in der illegalen Drogenszene werden ihre Kräfte verbraucht, weitere Aktivitäten sind ihnen kaum möglich.

Drogen und weitere Suchtmittel unterstützen die Verdrängung unserer Bedürfnisse

Ein wesentliches Kennzeichen unserer Gesellschaft ist die Verdrängung wichtiger Bedürfnisse. Die Verteilung von Macht und Ohnmacht in der Familie, die Tatsache, dass die Mächtigen in der Familie wie auch im Staat ihre Macht meist zu ihrem eigenen Nutzen anwenden, zwingt die Kinder, zwingt die Schwächeren dazu, laufend zu verdrängen. Körperliche Gewalt, Mystifizierung, double bind und ihre Auswirkungen müssen verdrängt werden: Ihre Aufdeckung – ohne die Möglichkeit, etwas dagegen zu unternehmen – wäre unerträglich. So wird denn die Meinung, dass all dies aus Liebe geschehe, dass die Erfüllung der Bedürfnisse der Schwächeren gesichert sei, geglaubt. Für die ‹Behandlung› des Unwohlseins, das mit schwächer werdender Verdrängung dieser Situation verbunden ist, stehen Drogen und weitere Suchtmittel zur Verfügung. Das Aufdecken der Unterdrückung als Grund des Leidens, ja das Bewusstwerden des Leidens überhaupt, soll vermieden werden.

Die Junkies sind Sündenböcke

Die Existenz der Junkies hat noch einen weiteren Sinn: Sie haben eine wichtige Bedeutung für diejenigen, die sich geflissentlich an die gesellschaftlichen Normen halten. Auch diese Bedeutung kommt der Macht gelegen – schon sie allein wäre Grund genug für die Inszenierung des Drogenproblems: *Junkies sind für die ruhigen, unauffälligen Bürger Projektionsobjekte, auf die FixerInnen können sie ihr ungelebtes Leben, ihre unterdrückten Bedürfnisse projizieren.* Das Drogenelend zeigt ihnen deutlich, was es heisst, Normen, Gesetze, Bestimmungen zu brechen – dies führt zu Verwahrlosung und baldigem Tod. So wird vielen die Erkenntnis verunmöglicht, dass es auch schön, ergreifend und lustvoll sein kann, Normen zu brechen, sich eigene Normen zu schaffen, sie zu prüfen und zu erproben. Junkies sind für viele Menschen unserer Gesellschaft echte Sündenböcke, zu denen verbotene Lust assoziert wird. Junkies werden auch beneidet. *Als Verkörperung verbotener Lust müssen sie – wie es sich seit alters her für Sündenböcke geziemt – vom Tod bedroht sein und auch sterben.*[147)] Gute Inszenierung, gute Regie?

Die schrecklichen Aussagen von vielen, die sich ekeln oder aggressiv werden, wenn sie Junkies sehen, werden verständlich: «An die Wand stellen und erschiessen.» «Nur ein toter Fixer ist ein guter Fixer.» «Wenn ich sicher wäre, dass sie sich dann auch wirklich umbringen, würde ich jedem Fixer das nötige Gift persönlich überreichen.» *Der Junkie ist ein Sündenbock – wie auch der psychisch ‹Kranke›.*

Die Sündenbock-Funktion der Junkies ist ein weiterer, wichtiger Grund für die masslos übertriebene Berichterstattung in den Massenmedien über das Drogenproblem: *Ihre abschreckende Rolle für die ‹schweigende Mehrheit› können die Junkies selbstverständlich nur spielen, wenn von ihnen gesprochen wird, wenn vor allem ihr elendes Sterben bekannt wird.*

Mächtige und Süchtige sind sich ähnlich

Um ihr Leben zu bewältigen, setzen die einen ihr Suchtmittel ein, die anderen ihre Macht, sie sind Abhängige, Süchtige der Macht. Was sie brauchen, ist Macht über Menschen, Macht bis hin zur Verfügungsgewalt über Leben und Tod. Regierungschefs, hohe Offiziere, Vorgesetzte jeder Art, Polizisten verfügen über diese Macht – und auch die Verantwortlichen unserer heutigen Drogenpolitik.

Gefangene kommen im Gefängnis zum ersten Mal mit Heroin in Berührung

Ab und zu stehen Meldungen unauffällig in der Zeitung; im Grunde wären sie brisant, doch sie gehen unter, werden vergessen, bewirken nichts. In der ganzen, westlichen Welt scheint die Situation sehr ähnlich zu sein: Immer wieder ist zu lesen, dass Gefangene während ihrer Inhaftierung angefixt wurden; dazu passend, dass in unseren Gefängnissen für jeden, der das will Heroin, neben anderen legalen und illegalen Suchtmitteln zur Verfügung steht. (Selbstverständlich werden Psychopharmaka an Gefangene sehr ‹grosszügig› abgegeben.) Ab und zu werden derartige Meldungen von Richtern oder Gefängnisärzten bestätigt. Im ‹Tages-Anzeiger› war beispielsweise am 23.8.83 zu lesen (S.17): «Während des Vollzugs in der Strafanstalt Bostadel ist er nach eigenen (*vom Richter bestätigten*) Angaben mit Heroin angefixt worden. In Freiheit begann er später regelmässig zu spritzen – bis zu drei Injektionen täglich.» (Hervorhebung mr) Dieser Häftling wurde als Fixer aus dem Gefängnis entlassen – vor seinem Strafantritt hatte er noch nie Heroin zu sich genommen.

Die folgende Aussage machte der ehemalige Psychiater der bernischen Strafanstalt ‹Thorberg› 1983: «Es gibt Gefängnisse, in denen man in bezug auf Drogen bewusst die Augen zudrückt.»[148)] Eine interessante Meldung über die Situation in den niederländischen Gefängnissen findet sich im ‹Tages-Anzeiger› vom 17.3.83 (S.17): «Inzwischen nimmt auch der Rauschgiftkonsum in den niederländischen Gefängnissen stark zu: Händler lassen sich absichtlich ‹einlochen›, um in den Strafanstalten ihre Ware zum Kauf anbieten zu können, und überdies erliegt auch das Gefängnispersonal immer öfter der Verlockung, sich wegen der Aussicht auf grosse Gewinne dem Drogenhandel hinzugeben.» In den Niederlanden ist also auch das Gefängnispersonal am Drogenhandel beteiligt.

In Gefängnissen spielt sich offensichtlich ein besonderer Drogenmarkt ab. Wieso wird er nicht unterbunden? Ist er toleriert oder vielleicht sogar erwünscht?

Neben den psychisch ‹Kranken› und den Drogensüchtigen stehen auch Kriminelle eindeutig ausserhalb der Gesellschaft. Kriminelle brechen bewusst gesellschaftliche Normen. Falls sie dabei erwischt werden, werden sie bestraft. Im schweizerischen Strafgesetzbuch steht, dass der Vollzug der Zuchthaus- und Gefängnisstrafen den Gefangenen auf den Wiedereinstieg in das bürgerliche Leben vorbereiten solle. Doch viel eher wird damit der Wiedereinstieg dieser Menschen in die Gesellschaft verhindert: Die Dauer der Untersuchungshaft verlängert sich zusehends, sie kann heute jahrelang dauern. Dabei sind Untersuchungsgefangene noch nicht verurteilt, sie wären bis zum möglichen Schuldspruch als unschuldig zu betrachten. Untersuchungshaft ist in der Schweiz in jedem Fall eine Einzelhaft: dauernder Aufenthalt in der Einzelzelle, unterbrochen nur durch den täglichen halbstündigen ‹Spaziergang›. Isolation vom gewohnten mitmenschlichen Kontakt und Abschirmung von weiteren Aussenreizen stellen, dies wurde wiederholt gezeigt, eine extreme, psychische Belastung dar.

Bei der sogenannten sensorischen Deprivation – Isolation, Abschirmung von akustischen Reizen, monotone Beleuchtung – beginnt praktisch jede Versuchsperson zu halluzinieren. Sensorische Deprivation kann demnach Verwirrung, Desorientiertheit und Depersonalisationserscheinungen auslösen; dies sind alles ‹schizophrene Symptome›. Durch die Tatsache, dass derartige ‹Symptome› bei ‹Gesunden› künstlich ausgelöst werden können, erweisen sie sich als natürliche Reaktionsweise der menschlichen Psyche. Dies ändert natürlich nichts daran, dass sie sehr schwer zu ertragen sind. Vor allem, wenn – wie im Gefängnis – die ‹Versuchsbedingungen› zeitlich nicht klar begrenzt sind und lange dauern können. Isolationshaft bewirkt Persönlichkeitsveränderungen; die Kraft zu eigenständigem Denken, die Kraft, sich als autonomer Mensch zu fühlen und zu behaupten, wird durch die Isolation gebrochen. Der von Ralf

Binswanger geprägte Begriff ‹*Isolationsfolter*› beschreibt den Sachverhalt treffend.

Selbstverständlich ist die Versuchung für Strafgefangene riesig, angebotene legale und illegale Drogen zu konsumieren; es braucht ungeheuer grosse Kräfte, um diese Angebote zurückzuweisen. Durch die Isolation im Gefängnis verwirrt und entkräftet, werden die Häftlinge durch psychoaktive Substanzen in ihrer Widerstandskraft weiter geschwächt. Süchtige Kriminelle sind kaum mehr gefährlich.

Auch Banken profitieren vom Drogengeschäft

Beim Drogenhandel werden Milliardenbeiträge umgesetzt; solche Geldmengen verwahrt niemand in der eigenen Wohnung. Natürlich ‹wissen› die Banken jeweils von nichts. Und FixerInnen erhalten leicht Kleinkredite. Die Banken vergeben sich dabei nichts, weil sie bei der Rückzahlung der Schulden von den Fürsorgeämtern bevorzugt behandelt werden. An der das System stabilisierenden Wirkung des Drogenelends müssten die Banken doch eigentlich interessiert sein.

Gelegentlich kann von der Beteiligung von höchsten diplomatischen Kreisen am Drogenhandel gelesen werden; oft werde dabei auch in Westeuropa ein Auge zugedrückt. Der Schah von Persien und seine Familie gehörten beispielsweise zu den grössten Drogenschmugglern, die es je gab.[149)]

Illegale Drogen, vor allem Heroin, werden meist aus Krisengebieten auf der ganzen Welt exportiert. Finanziert werden die teuren Waffen – die auch aus Westeuropa stammen – meist mit dem Export von Opiaten.

Unterdrückung, versteckt hinter der Maske der Fürsorge

Bei vielen Eingriffen des Staates, von Behörden, findet das typische widersprüchliche Verhalten statt. Die Repression von psychisch Leidenden, Drogenabhängigen und Gefangenen wird verdeckt ausgeübt. Die Unterdrückung versteckt sich hinter einer helfenden

Haltung der Menschenliebe. Es wird doch für die psychisch ‹Kranken›, für die Junkies und für die Häftlinge das Menschenmögliche getan. Es soll ihnen besser gehen, sie sollen den Wiedereinstieg in die Gesellschaft finden. Und nicht einmal dann, wenn gewisse Massnahmen, gewisse Strafen im Bereich der Strafjustiz und der Drogen-‹Bekämpfung› sich eindeutig als brutal und unmenschlich erweisen, wird dieser vorgeschobene Anspruch fallengelassen. Zur Rechtfertigung wird dann jeweils von ‹Abschreckung› geredet. Die harte Behandlung von wenigen schütze viele; es könne damit vermieden werden, dass viele weitere junge Menschen zur Spritze greifen oder kriminell werden. Dabei ist erwiesen, dass das Prinzip der ‹Abschreckung› noch nie funktioniert hat, dass Verbrechen nicht einmal durch die Androhung der Todesstrafe abnehmen.

Klar, was sinnvoller wäre: Selbstverantwortung, Autonomie des einzelnen. Die Freiheit, das Leben zu wählen, das ihm entspricht – mit oder ohne Droge.

Mehr Ruhe, weniger Druck, mehr Toleranz für FixerInnen

Welche vorläufigen Massnahmen könnten die Lebenssituation der FixerInnen rasch verbessern? Die leidige, polizeiliche Verdrängungstaktik sollte sofort beendet werden – mehr Ruhe, weniger Druck, mehr Toleranz für die FixerInnen. Dringend nötig ist ein beheizbarer Ort, wo sie sich in Ruhe treffen können, wo sie ungestört das verfügbare Heroin vergleichen können, wo frisches Wasser und möglichst auch Wegwerfspritzen zur Verfügung stehen. Ein Ort, der die Isolation des Junkies vermindert, wo bei Überdosierungen immer jemand zugegen ist, der Hilfe leisten kann. Schon diese einfache Massnahme würde das Los der Junkies wesentlich verbessern und die Todesfälle massiv reduzieren, wahrscheinlich sogar verhindern. Doch momentan ist die dafür notwendige Toleranz nicht zu erwarten. Dabei hat es in Zürich versuchsweise schon einmal einen Junkie-Raum gegeben – 1982 während ungefähr vier Wochen im autonomen Jugendzentrum. Bei gutem Licht konnten sie ihren ‹Stoff› kaufen, prüfen und vergleichen, konnten ihn in frischem Wasser auflösen und spritzen. Sie hatten endlich die Gelegenheit, ungestört miteinander zu reden. Es entstand Solidarität unter den Junkies. Schon nur im Laufe dieser vier Wochen verbesserte sich die Qualität des gehandelten Heroins merklich; es wurde sauberer und reiner. Und vor allem hatte dieser Versuch eine sensationelle Auswirkung, die viel zu wenig bekannt wurde: *«Solange dieser Raum den Junkies zur Verfügung stand, starb in Zürich kein einziger Heroinabhängiger.»*[150] Doch der Ruf nach ‹Ruhe und Ordnung› machte diesem ‹Wunder› ein schnelles Ende. Die massgebenden Bezirksanwälte, Polizeioffiziere, Stadträte usw. sind sich einig, dass die kurzfristige Tolerierung dieses Versuches ein grosser Fehler gewesen sei. Das Experiment sei restlos missraten. Es hätte eine Massierung von auswärtigen Junkies im AJZ stattgefunden, was dem guten Ruf von Zürich geschadet habe. Die Vermenschlichung des Lebens der Heroinabhängigen und vor allem das sensationelle Ausbleiben der Todesfälle bedeutet diesen massgebenden Männern offenbar nichts. Nach dem Buchstaben des Gesetzes haben sie natürlich recht. Selbstverständlich war dieser Raum rechtswidrig. In der Schweiz ist ja bekanntlich schon der Konsum von illegalen Drogen strafbar. Und diese Strafbarkeit des Konsums rechtfertigt juristisch korrekt jede erdenkliche Unterdrückung und Quälerei der Junkies. Im Junkie-Raum war nicht nur der Konsum, sondern vorübergehend sogar der Drogenhandel stillschweigend geduldet worden. Doch unsere Gesetze sind keineswegs gleichsam Naturgesetze, letzte unkritisierbare Wahrheiten. Sie sind geschaffen worden von Menschen, von unvollkommenen Menschen, wie wir es alle sind, von Menschen mit Ängsten, Hemmungen und Aggressionen, von Menschen, die verdrängen und projizieren. Gesetze können sich als unsinnig erweisen, sie können veralten, überholt sein. *Unsinnige Gesetze müssen geändert oder ersatzlos gestrichen werden.*

Was noch am ehesten verwirklicht werden könnte, wäre die sofortige, grundsätzliche Änderung der über alle Suchtmittel, ganz besonders über das Heroin, verbreiteten Informationen. Stopp mit den sinnlosen, ‹aufklärerischen› Warnungen vor den bösen Drogen in den Schulen. Stopp vor allem auch mit dem sinnlosen Überbetonen und Aufaddieren der Herointodesfälle in den Massenmedien.

Keine Zwangsmassnahmen mehr

Sofortiger Stopp jeglicher Zwangseinweisung, Zwangstherapie und jeglichen Zwangsentzugs. Der Junkie soll als selbstverantwortlicher Mensch behandelt werden. Hilfe soll angeboten, aber nur auf ausdrücklichen und freiwilligen Wunsch der Betroffenen durchgeführt werden – ohne Druck. Mit motivierten Junkies zusammenzuarbeiten ist auch für die TherapeutInnen viel befriedigender.

Aussprachemöglichkeiten, Beratung, Psychotherapie für Junkies, die dies wirklich wollen; Wohnungen, Häuser und Wohngruppen, wo sie in Ruhe leben können... Dies alles wäre ohne Gesetzesänderung durchführbar – guter Wille würde genügen.

Prohibitive Gesetze scheitern

Bekannt ist das vollständige Fiasko der Alkoholprohibition in den USA in den 20er Jahren. Ebenfalls bekannt ist das Scheitern des massiven und ehrgeizigen Kampfes gegen Heroin im New York der 70er Jahre.[151)] Seit jeher nehmen die USA gegenüber Suchtmitteln einen extrem prohibitiven Standpunkt ein: Es gelang den USA mit viel Druck, die internationale Betäubungsmittelkontrolle durchzusetzen. *Die Schweiz ging mit der Bestrafung des Drogenkonsums in der Teilrevision des Betäubungsmittelgesetzes im Jahre 1975 sogar noch weiter, als es das sogenannte Einheitsübereinkommen von 1961 verlangte.* Und noch immer wird an dieser Strafbarkeit des Konsums festgehalten...

Grossbritannien zeigte, dass ein anderer Weg möglich ist

In Grossbritannien werden registrierte Heroinabhängige der Strafverfolgung entzogen. Seit 1926 bis Mitte der 70er Jahre stand es ÄrztInnen frei, Heroin zu verschreiben, wann immer sie das als sinnvoll erachteten. In letzter Zeit wurde auch in Grossbritannien die Haltung restriktiver (= einengender). Heute darf Heroin nur noch in spezialisierten Polikliniken abgegeben werden. Doch Methadon kann in England – wie in Holland – bis heute noch immer von jedem Arzt frei abgegeben werden.[152] Auch in Grossbritannien steigen die anfänglich sehr geringen Zahlen der Opiatabhängigen langsam an; doch es hat dort – wenn die unterschiedlichen Einwohnerzahlen berücksichtigt werden – wesentlich weniger FixerInnen als in der Schweiz: Bei vorsichtiger Hochrechnung der Angaben von der Zürcher Bezirksanwältin Frau Weiss[153] ergibt sich für Grossbritannien ein ungefähr 15mal kleinerer Anteil von Junkies an der Gesamtbevölkerung. Im Gegensatz zu Repression (= Unterdrükkung) und strenger Prohibition erwies sich eine freizügigere Haltung als sinnvoll.

Methadon, ein Opiat, wird auch bei uns legal an Opiatabhängige abgegeben

Unser Betäubungsmittelgesetz ist nicht einfach wahr und richtig wie ein Naturgesetz; es stellt nichts als eine aus subjektiven Gründen erfolgte Bestimmung dar – sie könnte auch anders lauten. Dies zeigt sich auch darin, dass in der Schweiz ein hochwirksames Opiat (nach Duden: opiumhaltiges Arzneimittel) – das Methadon – legal abgegeben wird. Die Wirkung von Methadon hält länger an als diejenige von Heroin, und auch die Entzugserscheinungen sind nach Beendigung der regelmässigen Methadoneinnahme schwerwiegender und dauern länger. Methadon müsste demnach als die stärker wirkende Droge bezeichnet werden. Aussagen von Junkies, die beide ‹Stoffe› kennen, weisen auch in diese Richtung. Methadon wird in der Schweiz unter ärztlicher Kontrolle als Medikament eingesetzt. Aufschlussreich, wie die Ärzte die legale Abgabe von Methadon zu rechtfertigen suchen: Dr. Gmür und Prof. Uchtenhagen, Zürich, betonen, dass Methadon bei Heroinabhängigen – und nur an sie wird es abgegeben – zu keiner ‹Euphorisierung› oder gar zu einem ‹orgiastischen High-Gefühl› führe, sondern die ‹Patienten› lediglich in einem ausgeglichenen Normalzustand halte.[154]

Erstaunlich, dass mit dem Methadon eine Substanz legal abgegeben wird, die zu der als höchst gefährlich eingestuften Wirkgruppe der Opiate gehört. Zwar wird Morphium bei unheilbaren Krankheiten gegen unerträgliche Schmerzen verabreicht; doch beim Methadon sieht die Sache weitgehend anders aus: *Methadon, ein Opiat, wird legal an Opiatabhängige abgegeben*; FixerInnen erhalten offiziell eine dem verketzerten Heroin nah verwandte Substanz. Bei der Sündenbocksfunktion der Opiate wird es verständlich, wieso betont werden muss, dass Methadon-KonsumentInnen weder Euphorie noch Lust erleben.

Im übrigen zeigt die bei uns durchgeführte Abgabe von Methadon, wie ein Suchtmittel niemals abgegeben werden sollte: Die BezieherInnen von Methadon müssen Junkies sein, deren Situation als weitgehend hoffnungslos eingeschätzt wird. Sie müssen mehrere Jahre heroinabhängig sein, ein Mindestalter überschritten und mehrere Entziehungskuren ohne Erfolg durchgemacht haben. Das sogenannte ‹Methadonprogramm› für diejenigen, die all diese Bedingungen erfüllen, ist auf mehrere Jahre hinaus angelegt. Es ist den MethadonbezieherInnen verboten, aus eigener Initiative die tägliche Dosis zu reduzieren. Die Experten befürchten nämlich, dass sie Methadon nur reduzieren würden, um erneut bei der Einnahme von Heroin verbotene Lust zu erleben.[155)] Mit regelmässigen Urinkontrollen, die niemals im voraus angekündigt werden, wird darüber gewacht, dass die MethadonbezieherInnen kein Heroin zu sich nehmen. Was wäre denn daran so schlimm? Die beiden ‹Stoffe› sind sich so ähnlich. Methadon darf auch nicht gespritzt werden, es muss im Beisein des Arztes oder Apothekers in Fruchtsaft gelöst getrunken werden. Und die Bewilligung zum Bezug von Methadon ist mit der Verpflichtung zu Psychotherapie verbunden: Zwangspsychotherapie, wie ungünstig sie sich auswirkt, wurde hier bereits erwähnt. Als Teil des Methadonprogramms ist sie besonders unsinnig. Der Therapeut ist auch Kontrollinstanz, muss Urinproben anordnen und bei positiven Befunden die Bewilligung für den Bezug von Methadon entziehen. Eine sinnvolle Psychotherapie in dieser mehrdeutigen Situation ist unmöglich... Abgabe von Opiaten ja, aber so nicht.

Im Juni 1987 wurden im Kanton Zürich neue Richtlinien für die Bewilligung einer Methadon-‹Behandlung› erlassen. Vorher durfte Methadon nur abgegeben werden, wenn die Betroffenen mindestens 23 Jahre alt und seit zwei Jahren opiatabhängig waren. Gescheiterte Entziehungskuren waren eine weitere Bedingung. Einer der Chefärzte der psychiatrischen Kliniken im Kanton hatte das Gesuch endgültig zu beurteilen. Der Anlass, daß die Bewilligungspraxis geändert wurde, war die hohe Aids-Gefährdung der FixerInnen. Es brauchte starken Druck von aussen, bis sich die kantonale Gesundheitsdirektion zu diesem Schritt entschied. Der behandelnde Arzt muss heute im wesentlichen nur noch zweifelsfrei Heroinsucht feststellen. Er allein entscheidet; doch zuvor muss er selber von der Gesundheitsdirektion zur Methadonabgabe ermächtigt sein. An den Abgabebedingungen (täglich kontrollierte Einnahme einer nicht injizierbaren Lösung, regelmässige Urinkontrolle, regelmässige Gespräche) wurde auch in den neuen Richtlinien festgehalten. Also kein grundsätzliches Umdenken – die oben formulierten Einwände gegen die kontrollierte Methadonabgabe verlieren damit ihre Berechtigung noch nicht. Zudem war es schon sechs Monate nach Erlass der neuen Richtlinien fast unmöglich, einen Arzt zu finden, der weitere MethadonbezieherInnen annehmen wollte, obwohl erst 850 Personen aus der Zürcher Fixerszene Methadon erhalten.[156)]

Für eine bedingungslose Legalisierung des Heroins

Die gesellschaftlichen Ursachen für das Entstehen von Sucht wird es noch lange geben. Doch heute schon wäre die bedingungslose Legalisierung aller Drogen, der harten wie der weichen, möglich.

Wie könnte das legalisierte Heroin abgegeben werden – mit welchen Folgen?

Wer zum ersten Mal von einer unkontrollierten Abgabe von Heroin hört, der reagiert mit Sicherheit befremdet. Doch diese Reaktion beweist nichts als die Wirksamkeit der über Heroin verbreiteten, einseitigen Informationen.

Unkontrollierte Abgabe, aber selbstverständlich keine Werbung. Keine multinationalen Konzerne sollen mit Heroin das grosse Geld machen. Abgabe zu dem geringen Preis, der den effektiven Herstellungskosten entspricht. Als Abgabestelle Münzautomaten – ähnlich wie die bestehenden für Zigaretten oder Kaugummi. Steriles Injektionsmaterial sollte an denselben Stellen billig zu beziehen sein.

Was wäre als Auswirkung dieser Heroinabgabe zu erwarten? Die Herointodesfälle würden rasch deutlich abnehmen. Der jederzeit vorhandene, billige ‹Stoff› von gleichbleibender, guter Qualität würde das Auftreten von ungewollten Überdosierungen ausschliessen. Auch die Gefahr der Vergiftung durch Strecksubstanzen würde wegfallen. Niemand müsste mehr ‹vorbeugend› hoch dosiert Tranquillizer, Rohypnol, Schmerzmittel oder Alkohol zu sich nehmen, um Unsicherheit und Stress der Drogenszene zu ertragen. Der tägliche Heroinverbrauch der einzelnen FixerInnen würde langsam abnehmen, vor allem, weil die Angst vor der jederzeit möglichen Verhaftung wegfallen würde. Die Lebensbedingungen der Junkies würden vollständig verändert; sie hätten Ruhe und Musse, genügend Zeit, um über ihr Leben nachzudenken, könnten auch wieder anderes tun, als einzig und allein wie bisher ‹Stoff› und Geld nachzurennen. Dies einige mögliche, kurzfristige Auswirkungen einer unkontrollierten, legalen Abgabe.

Längerfristig wäre am ehesten eine Abnahme des gesamten Heroinkonsums zu erwarten. Wichtig wäre selbstverständlich auch dann: möglichst wenig Gerede über Heroin, vor allem keine Verketzerung. So würde Heroin mit der Zeit neu bewertet und eingestuft. Es würde Menschen, die sich deutlich ausserhalb der Gesellschaft stellen wollen, immer weniger anziehen. Heroinkonsum würde für die Betreffenden nicht mehr automatisch den Bruch mit ihrem bisherigen Freundeskreis, das Ende aller bestehenden Beziehungen bedeuten. Heroinkonsum wäre mit ‹normaler› Ganztagsarbeit vereinbar und würde meist von vielen Kontaktpersonen gar nicht wahrgenommen.

Eventuell würden gewisse Abhängige anderer Suchtmittel mit der Zeit auf Heroin umsteigen. Doch darin ist kein Nachteil zu sehen, da bekanntlich der regelmässige Genuss von Heroin – im Gegensatz zum Konsum anderer psychoaktiver Substanzen – körperlich kaum schädlich ist.

Überzeugte Gegner der Legalisierung sprechen immer von einer riesengrossen Gefahr. Sie kündigen an, dass die Schweiz – falls wir als erste legalisieren würden – in kurzer Zeit von ungezählten Junkies der ganzen Welt überflutet würde. Doch es würde sich um unauffällige Junkies handeln. KonsumentInnen des legalen Heroins wären keineswegs ‹verwahrlost› und als ‹Abschaum› der Welt in den Städten anzutreffen. Zudem könnte versucht werden, die Legalisierung mit anderen Ländern gleichzeitig durchzuführen.

Die bedingungslose und unkontrollierte Abgabe von Heroin ist leider ein utopischer Gedanke

Sicher, die bedingungslose und unkontrollierte Abgabe von Heroin ist ein utopischer Gedanke. Er hat in vielem Ähnlichkeit mit dem Gedanken der vollständigen Abrüstung, mit dem Gedanken der Abschaffung der Armeen. Auch gegen diese Idee sind leicht Sachzwänge anzuführen – vor allem auch die schwierige Situation desjenigen Landes, das als erstes diesen Schritt wagen würde. Und dennoch ist die Idee richtig, und dennoch könnten Wege gefunden werden, wenn dies genügend Menschen auch wirklich wollten.

Nachtrag zum Drogen-‹Problem›

Die obenstehenden Überlegungen zum Thema Heroin wurden vorwiegend in den Jahren 1983 und 1985 niedergeschrieben. In der Zwischenzeit wird dem Drogen-‹Problem› in den Medien weitaus weniger Raum gewährt, ihr Aktualitätswert hat deutlich abgenommen. Doch, wie gesagt, hat die Art und auch das Ausmass der verbreiteten Information mit der tatsächlichen Bedeutung eines Phänomens sehr wenig zu tun. Den Raum, den vor einiger Zeit noch die Junkies als Sündenböcke unserer Gesellschaft in den Medien eingenommen hatten, nimmt nun die Berichterstattung über die Krankheit Aids ein. Das Thema hat gewechselt, doch das Ziel bleibt dasselbe. Die Botschaft ist unverändert. Sie lautet noch immer klar und deutlich: «Halte dich zurück, braver Bürger, lebe konform, pflege die bewährten, konservativen Werte, fördere den Familiensinn, denn alles andere ist gefährlich, lebensgefährlich. Arbeite, konsumiere und isoliere dich in der Kleinfamilie». Und trotz der Aids-Botschaft behält die altbekannte Junkie-Botschaft ihre Wirkung. Dass Fixen eine verbotene, lebensgefährliche Lust bedeute, wird bestätigt und sogar verstärkt: Dass FixerInnen höchstgradig gefährdet sind, mit dem Aids-Virus in Berührung zu kommen, dürfte kaum jemandem entgangen sein.

Und es bestätigt sich auch, dass die Forderung für die bedingungslose Legalisierung des Heroins berechtigt ist. Aids-Test-Positive und Aids-Kranke *müssen* Methadon und auch Heroin frei erhalten: Darüber noch weiter zu diskutieren, ist sinnlos. Kein Argument kann glaubhaft machen, wieso diese Menschen noch immer dem grauenhaften Stress der täglichen Opiatbeschaffung auf dem Drogen-Schwarzmarkt ausgesetzt sein sollen. Einfühlbar auch, wenn sich diese Menschen nicht für Entziehungskuren entscheiden. Einfühlbar, dass zum Ertragen der verketzerten Rolle der Aids-Positiven oder der Aids-Kranken in unserer Gesellschaft die Droge notwendig sein kann. Und eine Freigabe der Opiate für Aids-Infizierte könnte, so hoffe ich, ein erster Schritt in Richtung ihrer späteren generellen Freigabe bedeuten.

Nachwort

Erlebnisse und Erfahrungen in der psychiatrischen Klinik

Nach dem Abschluss meines Medizinstudiums stellte ich mir die Frage, wie für mich eine sinnvolle ärztliche Tätigkeit aussehen sollte: In der körperlichen Medizin wird der Mensch mit seinen seelischen Bedürfnissen meiner Erfahrung nach viel zu wenig beachtet. Was ich vor allem erlebte, war eine von Macht, Ehrgeiz, Prestige- und Karrierekämpfen geprägte Stimmung. Sie war in den Spitälern deutlich fühlbar.

Von der Seele des Menschen wurde uns StudentInnen nur wenig mitgeteilt. Die Ausbildung in der Psychiatrie war oberflächlich; unser Wissen in der Lehre von den seelischen ‹Krankheiten› beschränkte sich auf auswendig gelernte Definitionen aus dem Kompendium der Psychiatrie: Auch in diesem Fach keine Lebendigkeit.

Ich entschied mich dann doch dafür, als Assistenzarzt in einer grösseren, staatlichen psychiatrischen Klinik zu arbeiten – in der Hoffnung, dass das, was dort praktiziert und gelehrt würde, mit der trockenen, kalten und unpersönlichen Psychiatrie, wie ich sie in meinen Studienjahren mitbekommen hatte, wenig bis nichts zu tun hätte. Der Chefarzt stellte sich als Vertreter einer fortschrittlichen Psychiatrie dar, in der Psychoanalyse und therapeutische Gemeinschaft ihren anerkannten Platz haben. Ich vertraute darauf, dass dies auch dem täglichen Anstaltsleben entsprechen würde. Der Mensch, sein Erleben, sein Kontakt mit anderen Menschen waren mir wichtig. Naiverweise nahm ich damals noch an, dass in der Psychiatrie Platz sein müsste für den Menschen und seine Gefühle . . .

Der Direktor warnte mich vor der Identifikation mit ‹PatientInnen›

Eine erste Desillusionierung bedeutete gleich zu Beginn das Anstellungsgespräch mit dem ärztlichen Direktor: Er warnte mich davor, mich mit den ‹PatientInnen› zu identifizieren. Ein jugendlicher Anfänger fühle sich oft zu sehr in die Situation des Insassen ein, verliere den Überblick und könne damit seine Aufgabe nicht erfüllen.

Schon damals hätte ich es merken müssen: In der Klinik geht es kaum darum, auf die ‹PatientInnen› einzugehen, ihr Leiden zu verstehen und dazu beizutragen, dass sie ihre Lebenssituation ihren Bedürfnissen entsprechend verändern können. In der Klinik werden die ‹Symptome› im wesentlichen zugedeckt, die dahinter verborgene Problematik bleibt vorwiegend unbeachtet.

Ohne jegliche Erfahrung ist die Versuchung für den Anfänger gross, die erwartete Rolle zu erfüllen

Der junge Assistenzarzt hat vor allem eine repräsentative Funktion. Er erscheint den Angehörigen der ‹PatientInnen› als Verkörperung der korrekten, wissenschaftlichen Psychiatrie. Da er von der Psychiatrie nicht die geringste Ahnung hat, richtet er sich nach dem Wind. Auf den Abteilungen der psychiatrischen Kliniken wird die Windrichtung von den Oberärzten und den Abteilungsschwestern oder -pflegern bestimmt. Praktisch ausschliesslich diese beiden Instanzen entscheiden, was mit den ‹PatientInnen› geschehen soll. Sie bestimmen über Erhöhung oder Reduktion der Medikamente, Versetzungen auf andere Abteilungen, Urlaubsberechtigung, Arbeitsversuche und Entlassungen. Was soll denn schon ein unerfahrener Assistenzarzt dazu sagen? Wie soll er realisieren, dass er mit seinem blinden Vertrauen auf die Erfahrung der anderen seine Menschlichkeit, seine Fähigkeit, gefühlsmässig auf andere Menschen einzugehen, verliert? Sehr rasch lernt er zwischen ‹gesund› und ‹krank› zu unterscheiden. Und Eheprobleme von ‹Schizophrenen› haben mit den Eheproblemen der ‹Gesunden› wirklich nicht das geringste zu tun. Die Eifersucht des ‹Paranoiden› ist doch in keiner Weise mit den Zweifeln des Arztes an der Treue seiner Frau zu vergleichen.

Schon während des Studiums sieht und lernt der Arzt ‹Symptome› oder ‹Fälle› kennen. Unser Professor bemühte sich vor ungefähr hundert StudentInnen, von ‹PatientInnen›, die er kaum kannte, ihre ‹Wahnvorstellungen›, ihre Ängste oder Zwänge geschildert zu erhalten. Eine unmenschliche Blossstellung. Es ging vor allem darum, zu zeigen, dass es die ‹Symptome› und ‹Krankheitsbilder› der Lehrbücher wirklich gibt.

Der Anfänger sieht die vielen, die in der psychiatrischen Klinik widerspruchslos arbeiten. Sie alle können sich kaum irren. Der Anfänger wird demnach niemals die Psychiatrie als Ganzes ablehnen. Höchstens stören ihn Einzelheiten, wie übermässige, nicht begründete Gewalt.

Ohne Erfahrung Dienstarzt zu spielen, Menschen in die Klinik aufzunehmen, bedeutet für den Anfänger eine grosse Belastung. Auch ich war in dieser Situation überfordert: Erste ‹Aufnahme› nach einem Monat Assistenzzeit. Im kleinen Zimmer sitzt der ‹Patient› mit Angehörigen und zwei Polizisten in Zivilkleidung. Wer ist nun der ‹Ver-rückte'? Schwierig, dies einem Menschen anzusehen – zum Glück. Psychiatrische ‹Diagnosen› werden nicht wie Kainszeichen auf der Stirn getragen. Doch diese Einsicht stellt sich nicht unmittelbar ein. Vielmehr wird automatisch die Unsicherheit mit dem Mantel der fachlichen ‹Kompetenz› zugedeckt. Das dem Arzt kritiklos entgegengebrachte Vertrauen in seine Qualifikation hilft ihm dabei, sein angeschlagenes Selbstbewusstsein wiederzugewinnen. So geschieht denn genau, was erwartet wird. ‹PatientInnen› werden aufgenommen, ‹Diagnosen› gestellt und Medikamente verordnet. Der Arzt, die Ärztin glauben die Vorgeschichte, die die ‹gesunden› Angehörigen erzählen; den Schilderungen des ‹Irren› gegenüber sind sie misstrauisch. Es würde auch beträchtlichen Mut brauchen, den gemeinsamen Erwartungen der Angehörigen und PolizistInnen zu widerstehen. So werden denn von AufnahmeärztInnen kaum ‹PatienInnen› abgewiesen.

Auch ich stellte ‹Diagnosen› und verschrieb Medikamente. Doch mit der Zeit war es mir möglich, mich intensiver um gewisse ‹PatientInnen› zu kümmern. Da sah ich, dass sogar das Leiden von ‹chronisch Schizophrenen› verständlich und einfühlbar war. Vorerst stellte ich die ‹Diagnose› ‹Schizophrenie› nur für mir bekannte ‹PatientInnen› in Frage, hatte mit KollegInnen über diese ‹Fälle› heftige Diskussionen. Der Schritt vom Zweifel an der Richtigkeit von einzelnen ‹Diagnosen› bis zur Kritik an der psychiatrischen ‹Diagnostik› als Ganzes und der mit ihr verbundenen Ideologie war mir erst viel später – nach einer langen Zeit der Auseinandersetzung – möglich.

In der Fortbildung wurden keine psychiatriekritischen Publikationen besprochen

Dass schon damals weltweit eine ernstzunehmende Psychiatriekritik existierte, kam in den wöchentlichen Fortbildungsnachmittagen der psychiatrischen Klinik niemals zur Sprache. Kein Wort über die ‹demokratische Psychiatrie› in Italien. Franco Basaglia, ihr bekanntester Vertreter, wurde nicht erwähnt. Kein Wort auch von der englischen Antipsychiatrie, von den Ideen, dem Einsatz der Leute wie David Cooper und Ronald Laing.[157)] Kritische Gedanken zum selbstverständlichen und alltäglichen Einsatz der Psychopharmaka hörte ich in dieser Zeit nie.

Die Klinik soll einen ruhigen und ordentlichen Eindruck machen

Es war klar und deutlich, wo und wann sich der Klinikdirektor ins tägliche Geschehen einschaltete: Als Vertreter der AssistenzärztInnen bei der sogenannten Oberarztkonferenz hatte ich Gelegenheit, dies aufmerksam zu beobachten. Es ging praktisch ausschliesslich um die Wahrung des äusseren Scheins. Es war dem Chef sehr wichtig, dass die Verbindung mit der Aussenwelt reibungslos funktionierte. Reklamationen von Vormündern, Jugendanwaltschaften und weiteren Behörden interessierten ihn sehr. Sie sollten so erledigt werden, dass die Klinik möglichst makellos dastand. Da interessierte sich der Chef für die ‹Krankengeschichten› und liess sich von den AbteilungsärztInnen über den Zustand der ‹PatientInnen› informieren. Dass er sich auf die Abteilung begab und persönlich mit den ‹PatientInnen› sprach, kam dagegen kaum je vor.

Nicht nur dem Direktor war es suspekt, wenn sich ein Assistent – oder sonstwer – zu intensiv mit den ‹PatientInnen› beschäftigte, auch das Pflegepersonal schätzte dies gar nicht. Eine grosse Ausnahme waren die ‹SchülerInnen›: Ich hatte die Aufgabe, mit angehenden Psychiatrieschwestern und – pflegern wöchentlich Gruppengespräche zu führen. Diese ‹SchülerInnen› gingen durchwegs menschlich auf die zu betreuenden ‹PatientInnen› ein und waren offen für unübliche Überlegungen. Wieso denn die ganz andere Haltung eines überwiegenden Teils des diplomierten Pflegepersonals? Wieso sind ihnen Äusserlichkeiten so wichtig? Es geht oft vor allem darum, dass die ‹PatientInnen› rechtzeitig im Bett sind, dass die Medikamente pünktlich verteilt und eingenommen werden, dass niemand mehr als die erlaubte Anzahl Zigaretten pro Tag raucht. Wichtig auch, dass unruhige ‹PatientInnen› sofort Neuroleptika-Injektionen erhalten und bei Bedarf mit dem Gurt ans Bett gefesselt werden und dass das Gepäck von ‹Neueintritten› kontrolliert wird. Es geht diesen Schwestern und Pflegern um Ruhe und Ordnung; wie dem Chefarzt geht es ihnen um den äusseren Schein. Die Klinik soll einen gepflegten Eindruck machen, es soll nirgends laut und chaotisch zugehen, den BesucherInnen soll vorgegaukelt werden, dass ruhig, kunstgerecht und problemlos ‹Ver-Irrungen› des Geistes ‹geheilt› werden. Es ist fast unmöglich, längere Zeit in einer psychiatrischen Klinik tätig zu sein, ohne sich mit dieser Haltung der Klinikleitung und der Mehrzahl der MitarbeiterInnen zu identifizieren.

Die Arbeit an dieser Stätte der Macht prägt

Wer in einer psychiatrischen Klinik arbeitet, der hat Macht über Menschen. Diese Macht bedeutet eine Verlockung. Nur derjenige kann ihr entgehen, der sich dieser Gefahr bewusst ist. Psychiatrische ‹Behandlungs›-Methoden sind oft hart oder brutal. Schon eine gewaltsame Injektion eines Neuroleptikums bedeutet für die Betroffenen eine Vergewaltigung. Und diese Vergewaltigung von Menschen ist in der psychiatrischen Klinik jederzeit möglich – wer sie durchführt, wird nicht bestraft, denn er handelt ‹korrekt›. Im Namen des anerkannten Wissens darf legal Gewalt gegen Menschen angewendet werden. Und diese Gewaltanwendung sei für die Betroffenen erst noch sinnvoll und hilfreich. Es ist eine aussergewöhnliche Situation, sich in dieser Machtposition gegenüber Menschen zu befinden, die oft voll Vertrauen auf liebevolle Hilfe hoffen. Die Arbeit an dieser Stätte der Macht prägt, sie lässt niemanden unberührt.

Gewaltanwendung ist nie sinnvoll

Wie schnell und unreflektiert in der psychiatrischen Klinik Gewalt angewendet wird, konnte ich selber erleben. Ich erinnere mich an höchst unerfreuliche Szenen. Nach drei Monaten wurde ich Abteilungsarzt auf der Aufnahmestation für Frauen. Eine grosse, stets verschlossene Glastür trennte die Abteilung von der Treppe und damit von der Aussenwelt. Einer frisch aufgenommenen ‹Patientin› gelang es, durch die Tür zu entkommen. In diesem Moment kam ich die Treppe herauf. Ich hielt die Frau, die sich mit aller Kraft losreissen wollte, fest. Wenige Tage später noch einmal ein ähnlicher Vorfall. Wobei diesmal der Ehemann und die Kinder zusahen, und die Frau laut schrie.

Wer sich nicht genau bewusst ist, was abläuft, wird in diesen Situationen reflexartig zum brav funktionierenden Gefängniswärter: Was ist denn daran falsch, wenn eine Flucht verhindert wird? In der Klinik wird doch das Beste für die ‹PatientInnen› getan. Wenn sie mit Gewalt zurückgehalten werden, geschieht dies zu ihrem eigenen Wohl. Ihnen fehlt nur die nötige ‹Krankheitseinsicht›. Bei mir blieb vorerst ein grosses Unbehagen zurück. Dass Flucht aus der Klinik sinnvoll und verständlich ist, war mir damals noch nicht klar bewusst.

Noch ein weiteres Mal wendete ich Gewalt an: Eine ‹Patientin› war erneut eingewiesen worden. Als Dienstarzt wurde ich gerufen, weil sich die Frau gegen die Injektion eines von einem anderen Arzt verordneten, stark wirkenden Neuroleptikums wehrte. Als ich kam, stand sie scheinbar ruhig da. Ich versuchte, die schweigsame Frau mit Worten zu überzeugen und näherte mich ihr dann mit der Spritze in der Hand. Unverhofft setzte sie zu einem wuchtigen Boxhieb gegen mein Kinn an, dem ich mit einer Reflexbewegung knapp entgehen konnte. Der Schlag streifte meine Wange. Ohne nachzudenken, half ich kurz darauf mit, zusammen mit einem Pfleger und einer Schwester, die Frau am Boden festzuhalten, während eine weitere Schwester die Injektion verabreichte.

Einige Wochen später traf ich die Frau wieder. Sie entschuldigte sich für ihr ‹ungebührliches› Verhalten: Unter der Wirkung der Neuroleptika hatte sich bei der uneinsichtigen und gewalttätigen ‹Schizophrenen› die nötige ‹Krankheitseinsicht› entwickeln können.

Der erwähnte Boxhieb könnte selbstverständlich auch als Zeichen der gesunden Widerstandskraft dieser Frau verstanden werden.

Und noch einmal verpasste ich, spontan menschlich zu reagieren. Rosa, eine etwa 30jährige ‹Epileptikerin›, lebte damals schon seit mehreren Jahren in der Klinik. Sie wurde als leicht ‹debil› bezeichnet und mit den üblichen, dämpfenden Epilepsie-Medikamenten ‹behandelt›. Es ist einfühlbar, dass jemand, der ständig gegen den Schlaf kämpfen muss, leicht reizbar ist. Und es gibt weitere, verständliche Gründe, dass eine Psychiatrie-‹Patientin› einmal die Fassung verlieren kann: Eines Abends war ich noch in meinem Zimmer. Da hörte ich das Geräusch von zerbrechenden Glaswaren, kurz darauf Geschrei und deutlich Schläge. Ein Blick aus der Tür liess mich schnell verstehen, was geschehen war. Rosa, eine kleine und schlanke Person, hatte Blumentöpfe zerschlagen, und die stämmige Abteilungsschwester schlug nun mit voller Kraft auf sie ein. Mir fehlte der Mut, dazwischenzutreten. Kleinlaut verzog ich mich. Doch die unrühmliche Geschichte war damit noch nicht zu Ende. Die erzürnte Abteilungsschwester beschwerte sich beim Oberarzt. Sie beklagte sich darüber, dass ich und ein weiterer Assistenzarzt sie nicht unterstützt hätten im Kampf gegen die gefährliche ‹Patientin›. In der Aussprache zu viert dann kein Wort darüber, dass das Verhalten der Schwester völlig unakzeptabel war. Diskutiert wurde nur die der Abteilungsleiterin vorenthaltene Unterstützung. Bei mir hinterliess dieses Erlebnis ein Gefühl des Unvermögens, mich gegen die Klinik mit ihren Gesetzen in irgendeiner Weise durchsetzen zu können.

Einige Jahre später hörte ich wieder von Rosa. Sie hatte sich durch einen Sprung aus einem Fenster der Klinik umgebracht.

‹Akut psychotische Symptome› verschwinden ohne Neuroleptika

Einmal wurde mir erlaubt, eine frisch eingetretene ‹Patientin› ohne Medikamente zu betreuen. Die Frau halluzinierte, hörte die Stimme Gottes und gab ihr Antwort. Klar die Haltung des Oberarztes: Solange der Klinikbetrieb nicht gestört werde, sei der Versuch gestattet. Schon nach drei Tagen war die zuvor verwirrte und desorientierte Frau wieder klar ansprechbar. Ich war viele Stunden in ihrem Zimmer gewesen und hatte versucht, so ‹normal› als möglich mit ihr umzugehen. Ich nahm ernst, was sie sagte, versuchte Zusammenhänge zu erkennen, bis sich erste anflugsweise Momente der eindeutigen Kommunikation ergaben. Durch die Konstanz meiner Bemühungen wurden diese Momente fortwährend häufiger und länger. Die Frau war noch immer sehr beeindruckt von ihren eindringlichen Erlebnissen; doch wir konnten nun langsam und vorsichtig das dramatische Geschehen zu verstehen versuchen. Es ist in derartigen Situationen wichtig, zu verstehen, wie und wieso die aussergewöhnlichen Erlebnisse stattgefunden haben. So verliert die ‹Psychose› ihr schicksalhaftes Gesicht. Die auslösende, bedrohliche Situation kann fortan bewusst vermieden werden. Oder vielleicht kann die Lebenssituation auf eine Weise verändert werden, dass die auslösenden Ereignisse sich gar nicht mehr wiederholen können. Wer mit Hilfe der Neuroleptika ruhiggestellt wird, der ist dagegen auch dem nächsten ‹Schub› der ‹Psychose› wehrlos ausgeliefert.

Das Erlebnis des psychiatrischen Alltags war für mich sehr wichtig

Ich bin froh, dass ich die Atmosphäre einer psychiatrischen Klinik eingehend erleben konnte. Alle ‹InsassInnen› konnte ich beobachten und mich zeitweise mit ihnen identifizieren: Vom Chef über die Oberärzte, AssistentInnen, das Pflegepersonal bis zu den ‹PatientInnen›. Ich lernte die Gefühle desjenigen, der brav seine Pflicht erfüllt, wie desjenigen, der sich zu widersetzen versucht, kennen. Mein Blick wurde dabei auch für die Wahrnehmung von Machtstrukturen ausserhalb der Klinik geschärft: Draussen ist wie drinnen!

Silvia

Wie der frühe, unnötige Kontakt mit der Psychiatrie ein junges Leben zerstörte

Eine traurige und wichtige Erfahrung war für mich das Schicksal von Silvia, der Frau, die sich im Dezember 1980 am ‹Bellevue› in Zürich verbrannte. Ich hatte Silvia in der psychiatrischen Klinik kennengelernt. Einige Jahre später meldete sie sich bei mir, und wir trafen uns während eines Jahres – bis im Sommer 1980 – regelmässig.

Silvia wollte mit ihrem Tod ein Zeichen setzen, wollte ihr Leiden öffentlich machen. Ihr Tod sollte aufrütteln, er war als Protest gemeint – Protest gegen die Psychiatrie und die Gesellschaft als Ganzes.

Silvia wurde im Alter von 15 Jahren nach einem Selbstmordversuch ein erstes Mal in die psychiatrische Klinik eingewiesen. Sie hatte Schlaftabletten geschluckt, war danach – ohne dies alles genau mitzubekommen – ins Kantonsspital gebracht worden. Nun sollte sie dem Aufnahmearzt der psychiatrischen Klinik Auskunft geben. Sie schwieg und machte sich dadurch verdächtig. Der Arzt beurteilte sie als ‹negativistisch› und ‹mutistisch›, und schon war es eine fragliche ‹Schizophrenie›. Eine ‹Schizophrene› nach einem Suizidversuch nach Hause zu entlassen, diesen Kunstfehler darf sich kein Arzt leisten. Die Suizidalität bei ‹Schizophrenen› zu beurteilen, sei äusserst schwierig. Sie sollen gelegentlich plötzlich und überraschend suizidale Handlungen begehen. Besonders verdächtig demnach eine ‹Schizophrene›, die schon einen Selbstmordversuch unternommen hat.

Vergessen wurde dabei, dass es einem 15jährigen Menschen kaum je möglich ist, klar und deutlich die Beweggründe für seine Handlungen anzugeben – auch schon in üblichen und unproblematischen Lebenssituationen. Noch viel schwieriger ist dies für ihn nach der Aufregung der Tabletteneinnahme, der Hospitalisation im Kantonsspital und der Überführung in die psychiatrische Klinik.

Auch wenn Silvia ihre Tabletteneinnahme nicht klar begründen konnte; uneinfühlbar war ihr Verhalten sicher nicht. Die Angehörigen erzählten dem Arzt natürlich nicht, was ich von Silvia später erfuhr: Ihre Mutter hatte in der Familie mit Suiziddrohungen eine relative Machtposition errungen. Es war vorgekommen, dass die Mutter nach der Ankündigung, sie werde sich umbringen, von der ganzen Familie verfolgt zum Fluss rannte. Silvia hatte also in ihrer nächsten Umgebung gesehen, dass frau durch Selbtmorddrohungen Unzufriedenheit äussern und sich Beachtung verschaffen kann.

«Ich sehnte mich so danach, endlich zu leben.»

In ihrem eindrücklichen, im Anhang vollständig wiedergegebenen Brief aus dem Jahre 1980 erkärt Silvia, wie es zu ihrem ersten Selbstmordversuch kam: *«Ich glaube, mein erster Selbstmordversuch war ein Protest. Ich bin sogar überzeugt davon. Ich hatte genug ob der ganzen ‹Scheisse›, die ich bis zum 15. Lebensjahr erleben musste. Ja, ich hatte vollkommen genug von diesen lebendigen Leichen, denen ich so viele Jahre ausgesetzt war. Ich sehnte mich so danach, endlich zu leben. Und irgendwie habe ich einen Entschluss gefasst – nein es war eher ein ganz natürliches, menschliches Verlangen – ich wollte kämpfen bis ans Ende aller meiner Kräfte, um so zu leben, wie ich mir das eine lange Zeit schon wünschte... In meinen Tagträumen bin ich akzeptiert worden. Dort wurde ich verstanden. Nie wurde ich abgelehnt, verspottet oder nicht beachtet, wenn ich mir dies wünschte...»*

Drinnen ist wie draussen – nur schlimmer! Silvia wollte beachtet und akzeptiert werden; sie wünschte sich Verständnis und hatte genug von all den gefühl- und leblosen Menschen. Doch ihr Appell war vergeblich. Nach ihrem Selbstmordversuch wurde sie in die psychiatrische Klinik eingewiesen – auf ‹lebendige Leichen› traf sie auch dort.

Silvia als überzeugende Psychiatrieritikerin

«Ich frage mich, woher nahmen jene Leute – diese Psychiater – das Recht, mir das Weinen, das Traurig- und das Fröhlich-Glücklich-Sein zu verbieten? In diesen drei Jahren der Gefangenschaft durfte ich keine Gefühle zeigen; um mir beim Töten meiner eigenen Gefühle zu helfen, musste ich nach Vorschrift des Arztes Medikamente schlucken ... Weisst Du, ich erlebte es sehr oft, wie ein Mensch bei seiner Einlieferung lebte, ja manchmal schienen diese Menschen von ihren Gefühlen beinahe überflutet zu werden – so intensiv konnten also Menschen leben. Aber Gefühle darf man eben ausserhalb der psychiatrischen Klinik nur soviel zeigen, wie die Mitmenschen einem zugestehen. Aber doch – die Gefühle sind nicht total verboten – wie dies in der psychiatrischen Klinik üblich ist. Und so erlebte ich oft, wie Ärzte Menschen zerstörten und zugleich mit grösster Überzeugung behaupteten, sie hätten diese Menschen heilen können. Ich fragte mich auch, was für eine Krankheit heilten diese Ärzte überhaupt. Ich sah es doch mit meinen eigenen Augen, die Menschen lebten, wenn ich ihnen zum ersten Mal begegnete – später nach Tagen, vielleicht auch erst nach Wochen, waren sie tot – ihre Augen starrten ins Leere. Nie mehr konnte ich ihre Lebendigkeit wieder erleben, nach der ich mich so sehnte. Schon bald merkte ich auch, warum sich der Alltag der Psychiatrie hinter verschlossenen Türen abspielen muss. Die Ärzte, ich meine damit natürlich auch die Schwestern, mussten verbergen, welches Unrecht sie taten.»

Silvia kämpft um Beachtung und verhält sich dadurch zunehmend ‹schizophrener›

Silvia hatte schnell erkannt, wie in der Psychiatrie die Lebendigkeit der ‹PatientInnen› abgetötet wurde. Auf ihre Art versuchte sie, dagegen Widerstand zu leisten. Sie wollte keine Durchschnitts-‹Patientin› werden, mit einem Schicksal, wie sie es täglich in der Klinik beobachten konnte. Silvia wollte, dass auf sie eingegangen werde. Dass mit Schweigen, Selbstmorddrohungen und Weglaufen die fehlende Beachtung erzwungen werden konnte, hatte sie erlebt. Silvia übernahm dieses Verhalten von ihrer Mutter. Durch den Kontakt mit der Psychiatrie wurde es wesentlich verstärkt. In der Klinik gab es für Silvia keine andere Möglichkeit, Beachtung, nach der sie sich so sehnte, zu erhalten. Wer schweigt, zunehmend ernsthaftere Selbstmordversuche durchführt und immer wieder wegläuft, der wird beachtet in einer psychiatrischen Klinik. So war Silvia niemals eine unauffällige Durchschnitts-‹Patientin›. Nach kurzer Zeit schon war sie allen MitarbeiterInnen der Klinik ein Begriff. Doch leider hatte dies eine unangenehme und gefährliche Kehrseite: Alles, was Silvia unternahm, um beachtet zu werden, verfestigte die ‹Diagnose› ‹Schizophrenie›. Schweigen ist ein ‹Symptom›, Selbstmordversuche sind ‹pathologisch›, Weglaufen beweist fehlende ‹Krankheitseinsicht› und damit ‹Behandlungsbedürftigkeit›. Nach ihrer ersten Einweisung war Silvia noch eine fragliche ‹Schizophrene› gewesen; später lautete die ‹Diagnose› klar und deutlich ‹Schizophrenie›.

Neuroleptika-Spritzenkur – zur Schonung des Personals

Je eindeutiger die ‹Schizophrenie›, je berechtigter der Einsatz von Neuroleptika. Diese Medikamente werden zur ‹Behandlung›, die ‹helfen› und ‹heilen› soll, eingesetzt; doch dienen sie auch immer wieder zur Disziplinierung von unbeliebten und schwierigen ‹PatientInnen›. In der Krankengeschichte von Silvia finden sich deutliche Sätze: So wird einmal zugegeben, dass die Spritzenkur mit dem hochwirksamen Neuroleptikum Haloperidol am Zustand der ‹Patientin› wenig geändert habe, ihren Widerstand jedoch habe sie danach aufgegeben. Und dann findet sich ein erstaunlich ehrlicher Satz: «Wegen des für die Patientin und das Personal schwierigen, momentanen Zustandes entschliessen wir uns, bis zum Weiterausbau des Programms eine Spritzenkur zu machen.» Damit sich das Personal erholen kann, wird die ‹Patientin› medikamentös ruhiggestellt!

Silvia hatte diese Kuren in sehr schlechter Erinnerung: *«Besonders schlimm waren die Dämmerkuren, ich hatte absolut keine Kraft mehr – körperlich und psychisch, ich hatte einfach nichts mehr, da war ich ein willenloses Ojekt, erlebte und fühlte überhaupt nichts mehr.»*

Neun Einweisungen im Lauf von drei Jahren

Spritzenkuren, Arbeitsversuche, zunehmend gefährlichere Selbstmordversuche, Austritte, Einweisungen. Die Zeit, während der Silvia mit der psychiatrischen Klinik Kontakt hatte, war eine chaotische Zeit. Innerhalb dreier Jahre neun Einweisungen. Ganz offensichtlich war die Institution Psychiatrie dem Problem Silvia nicht gewachsen. War Silvia einfach eine besonders schwierige ‹Schizophrene›?

Überleben als lebendiger Mensch kann in den meisten psychiatrischen Kliniken nur derjenige, der stark genug ist, kontinuierlich Widerstand zu leisten. Dies gelingt den wenigsten. Silvia ist es fast gelungen. Sie ist letztlich gestorben, weil für sie Zuwendung und Beachtung während der Klinikzeit nur mit zunehmend spektakulärem Verhalten zu erzwingen waren. Zu früh und zu lang hatte Silvia diese Erfahrung gemacht. Sie war, wie gesagt, bei ihrer ersten Internierung erst fünfzehn Jahre alt gewesen. Wenn ihr erster Suizidversuch nicht gleich die Einweisung zur Folge gehabt hätte, wäre die fatale Entwicklung wahrscheinlich zu verhindern gewesen. Nicht zuletzt weist der Verlauf der auf Silvias Klinikzeit folgenden, relativ ruhigen Jahre darauf hin.

Von der Klinik aus organisierte Arbeitsversuche sind problematisch

Vorerst wurden Silvias Arbeitsversuche und Austritte von der Klinik aus organisiert. Alle wichtigen Bezugspersonen am neuen Ort wussten, dass eine ‹Kranke› kam. Zusätzlich belastend war, dass immer gleich ein Arzt gefunden werden musste, bei dem Silvia ihre Depot-Neuroleptika-Injektionen erhalten konnte. Das Mitleid der BetreuerInnen ist schwer zu ertragen. Sie beobachteten die arme ‹Kranke› liebevoll und ängstlich und erwarteten fortwährend irgendein schlimmes Ereignis. Dass Silvia in dieser Situation verzweifelte und fand, es verstehe sie niemand, ist verständlich.

Innerhalb der Klinik kümmerte sich das Personal sofort intensiv um Silvia, wenn auch nur andeutungsweise der Verdacht auf eine bevorstehende suizidale Handlung bestand. Ausserhalb der Klinik – in Heimen, an Arbeitsstellen – konnte die Kontrolle niemals so umfassend sein. Um ihre Glaubwürdigkeit nicht zu verlieren, war Silvia gezwungen, die angedrohten Selbstmordversuche auch wirklich durchzuführen. Die abstumpfende, jegliches Lebensgefühl abtötende Medikation nahm ihr zudem die Angst vor diesen zunehmend gefährlicher werdenden Selbstmordversuchen.

Es gab eine ruhige Zeit in Silvias Leben – ohne Neuroleptika und ohne Kontakt mit der Psychiatrie

Dennoch begann für Silvia dreieinviertel Jahre nach ihrer ersten Einweisung eine relativ gute Zeit.

Die günstige Entwicklung wurde durch die menschliche Haltung eines Mitarbeiters einer Jugendberatungsstelle eingeleitet. Nach einer schlechten Erfahrung mit einem Heimleiter, hatte Silvia die Möglichkeit, sich selbständig für den Einzug in ein weiteres Heim zu entscheiden, das sie zuvor in Ruhe hatte besichtigen können. Erstmals lebte sie nun an einem Ort ihrer eigenen Wahl. Obschon die Klinikärzte im Überweisungsbericht die weitere ‹Behandlung› mit Neuroleptika anordneten, verzichtete die für das Heim zuständige Ärztin darauf: ein ausserordentlicher Glücksfall. Silvia hatte nun den Beweis, dass sie, so wie sie war, akzeptiert wurde, nicht mehr als ‹krank› galt und nicht nur wegen ihrer interessanten ‹Symptomatik› beachtet wurde. Es beeindruckte Silvia, dass sie schon in den ersten Tagen im Heim mit einigen tausend Franken zur Post geschickt wurde. Derartige Vertrauensbeweise sind Psychiatrie-‹PatientInnen› nicht gewohnt.

In diesem Heim blieb Silvia zwei Jahre. Später lebte sie allein in Zürich, arbeitete dort längere Zeit als Babysitterin und begann die Ausbildung an einer Handelsschule. Nachdem sie feststellen konnte, dass sie ganz selbstverständlich als Mensch wie alle anderen verstanden und akzeptiert wurde, hatte sie auch keine Mühe mehr mit ihrer Arbeit. Sie lebte nun in eigener Veranwortung, die Arbeitgeber wussten nichts von ihrer ‹Schizophrenie›. Den Kontakt mit ihren Eltern und auch mit allen Leuten, die sie aus ihrer Klinikzeit kannte, hatte sie abgebrochen.

Die in der Klinikzeit verfestigten Verhaltensweisen liessen sich nicht bleibend ablegen

Wieso kam es trotzdem zum dramatischen Selbstmord am ‹Bellevue›? In der Klinik wurde Silvia beachtet; doch diese Aufmerksamkeit galt einer als ‹krankhaft› beurteilten Auffälligkeit, einer Auffälligkeit, die weg-‹behandelt› werden sollte. Dies musste widersprüchliche Gefühle in ihr hervorrufen. Ein Zustand vergleichbar mit Sucht. Der Süchtige weiss, dass seine Sucht von der Gesellschaft abgelehnt wird; andererseits hilft ihm der Konsum seines ‹Stoffes› vorübergehend, das Leben besser zu ertragen. Und je mehr er vom ‹Stoff› abhängig wird, desto grösser wird der Graben, der ihn von den übrigen Menschen trennt. Ähnlich war es auch bei Silvia. Die Methode, die ihr Beachtung und gewisse Zuwendung sicherte, stempelte sie gleichzeitig zur ‹kranken› Aussenseiterin.

So wurde in der Klinik ihre grosse Angst bestätigt und verfestigt. Sie selber, Silvia, ohne Theater, ohne Spektakel, zählte nicht; sie selber war uninteressant, banal, im Grunde gab es sie gar nicht. Nur ihre ‹Symptome› zählten. Etwas Gemachtes, Erlerntes, etwas, das ohne besorgtes, geängstigtes oder schockiertes Gegenüber gar keinen Sinn ergab. Ich sehe in Silvias Tod eine direkte Folge ihrer Erfahrungen in der psychiatrischen Klinik. Ihr Selbstmord war sehr spektakulär, er war sehr deutlich mit der Absicht zu beeindrucken inszeniert – sogar die Reporter der Boulevardzeitung ‹Blick› hatte sie zuvor telefonisch informiert.

Silvias Sehnsucht nach Lebendigkeit war verbunden mit der Erinnerung an Selbstmordversuche

Silvia hatte sich bemüht, aus ihrem Teufelskreis herauszufinden. Sie hatte versucht, ohne Selbstmordversuche und ohne auffälligen Spektakel zu leben. Obschon ihr dies recht gut gelang, konnte sie selber kaum je richtig daran glauben. Während ihres letzten Heimaufenthaltes wurde sie bestätigt und ermuntert; ihre Selbstzweifel wurden dort laufend entkräftet. Wie sie dann später allein lebte, wuchsen ihre Zweifel erneut ins Unermessliche. Sie konnte nicht mehr glauben, dass sie je einmal ein Mensch als liebenswert betrachten könnte. Sie gab sich Mühe, ‹normal› zu leben, so wie das von ihr erwartet wurde. Doch was brachte ihr das? Die Aufmerksamkeit, die so zu erringen war, war niemals vergleichbar mit dem Aufruhr, den ihr Verhalten in der Klinik bewirkt hatte. Lob und Anerkennung wurden von Silvia gar nie geglaubt. Zu stark waren die Erfahrungen gewesen, die ihr das Gegenteil bewiesen hatten. Silvia kam zu dem aus ihrer Sicht verständlichen Schluss, dass sie ohnehin niemand gern habe und es somit keinen Zweck habe, die Erwartungen der andern weiter zu erfüllen. Silvia sehnte sich noch immer nach Liebe und Anerkennung. Und leider blieben Spektakel, Provokation und Selbstschädigung für sie gefühlsmässig die einzige Möglichkeit, von anderen Menschen irgend etwas zu erlangen. Auf verhängnisvolle Weise war Silvias Sehnsucht nach Gefühl untrennbar verbunden mit der Erinnerung an selbstzerstörerische Handlungen. Es kam so weit, dass sie sich absichtlich schnitt oder mit Zigaretten brannte, auch wenn gar niemand bei ihr war. Durch selbstzerstörerische Handlungen gelang es ihr, die Erinnerung an ihre Besonderheit, an ihre ausserordentliche Stellung in der Klinik zurückzurufen und wiederzubeleben. Die damit vebundenen Gefühle konnten so intensiv werden, dass Silvia die Schmerzen gar nicht mehr wahrnahm.

Eingriffe der Polizei förderten Silvias Resignation

Silvia, die Aussenseiterin, fühlte sich von der Zürcher Jugendbewegung, die sich im Kampf um das seit Jahren versprochene Jugendzentrum gebildet hatte, angezogen. Und die Jugendbewegung nahm Silvia an. Doch auch in dieser neuen Umgebung machte sie die Erfahrung, dass gute Gefühle immer mit dem Erleiden von Gewalt verbunden sind. In der Klinik waren es Zwangsinjektionen, Zwangsversetzungen und Schläge gewesen; auf Zürichs Strassen und im autonomen Jugendzentrum waren es Tränengasangriffe. Silvia hatte nach einem Einsatz der Polizei unter grosser Atemnot und später unter asthmaartigen Beschwerden gelitten. Zudem wurde sie von Polizeibeamten eine Treppe hinuntergestossen und musste sich danach das Fussgelenk eingipsen lassen. Diese Erfahrungen förderten ihr Resignieren. Silvia kam zum Schluss, dass für sie in dieser

Gesellschaft kein lebenswerter Platz zu finden war. So wie sie schon ihren ersten Selbstmordversuch als Protest verstanden hatte, war dann auch ihr Tod am ‹Bellevue› ein flammender Protest. Nur mehr ein Leben als angepasste, lebendige Leiche wäre für sie nicht möglich gewesen: Diese Art zu leben kam für sie nicht mehr in Frage.

Die Jugendbewegung hatte die Botschaft, die Silvia mit ihrem Tod ausdrücken wollte, verstanden: *«Silvia, das Packeis hat dich in den Tod getrieben; wir werden weiterkämpfen, bis das Packeis bricht. Die Zürcher Jugendbewegung.»* So lautete eine Inschrift in der Nähe von Silvias Grab. Am ‹Bellevue› entstand spontan eine Gedenkstätte für Silvia – ungezählte Kerzen und Botschaften an Silvia zeugten von tief empfundener Anteilnahme.

Ganz anders die Reaktion des offiziellen Zürich: Die Bezirksanwaltschaft und die Stadtpolizei teilten mit, dass einzig und allein Probleme psychischer Art Ursache von Silvias Tod gewesen seien; ein Zusammenhang mit den Jugendunruhen bestehe nicht. Am liebsten hätten die Behörden Silvias Tod ganz totgeschwiegen. «Von Silvias Tod durfte in keiner Zeitung eine Todesanzeige erscheinen. Das Bestattungsamt der Stadt Zürich verzichtete darauf, Silvias Tod im offiziellen Amtsblatt zu veröffentlichen. Silvia wurde in einem namenlosen Massengrab begraben, kein Grabstein markiert ihr vergangenes Leben. An ihrem Begräbnis unterliess es der Pfarrer, einen Lebenslauf zu verlesen. Auch im Kantonsspital ist Silvia einen Tag nach ihrem Tod nicht gestorben, sondern ‹von der Intensivstation auf eine andere Station verbracht worden, man könne sie nicht besuchen, ihr aber schreiben›, wie es hiess.»[158) Den Abschiedsbrief von Silvia hält die Polizei bis heute unter Verschluss.

An Schicksale wie dasjenige von Silvia soll in unserer Gesellschaft niemand erinnert werden. Doch Protest und Aufklärung sind noch möglich. Silvias Tod soll niemals vergessen werden. So wollte sie es, und so bleibt ein Sinn in ihrem tragischen Leben und Sterben.[159)

Anhang

Silvias Brief

Lieber Marc,

Weisst Du, drei Jahre wurde ich hinter den Mauern einer Psychiatrischen Klinik gefangengehalten. Ich frage mich, woher nahmen jene Leute – diese Psychiater, das Recht, mich hinter vergitterten Fenstern und verschlossenen Türen festzuhalten? Woher nahmen sie das Recht – mir das Weinen – das Traurig- und das Fröhlich-Glücklichsein zu verbieten? In diesen drei Jahren der Gefangenschaft durfte ich keine Gefühle zeigen; um mir beim Töten meiner eigenen Gefühle zu helfen, musste ich nach Vorschrift des Arztes Medikamente schlucken. Ja, die meisten Psychiater waren ob der Richtigkeit ihres Handelns so überzeugt, dass es ihnen total gleichgültig war, ob ich mit ihrer Methodik – wie sie meine Gefühle zu vernichten versuchten, einverstanden war. Aber das Problem, das ich den Ärzten aufgab, schien ihnen ziemlich ungewohnt, denn ich war mit diesen sadistischen Quälereien – die sie an mir und meinen Mitgefangenen vollführten, nicht nur nicht einverstanden, sondern ich wehrte mich mit unendlich viel Kraft gegen diese Ungerechtigkeiten. Weisst Du, ich erlebte es sehr oft, wie ein Mensch bei seiner Einlieferung lebte, ja manchmal schienen diese Menschen von ihren Gefühlen beinahe überflutet zu werden – so intensiv konnten also Menschen leben. Aber Gefühle darf man eben ausserhalb der psychiatrischen Klinik nur soviel zeigen, wie die Mitmenschen einem zugestehen. Aber doch – die Gefühle sind nicht total verboten – wie dies in der psychiatrischen Klinik üblich ist. Und so erlebte ich oft, wie Ärzte Menschen zerstörten und zugleich mit grösster Überzeugung behaupteten, sie hätten diese Menschen heilen können. Ich fragte mich auch, was für eine Krankheit heilten diese Ärzte überhaupt. Ich sah es doch mit meinen eigenen Augen, die Menschen lebten, wenn ich ihnen zum erstenmal begegnete – später nach Tagen, vielleicht auch erst nach ein paar Wochen, waren sie tot – ihre Augen starrten ins Leere. Nie mehr konnte ich ihre Lebendigkeit wieder erleben, nach der ich mich doch sehnte. Schon bald merkte ich auch, warum sich der Alltag der

Psychiatrie hinter verschlossenen Türen abspielen muss. Die Ärzte, ich meine damit natürlich auch die Schwestern, mussten verbergen, welches Unrecht sie taten. Damals, mit 15 Jahren, hätte ich Dir dies alles noch nicht erzählen können – die Worte, um eine solche Grausamkeit auszudrücken, fehlten mir noch. Aber erleben konnte ich diese Grausamkeit, der ich ja nicht ausweichen konnte. Und glaube mir, diese Grausamkeit hatte mich oft beinahe erdrückt – zerstört, so wie meine Mitgefangenen, doch meine Kraft – mein Wille zum Überleben, halfen mir, diese Grausamkeiten zu ertragen.

Schon in den ersten Tagen meines Aufenthaltes in der Klinik merkte ich, dass Ärzte und Schwestern alle – aber wirklich alle Gefühle, alles was lebte, bekämpften. Ja, und genau dagegen wehrte ich mich. Warum? Wo ich doch die ersten 15 Lebensjahre auch keine Gefühle zeigen durfte. Ja, warum wehrte ich mich denn nun so plötzlich? Ich glaube, mein erster Selbstmordversuch war ein Protest. Ich bin sogar überzeugt davon. Ich hatte genug ob der ganzen «Scheisse», die ich bis zum 15. Lebensjahr erleben musste. Ja, ich hatte vollkommen genug von diesen lebendigen Leichen, denen ich so viele Jahre ausgesetzt war. Ich sehnte mich so danach, endlich zu leben. Und irgendwie habe ich einen Entschluss gefasst – nein, es war eher ein ganz natürliches, menschliches Verlangen – ich wollte kämpfen bis ans Ende aller meiner Kräfte, um so zu leben, wie ich mir das eine lange Zeit schon wünschte. Bis zu meinem 15. Lebensjahr konnte ich in der Wirklichkeit nur bestehen, weil ich mir meine Wünsche in Tagträumen ausmalte. Ja, diese Tagträume waren mir als Kind schon sehr wichtig – viel bedeutender als die kalte grausame Wirklichkeit, die mich umgab. Ich war vielleicht etwa 6 Jahre, als ich zaghaft und voller Hoffnung ein paar Gleichaltrigen, aber auch Erwachsenen, versuchte, meine Welt zu zeigen. Ja, ich hoffte, dass viele glücklich wären, wenn sie mit mir in meiner Welt leben könnten. Aber niemand wollte etwas über meine Welt wissen. Die Gleichaltrigen behaupteten, meine Welt wäre eine Lüge und verspotteten mich deswegen auch noch. Die Erwachsenen standen mir mitleidig oder auch entsetzt gegenüber. Aber in einem waren sich alle einig, dass meine Welt erlogen sei. Als ich wusste, dass mir niemand glaubte, wie schön es in meiner Welt war, erwähnte ich nie mehr ein Wort von ihr.

Und als ich dann 15 Jahre alt war, wollte ich diese Welt, die ich mir so viele Jahre ausmalte, um jeden Preis in die Wirklichkeit umsetzen.

Nach meinem Selbstmordversuch sprach ich zu niemandem mehr – auch zu meiner Mutter nicht. Doch nach diesem Selbstmordversuch wollten plötzlich alle mit mir reden – alle hatten plötzlich so viele Fragen. Ich aber hatte mich entschieden, ich wollte keinen Kontakt mehr mit lebendigen Leichen. Als meine Mutter mir im Spital sagte: «Silvia, wenn Du nicht mehr mit uns sprichst, kommst Du an einen anderen Ort», war ich beruhigt. Denn das wollte ich ja – an einen anderen Ort, an welchem ich mein Leben wirklich leben kann. Ein paar Tage später wusste ich auch, dass dieser andere Ort in der psychiatrischen Klinik war. Und dort wurde mir eben sofort klar, dass ich kämpfen musste – um in diesem Vernichtungslager überleben zu können. Vielleicht fragst Du Dich, wie denn meine Tagträume, die ich in die Realität umsetzen wollte, wohl gewesen sind. In meinen Tagträumen bin ich akzeptiert worden. Dort wurde ich verstanden. Nie wurde ich abgelehnt, verspottet oder nicht beachtet, wenn ich mir dies wünschte. Im Vernichtungslager gab es ein paar wenige Menschen, die mir einen Teil meiner Wünsche erfüllten, jedoch nur dann, wenn mein Verhalten extreme Ausmasse annahm. Mir selbst schien mein Verhalten nicht wichtig, mein einziges Ziel war, all das zu bekommen, was ich mir schon so viele Jahre wünschte. Mit meinem Verhalten zeigte ich wirklich total ehrlich, was ich brauchte – was ich mir wünschte. Doch die meisten Ärzte und Schwestern waren davon überzeugt, dass ich unter einer Geisteskrankheit litt. Als sie dann noch herausgefunden hatten, welche Krankheit meinem Verhalten gegenüber ähnlich war, schienen alle zufrieden, denn nun konnten sie mich mit Medikamenten vollstopfen. Ich möchte Dir hier aber noch sagen, dass ich mich entschieden wehre, wenn behauptet wird, gewisse Menschen litten unter einer Geisteskrankheit. Auch würde ich vor einen Menschen stehen, der wegen seinem Verhalten von hunderten Psychiatern für schizophren erklärt wurde – ich könnte niemals die Aussage der Ärzte akzeptieren – das Gegenteil würde ich behaupten, auch wenn es gegen den Willen der halben Welt wäre. Weisst Du, ich lernte in der Klinik viele Menschen kennen, welche von den Ärzten schon viele Jahre für unheilbar krank erklärt wurden. Aber ich konnte mich mit ihnen unterhalten, und es war grausam für mich, zu erleben, wie sich diese Menschen nicht mehr wehren konnten, weil ihnen ihre eigenen Gefühle und Fähigkeiten durch die vielen Medikamente fremd wurden.

Ein Beweis dafür, dass es keine Geisteskrankheit gibt, lieferten mir manche Ärzte, indem sie mich als geisteskrank verurteilten. Aber ich weiss, ich bin nie krank gewesen. Mein Verhalten war eine ganz natürliche, sogar gesunde Folge der vorangegangenen Ereignisse. Es ist meine Überzeugung, dass ein Verhalten – auch scheint es total chaotisch und verwirrend – immer eine Folge irgendwelcher Erlebnisse ist. Ich bin überzeugt, dass viele, die meisten Menschen, Angst bekommen, wenn sie jemanden sehen, welcher nicht ein alltägliches Verhalten zeigt. Ja, die Ärzte hätten sich bedroht gefühlt, wenn sie mich und die anderen in der Klinik nicht als geisteskrank hätten verurteilen können. Vor mir aber hatten die Ärzte und die Schwestern auch da noch Angst, als sie mich schon lange als geisteskrank behandelten. Aber warum denn? Weil es ihnen klar wurde, dass sie mich nicht mit Medikamenten und Spritzen zu einem willenlosen Objekt verurteilen konnten. Ja, trotz dieser Betäubungsmittel besass ich noch so viel Kraft, um mich wehren zu können. Am meisten beunruhigte sie aber, dass ich die Fähigkeit hatte, ein paar Menschen anzuspornen – um mit mir gegen diese Qual, der sie uns aussetzten, zu kämpfen.

Deswegen kam ich im Jahre 1975 auf eine Abteilung, in welcher sich nur willenlose Objekte aufhielten. Somit war wenigstens die Gefahr, dass ich Mitgefangene von meiner Theorie überzeugen konnte, viel kleiner geworden. Ich bin sicher, würde sich der Alltag einer psychiatrischen Klinik in der Öffentlichkeit abspielen – müsste jeder zu der Überzeugung gelangen, dass die Ärzte und Schwestern ein viel auffälligeres Verhalten zeigen als die scheinbaren Kranken. Ja, nach der Theorie dieser Ärzte müssten sie sich selbst als an einer schweren Geisteskrankheit Leidende bezeichnen.

Viele Male entwich ich aus dem Vernichtungslager – ich lief jedesmal um mein Leben, denn sie verfolgten mich. Kaum war ich in der Freiheit, suchte ich ein geeignetes Versteck, um mich von den Strapazen der Flucht zu erholen. Entsetzt ob dem Gedanken, dass sie mich in meinem Versteck finden – entdecken könnten, hörte ich angestrengt auf jeden Laut. Die Angst – ob der Grausamkeit, die ich in diesem Vernichtungslager erlebte – spiegelte sich in meinen Augen – prägte mein Gesicht. Ja, aber sogar diese Angst sei krankhaft – sie liefere den Beweis dafür, dass ich wirklich geisteskrank sei, behaupten die Ärzte. Ich frage mich aber, hätten diese Ärzte denn keine Angst, wären sie auf der Flucht? Ich stehe zu meiner Angst, denn damals hatte ich wirklich Angst. Aber meine Angst machte mich nicht etwa ängstlich, sondern sie stimmte mich glücklich, denn meine Angst zeigte mir, dass ich für mich kämpfte – dass ich mich schützen wollte, und deswegen bin ich froh, dass ich diese Ängste erlebte.

Wir alle müssen wieder lernen, miteinander zu reden – einander zu verstehen. Wir müssen lernen, unseren Mitmenschen anzunehmen – so wie er sich gibt, so wie er ist als Mensch. Wir dürfen unsere Ängste vor unausweichlichen Wahrheiten nicht damit zu lösen versuchen – indem wir unschuldige Menschen ein Leben lang verurteilen. Lieber Marc, ich hoffe, dass Dir diese Wörter etwas bedeuten werden. Weisst Du, ich schreibe Dir hier, wie erschütternd – wie grausam diese drei Jahre für mich waren; dennoch, ich weiss, ich kann Dir nie die ganze Grausamkeit dieser Erlebnisse schildern, so wie ich sie damals erlebte, und so wie sie auch heute noch viele Menschen jeden Tag von neuem erleben. Schreibst Du mir zurück? Aus einem sonnigen Ort wünsche ich Dir alles Gute.

Silvia

Anmerkungen

1) Springer Verlag, Berlin, S. 117
2) Hans Binder: «Ausgewählte Arbeiten, Band I: Klinische Psychiatrie», Verlag Hans Huber, Bern, S. 486/487. 1979 mit der Unterstützung des Regierungsrates des Kantons Zürich, des Stadtrates von Zürich und der Sandoz AG Basel publiziert.
3) «Psychologie heute» 1/1981, S. 61
4) Erich Fromm: «Sigmund Freud», Ullstein Buch 35094, S. 102
5) Springer-Verlag, S. 447
6) Emil Pinter: «Von den Krankheiten der Seele», AT Verlag Aarau 1981, S. 67, 216, 226, 229
7) ebenda S. 231
8) ich werde darauf noch zurückkommen.
9) «Diagnoseschlüssel und Glossar psychiatrischer Krankheiten. Deutsche Ausgabe der internationalen Klassifiakation der Krankheiten der WHO, ICD (International Classification of Deseases). Fünfte Auflage, korrigiert nach der 9. Revision der ICD». Springer Verlag 1980
10) ebenda, S. 38
11) Thomas J. Scheff «Das Etikett ‹Geisteskrankheit›». Fischer Taschenbuchverlag 1980 (Nr. 6719) S. 38
12) a.a.O. S. 694/95; Hervorhebungen mr
13) «Vererbung in der Psychiatrie» in: «Erbanlage und Umwelt», Peter Lang Verlag Bern 1985, S. 154/155
14) «Schweiz. Zeitschrift für Strafrecht», 95, 1978, S. 151
15) Siehe dazu in diesem Buch den Abschnitt «So leicht sind Psychiater zu beeinflussen», S. 39ff
16) Siehe dazu: Russel Barton in: Asmus Finzen (Hrsg.) «Hospitalisierungsschäden in psychiatrischen Krankenhäusern»; Piper Verlag München 1974
17) Vol. 179, S. 250 ff
18) «Pschyrembel, klinisches Wörterbuch», Walter de Gruyter & Co. Berlin 1964, 154.-184. Auflage; S. 747
19) Wolfgang Schmidbauer: «Die hilflosen Helfer», Rowohlt Verlag 1977, S. 15. Jürg Willy erwähnt speziell, dass sich Psychiater häufiger umbringen als die übrigen Ärzte: «psychosozial» 2/78, S. 18, Rowohlt Taschenbuch Verlag
20) Siehe dazu: Paul Watzlawick Hrsg. «Die erfundene Wirklichkeit», Piper, München 1981
21) «psychosozial», 2/79, Rowohlt, S. 61
22) siehe dazu u. a. S. 21ff in diesem Buch.
23) Referiert in: Klaus Dörner «Diagnosen der Psychiatrie», Campus Verlag Frankfurt 1975, S. 140 ff
24) ebenda S. 141

25) Ruth Benedict: «Urformen der Kultur», Rowohlt 1955, zitiert in: Thomas J. Scheff: «Das Etikett ‹Geisteskrankheit›». Fischer Taschenbuch 6719, S. 79/80; Hervorhebung mr

26) Thomas Szasz zitiert die Publikation zweier Psychiater, die für den ‹Fall› Jesus die ‹Diagnose› ‹religiöse Paranoia› stellten. In: «Die Fabrikation des Wahnsinns», Fischer Taschenbuch 6321, S. 418/419

27) Diese Erfindung oder Konstruktion der Wirklichkeit wird im interessanten Buch: Paul Watzlawick Hrsg.: «Die erfundene Wirklichkeit. Wie wissen wir, was wir zu wissen glauben?» (Piper, München 1981) von kritischen Vertretern der Anglistik, Philosophie, Geschichte, Physik, Biologie, Psychologie, Mathematik und Jurisprudenz für ihre Fachrichtungen nachgewiesen.

28) Interessant, was der Psychologe Kenneth Gergen zu diesem Thema zu sagen hat: «Sobald eine Kultur daran glaubt, dass es eine Wahrheit gibt, und dass sie durch sorgfältige Untersuchung gefunden werden kann, treten bald diejenigen auf, die das Recht auf die Wahrheit reklamieren. Und wer ausgebildet ist zur empirischen Forschung, bedarf der Mittel, und die halten Regierung, Industrie, das Militär und so weiter zur Vefügung für ihre Wahrheitssucher. Der Durchschnittsbürger muss dann gegenüber dieser Übermacht von Besserwissern schnell aufgeben. *Die Mächtigen können sich in das Gewand der Wahrheit kleiden und die Herrschaft ganz an sich reissen.*» «psychologie heute» 10/1981, S. 63; Hervorhebung mr

29) Im Vorwort zu: G. Bateson, D. Jackson u. a. «Schizophrenie und Familie», Suhrkamp Verlag 1969, S. 9

30) Eugen Bleuler: «Lehrbuch der Psychiatrie», fünfzehnte Auflage, neubearbeitet von Manfred Bleuler, unter Mitwirkung von J. Angst, K. Ernst u. a. Springer 1983, S. 455

31) Sigmund Freud: «Selbstdarstellung» Fischer Taschenbuch 6096, S. 216/217

32) Sigmund Freud: «Studienausgabe» Band I, S.Fischer Verlag, 1969, S. 406

33) In: «Darstellungen der Psychonanalyse», Fischer Taschenbuch 6016

34) Im Sammelband «Schizophrenie und Familie», a.a.O. findet sich eine Zusammenstellung von wichtigen Aufsätzen dieser Autoren.

35) Siehe dazu u. a. Laings Aufsatz «Mystifizierung, Konfusion und Konflikt» in «Schizophrenie und Familie», a.a.O. S. 274 ff

36) «bolo bolo» erschien im Paranoia city-Verlag, Zürich. Die Überlegungen von Ivan Illich finden sich in: Ivan Illich: «Schulen helfen nicht. Über das mythenbildende Ritual der Industriegesellschaft.» rororo Sachbuch 6778 und: Ivan Illich: «Entschulung der Gesellschaft», rororo Sachbuch 6828

37) In einem längeren Aufsatz bin ich auf die Geschichte der Idee der Vererbung der Geisteskrankheiten in der Schweizer Psychiatrie eingegangen. Dort zeige ich auch, wie verbissen an diesem Mythos festgehal-

ten und bis heute ‹wissenschaftlich› weitergeforscht wird: «Der Balken im Auge. Rassismus und Psychiatrie. Zur Geschichte und Aktualität der Erbbiologie in der Schweizerpsychiatrie» in: «Widerspruch» 14/1987, S. 53 ff. Zu beziehen in jeder Buchandlung oder direkt bei «Widerspruch», Postfach 652, 8026 Zürich

38) Kindler Verlag, München 1977

39) Siehe dazu August B. Hollingshead, Frederick Redlich: «Der Sozialcharakter psychischer Störungen» S. Fischer 1975.
«Nicht nur das Risiko, psychiatrisch zu erkranken, ist für den ärmeren Teil der Bevölkerung grösser, sondern auch das Risiko – und dies noch in weit stärkerem Ausmass – für den Rest des Lebens krank zu bleiben.»: Aus: Irma Gleiss, Rainer Seidel, Harald Abholz: «Soziale Psychiatrie. Zur Ungleichheit in der psychiatrischen Versorgung», Fischer Taschenbuch Nr. 6511, 1972, S. 105

40) Selfullfilling prophecy, siehe dazu Watzlawick a.a.O

41) Siehe dazu Don D. Jackson im Artikel «Kritik der Literatur über die Erblichkeit von Schizophrenie» in: Bateson u. a., a.a.O., S. 374 ff. Grundlegende Einwände gegen die psychiatrischen Familien-, Zwillings- und Adoptionsstudien, die die genetische Grundlage der Entstehung der ‹Schizophrenie› beweisen sollen, finden sich im kürzlich erschienenen Buch «Die Gene sind es nicht ...» von Richard Lewontin, Steven Rose und Leon Kamin, Psychologie Verlags Union, München-Weinheim 1988, S. 167 ff.

42) Viele anregende Überlegungen zu diesem Thema finden sich bei Thomas Scheff: «Das Etikett ‹Geisteskrankheit›. Soziale Interaktion und psychische Störung», Fischer Taschenbuch 67197

43) Wolfgang Schmidbauer: «Die hilflosen Helfer. Über die seelische Problematik der helfenden Berufe», Rowohlt 1977

44) Dieser Gedanke und weitere interessante Überlegungen zum ‹Bestreben, den anderen verrückt zu machen› finden sich auch bei Harald F. Searles in «Schizophrenie und Familie» a.a.O., S. 156 ff

45) «Erscheinungsformen der Depression» Band I, Programmed Verlag Zürich 1981, S. 42; Hervorhebung mr («programmed – programmierte Information für die ärztliche Fortbildung»)

46) ebenda S. 43

47) Schweiz. Archiv für Neurologie und Psychiatrie, 137/4, 1986, S. 89

48) «Erscheinungsformen der Depression» Band I, a.a.O. S. 43

49) nach Michael Haller: «Tages-Anzeiger-Magazin» 7/81

50) ebenda

51) ebenda S. 18

52) ebenda S. 33

53) «Erinnerungen, Träume, Gedanken von C.G. Jung», Ex Libris, Zürich, S. 179

54) «Gesamt-Werk III», Walter Verlag Olten, S. 298

55) «Erinnerungen ...», S.179; Hervorhebung mr

56) ebenda S. 182
57) ebenda S. 192
58) G.W.III ,S. 269; Hervorhebung mr
59) G.W.XVI, S. 183, Hervorhebung mr
60) G.W.III, S. 305/306; Hervorhebungen mr
61) G.W.XVI, S. 188, Hervorhebungen mr
62) «Über die Grundlagen der analytischen Psychologie», Rascher-Verlag 1969, S. 210; Hervorhebung mr
63) «Erinnerungen . . .» S. 141
64) ebenda S. 142
65) ebenda
66) ebenda, S. 142; Hervorhebung mr
67) G.W.III ,S. 310, Hervorhebungen original
68) C.G. Jung «Briefe III», S. 89, Walter Verlag; Hervorhebung mr
69) G.W.XVI, S. 198
70) G.W.III, S. 291; Hervorhebung mr
71) «Briefe III», S. 89
72) G.W.XVI, S. 194, Hervorhebung mr
73) G.W.X, S. 275 ff
74) ebenda S. 277
75) So der Titel des Buches, in dem Yolande Jacobi aufzeigt, wie in der Jung'schen Psychologie Bilder gedeutet werden: Walter Verlag 1969
76) Franz Deutike Verlag, Leipzig und Wien, 1911; S. 374
77) ebenda S. 273
78) In meinem bereits erwähnten Aufsatz in «Widerspruch» 14/87 gehe ich ausführlich auf dieses schreckliche Kapitel der zeitgenössischen Geschichte der Psychiatrie ein. Ohne den verhängnisvollen Mythos der Vererbung der ‹Geisteskrankheiten› hätten diese Morde niemals geschehen können. (Siehe dazu die Anm. 37)
79) Diese Angabe macht Peter Breggin in: «Psychiatrie im Faschismus. Die Ermordung geistig Behinderter im Dritten Reich» in Klaus Dörner, Christiane Haerlin u. a. «Der Krieg gegen die psychisch Kranken», Psychiatrie Verlag Rehburg-Loccum 1980, S. 186. Die Zahl der in den Aktionen «T4» und «14f13» getöteten Menschen wird mit 120 000 angegeben. Doch schon vor dem Beginn und nach dem Ende dieser Aktionen wurde getötet; diese sogenannt ‹wilde Euthanasie› wurde 1944/45 sogar noch intensiviert. Dazu kommen die von deutscher Seite getöteten 100 000 Psychiatrie-‹PatientInnen› in Polen und in der Sowjetunion. Siehe dazu Ernst Klee: «Euthanasie im NS-Staat», S.Fischer Frankfurt 1983, S. 417, Klaus Dörner, 1975, a.a.O., S. 81, und Achim Thom, Ullrich Treckmann in: «Der Krieg gegen die psychisch Kranken» 1980, a.a.O., S. 190
80) Peter Breggin, a.a.O., S. 187
81) «Führen die Fortschritte der Medizin zur Entartung der Rasse? Separatabdruck aus: «Münchner medizinische Wochenschrift», No.7, 1904, S. 4

82) «Frühe Entlassungen», Sonderabdruck aus der «Psychiatrisch-Neurologischen Wochenschrift», 1905, Nr.45, Halle a.S., S. 4
83) Sonderabdruck aus dem «Jahrbuch der schweiz. Gesellschaft für Schulgesundheitspflege» XI.Jahrgang 1910
84) Klaus Dörner: «Diagnosen der Psychiatrie», Campus Verlag, 1975, S. 72
85) München 1907, S. 179; Hervorhebungen mr
86) Hitler, «Mein Kampf», Berlin 1925, S. 279
87) Leipzig 1920, S. 17, 18. zitiert nach Ernst Klee: «Euthanasie im NS-Staat», S. 21, S. Fischer Frankfurt 1983, und Klaus Dörner: «Nationalsozialismus und Lebensvernichtung» in «Der Krieg gegen die psychisch Kranken» a.a.O. S. 86
88) Klaus Dörner a.a.O. S. 65
89) Wichtige, kritische Information zu diesem Thema findet sich in: Claudia Roth Hrsg. «Genzeit». Limmatverlag, 1987 (u.a. Monika Lenzinger und Bigna Rambert, S. 69 ff, Claudia Roth, S. 93 ff) und Anita Fetz, Florianne Köchlin, Ruth Mascarin: «Gene, Frauen und Millionen», Rotpunktverlag 1987 (u.a. S. 27 ff)
90) Siehe dazu «Genzeit», a.a.O. (Claudia Bishin, S. 163 ff, Agathe Bieri, S. 169 ff) und «Gene, Frauen und Millionen» a.a.O., S. 107 ff
91) Eugen Bleuler: «Zurechnungsfähigkeit und Krankheit» in: «Zentralblatt für Nervenheilkunde und Psychiatrie», Neue Folge, 20. Band, 1909, Leipzig, S. 245
92) «Lehrbuch der Psychiatrie», 1979 a.a.O. S. 246
93) Eugen Bleuler: «Die Lehre vom Verbrecher», in: «Ärztliche Monatsschrift», Leipzig, Heft 1, 1904
94) Siehe dazu den Beitrag von Beatrice Mazenauer in: «Patient Patientenrecht»; Verlag volk + recht, Bern 1984, S. 75 ff und Beatrice Mazenauer: «Psychisch krank und ausgeliefert?» Verlag volk + recht, Bern 1985
95) «Ich selbst vermute, dass die ‹antipsychotische› Wirkung doch primär auf die Bremsung bestimmter aktivierender Systeme zurückgeht.
Für meine Vermutung spricht u. a. die Feststellung, dass die ‹antipsychotische› Wirkung neuroleptischer Mittel ähnlich ist mit der ‹antipsychotischen› Wirkung von psychochirurgischen Eingriffen, die umschriebene Hirnläsionen setzten.» 15. Auflage des «Lehrbuches der Psychiatrie» a.a.O. aus dem Jahre 1983, S. 173, neu-bearbeitet von Manfred Bleuler. Bemerkenswert auch, dass der Autor das Wort ‹antipsychotisch› immer in Anführungszeichen setzt.
96) Eine umfassende Zusammenstellung der «Komplikationen und Nebenwirkungen» der Neuroleptika findet sich im «Lehrbuch der Psychiatrie» 15. Auflage 1983, a.a.O., S. 175 ff
Sehr informativ ist das Buch «Der Chemische Knebel. Warum Psychiater Neuroleptika verabreichen», von Peter Lehmann, Gründungsmitglied der Irren-Offensive, einer selbständigen Organisation von Psychiatriebetroffenen. Antipsychiatrieverlag, Berlin 1986

97) Peter Lehmann: «Der chemische Knebel», a.a.O. S. 106/136
98) Paul Kielholz: «Psychiatrische Pharmakatherapie in Klinik und Praxis», Verlag Hans Huber, Bern 1971, S. 178
99) Klaus Dörner, Ursula Plog: «Irren ist menschlich oder Lehrbuch der Psychiatrie/Psychotherapie», Psychiatrie Verlag, Wunstorf, Rehburg-Loccum, 1980, S. 367
100) «Lehrbuch der Psychiatrie» 15. Auflage, 1983, a.a.O., S. 167
101) siehe dazu S. 21ff in diesem Buch
102) «Lehrbuch der Psychiatrie», 15. Auflage, a.a.O. S. 347
103) Lars Martenson in «Die Irren-Offensive» Nr. 3, Berlin, S. 31 ff
104) «Schweiz. Ärztezeitung» vom 15.4.81, S. 1118
105) ebenda, S. 1112
106) ebenda, S. 1110
107) «Lehrbuch der Psychiatrie», 15. Auflage, 1983, a.a.O., S. 183
108) «Lehrbuch der Psychiatrie», 14. Auflage, 1979, S. 173
109) «Ärztezeitung», 15.4.1981, S. 1116
110) «moderne praxis, unabhängige Zeitschrift für Schweizer Ärzte», Heft 6, 1985, S. 9
111) «Schweiz. Ärztezeitung», 62, 1981, S. 3208
112) «moderne praxis», 6,1985, S.9
113) «Ärztezeitung», 62, 1981, S. 3206
114) «Ärztezeitung», 62, 1981, S. 3228 ff
115) ebenda
116) Ausführliche Information über das traurige ‹Fach› Psychochirurgie findet sich in den folgenden Büchern:
Meinhard Adler, Rolf Saupe: «Psychochirurgie. Zur Frage einer biologischen Therapie psychischer Störungen», Ferdinand Enke Verlag, Stuttgart, 1979
Egmont R. Koch: «Chirurgie der Seele», Deutsche Verlags-Anstalt, Stuttgart 1976
Volkmar Sigusch: «Medizinische Experimente am Menschen. Das Beispiel Psychochirurgie», Argument-Verlag, Berlin 1977 (Beilage zum Argument Sonderband 17)
117) Dies der Titel des bekannten und wichtigen Buches von Alexander Mitscherlich und Fred Mielke: «Medizin ohne Menschlichkeit. Dokumente des Nürnberger Ärzteprozesses», Fischer, 1960
118) Egmont R. Koch, a.a.O. S. 141 ff, Meinhard Adler, a.a.O. S. 125
119) ebenda
120) Volkmar Sigusch, a.a.O. S. 9
121) ebenda
122) Eine umfassende Studie über das Ärgernis Elektroschock findet sich im Buch von Peter Breggin: «Elektroschock ist keine Therapie», Urban & Scharzenberg, München, 1980
123) «Tages-Anzeiger-Magazin», 4.7.81
124) ebenda

125) Theodor Spoerri: «Kompendium der Psychiatrie», S. Karger, Basel, 1975, 8. erweiterte Auflage, S. 218
126) Michel Brand, Andreas Menzi, u. a. «Vom Elektroschock zum Antidepressivum: Eine Kosten-Nutzen-Analyse», Pharma Information, Basel, 1975, S. 19
127) Aldous Huxley: «Schöne neue Welt», Fischer Taschenbuch Nr.26
128) M. Gmür, A. Uchtenhagen: «Therapiewoche», Karlsruhe 30/1980, S. 1231
129) Ausgabe 1988, S. 1812
130) ebenda, S. 1780
131) Thomas S. Szasz: «Das Ritual der Drogen; Fischer Taschenbuch 6712, 1980, S. 110
132) «Tages-Anzeiger», 14.11.87, S. 23
133) «Tages-Anzeiger», 3.4.1986, S. 80
134) «Tages-Anzeiger»›, 11.3.1983; S. 22; Hervorhebung mr
135) Hans Georg Behr informiert in «psychologie heute», 11, 1981, S. 31 ff über diese wenig bekannten Formen des Heroinkonsums. Gerd Gekeler, Prof. für Sozialarbeit an der Freien Hochschule Fulda und seine MitarbeiterInnen haben ausführliche Gespräche mit 33 Selbstheilern geführt: «psychologie heute», 6, 1983, S. 28 ff, und: Karl Heinz Braun, Gerd Gekeler: «Psychische Verelendung, Heroinabhängigkeit, Subjektentwicklung», Pahl-Rugenstein Verlag, Köln, 1983
136) «Tages-Anzeiger», 7.4.83, S. 17
137) «Drogenbulletin», herausgegeben von der Direktion des Gesundheitswesens des Kanton Zürich, Heft 16, Dezember 1982 und «Tages-Anzeiger», 3.5.1983, S. 17
138) Problematik unserer Demokratie: Der Ausgang von Abstimmungen hängt wesentlich ab von der Aufmerksamkeit, die die Massenmedien dem betreffenden Thema widmen. Das Thema ‹fürsorgerische Freiheitsentziehung› wurde in der Öffentlichkeit kaum wahrgenommen. Das Zürcher Volk stimmte der Änderung des Verfahrens der ‹fürsorgerischen Freiheitsentziehung› im Sinne des Oberrichters zu . . .
139) Siehe dazu meine Ausführungen über die Fragwürdigkeit und Subjektivität der psychiatrischen ‹Diagnostik› weiter oben S. 34ff
140) «Drogenbulletin», a.a.O. Heft 7, Sept. 1980
141) Weit verbreitet ist die «Angst vor Nähe»: Dies ist auch der Titel eines Buches von Wolfgang Schmidbauer, Rowohlt Verlag, 1985
142) a.a.O. S. 302
143) siehe dazu S. 23ff dieses Buches
144) Angeregt zu diesen Überlegungen wurde ich u. a. durch die Ausführungen von Thomas Szasz über den Drogenkonsum als Ritual, in «Das Ritual der Drogen», a.a.O.
145) Paul Watzlawick hat das Phänomen der sich selbst erfüllenden Prophezeiung ausführlich beschrieben in: Paul Watzlawick Hrsgb.: «Die erfundene Wirklichkeit», Piper Verlag, München 1981, S. 91 ff

146) Eckhardt Günther, der Hamburger Senatsbeauftragte für die Koordination aller Drogenprobleme stellte dazu fest: «Die Zahl der gedruckten Zeilen steht in direktem Zusammenhang mit dem Probierkonsum.» «Tages-Anzeiger Magazin», 21.3.1981, S. 30
147) Thomas Szasz: a.a.O. S. 43
148) «Tages-Anzeiger», 6.1.1983; S. 12
149) Interessante Informationen zu all diesen Zusammenhängen finden sich bei Hans Georg Behr, a.a.O., u. a. S. 223 ff
150) «tell», 2/1982, S.25
151) Thomas S. Szasz: «Psychiatrie», Fischer Taschenbuch 6389, 1978, S.136
152) Stephan Quensel: «Drogenelend», Campus Verlag, Frankfurt, 1982, S.11/261 und Irma Weiss in: «Schweiz. Juristen-Zeitung», Heft 13, 1980, S.211
153) Irma Weiss: a.a.O. S.212
154) M. Gmür, A. Uchtenhagen: «Therapiewoche», 30,8,1980, S.1231
155) Siehe dazu auch die Ausführungen von M. Gmür in der «Schweiz. Ärztezeitung», 32,1979, S.1580 ff und die «Richtlinien zur Behandlung Betäubungsmittelabhängiger mit Betäubungsmitteln» im «Drogenbulletin», 1/April 1980, S. 5
156) «Soziale Medizin» 4/1988, S. 18

157) Kleine Auswahl aus der grossen Menge der psychiatriekritischen Bücher:

Zur italienischen Psychiatrie:

Franco Basaglia Hrsg.: «Die negierte Institution oder die Gemeinschaft der Ausgeschlossenen. Ein Experiment der psychiatrischen Klinik in Görz» edition suhrkamp, 1971

Franco Basaglia Hrsg.: «Was ist Psychiatrie?» edition suhrkamp, 1973

Giovanni Jervis: «Kritisches Handbuch der Psychiatrie», Syndikat Autoren und Verlagsgesellschaft» 1978

Grundlegende und konsequente Kritik der Psychiatrie findet sich in den Büchern von Thomas Szasz:

Thomas Szasz: «Die Fabrikation des Wahnsinns», Fischer Taschenbuch 6321

Thomas Szasz: «Psychiatrie – die verschleierte Macht» Fischer Taschenbuch 6389

Thomas Szasz: «Geisteskrankheit – Ein moderner Mythos» Kindler, «Geist und Psyche» 02153

Zu den Ideen und Versuchen der englischen Antipsychiatrie:

David Cooper: «Psychiatrie und Antipsychiatrie» edition suhrkamp 314

Ronald D. Laing: «Das geteilte Selbst», rororo Sachbuch 6978

Ronald D. Laing: «Phänomenologie der Erfahrung» edition suhrkamp 314

Mary Barnes: «Meine Reise durch den Wahnsinn», Kindler, «Geist und Psyche» 2203

Frankreich:

Robert Castel: «Die psychiatrische Ordnung», Suhrkamp 1979

Deutschland:

Dirk Blasius: «Der verwaltete Wahnsinn. Eine Sozialgeschichte des Irrenhauses», Fischer Taschenbuch 6726

Klaus Dörner: «Diagnosen der Psychiatrie», Campus, 1975

Klaus Dörner: «Bürger und Irre», Fischer Taschenbuch 6282

Helm Stierlin: «Delegation und Familie», Suhrkamp, 1978

Wolfgang Wurm: «Psychotherapie als soziale Kontrolle», Beltz Verlag, 1982

Erich Wulff: «Psychisches Leiden und Politik». Ansichten der Psychiatrie», Campus 1981

Uwe Heitkamp: «Wahnsinn», Luchterhand 1987 (Heitkamp erlebte mehrmals die Situation eines ‹Patienten› nach selbst veranlassten Zwangseinweisungen; er schildert auch die Auswirkungen der Neuroleptika-‹Behandlungen›)

Kritik der Psychiatrie aus feministischer Sicht:

Phyllis Chesler: «Frauen – das verrückte Geschlecht», rororo Sachbuch 709

Kritik der Psychiatrie aus soziologischer Sicht:

Erving Goffmann: «Asyle. Über die soziale Situation psychiatrischer Patienten und anderer Insassen.», edition suhrkamp 678

Erving Goffmann: «Stigma. Über die Techniken zu Bewältigung beschädigter Identität», suhrkamp taschenbuch wissenschaft 140

August Hollingshead, Frederick Redlich: «Der Sozialcharakter psychischer Störungen», S. Fischer Verlag, 1975

Thomas Scheff: «Das Etikett ‹Geisteskrankheit›. Soziale Interaktion und psychische Störungen», Fischer Taschenbuch 6719

Ferner:

Morton Schatzmann: «Angst vor dem Vater», Rowohlt, 1974. (Schatzmann weist den Zusammenhang zwischen der brutalen Erziehungsmethode des Arztes und Pädagogen Moritz Schreber mit Details im ‹Wahnsystem› seines ‹geisteskranken› Sohnes Daniel Paul Schreber nach.)

Michel Foucault: «Wahnsinn und Gesellschaft. Eine Geschichte des Wahns im Zeitalter der Vernunft», suhrkamp taschenbuch wissenschaft 39

Michel Foucault: «Psychologie und Gesellschaft», edition suhrkamp 272

158) «tell», 32, 30.1.1981, S. 3

159) In einem wichtigen Buch beschreibt H.U.Müller seinen eigenen erfolgreichen Widerstand als Patient der psychiatrischen Universitätsklinik ‹Burghölzli› in Zürich: «Der Ausgerissene», Z-Verlag, Basel, 1984